4,95

Gaby Seyfert · Da muß noch was sein

Gaby Seyfert
Da muß noch was sein

*Mein Leben – mehr als
Pflicht und Kür*

Das Neue Berlin

Fotonachweis

Für die Fotoauswahl dieses Buches überließ uns Gaby Seyfert ihre privaten Fotoalben (ja, richtig, die von Vater Binges so liebevoll über die Jahre zusammengestellten). Es war noch nicht die Zeit lösbarer Kleber, eleganter Fotoecken oder raffinierter Steckalben – nein, Vater Binges hat, vermutlich mit Duosan Rapid, alles schön bemalt, gestaltet und festgeklebt. Das erklärt manch ungewöhnliches Fotoformat, manchmal auch Mängel in der technischen Wiedergabe, aber auch die Tatsache, daß es uns bei vielen Fotos nicht möglich war, die Urheber zu ermitteln.
Honoraransprüche sind nicht beeinträchtigt und bleiben gewahrt.
Harald Balke (1), Johannes Berndt (1), Johannes Hänel (1), Otto H. Kratzsch (1), Lindner (1), Schiel (1), Schmidtke (1), Hartmut Schorsch (1), Werner Schulze (2), Nikolai Seizew (1), Karl Heinz Stana (3), Fotostudio Horst Urbschat & Töchter (1).
Umschlagfoto: Super Illu (Michael Kirsten)

ISBN 3-360-00869-3

1. Auflage
© 1998 Das Neue Berlin Verlagsgesellschaft mbH
Rosa-Luxemburg-Str. 16, 10178 Berlin
Umschlagentwurf: Jens Prockat
Druck und Bindung: Wiener Verlag, Himberg

Ich gehe auf das Haus Hilbersdorfer Straße Nummer 29 zu. Hier wurde ich geboren, hier wuchs ich bei meiner Mutter und meinen Großeltern auf, in Chemnitz, in Sachsen. Hier gehöre ich hin. Seit zwei Jahrzehnten gehöre ich allerdings auch nach Berlin, wo am Stadtrand mein Haus steht, das ich mit meiner Tochter bewohne. Spuren habe ich an vielen Ort gezogen: Im bayrischen Garmisch-Partenkirchen am Wettersteingebirge, wo mir damals die gestrengen Preisrichter viermal die 6,0 zogen. So etwas hatte es in der Eislaufgeschichte noch nicht gegeben, viermal die Höchstnote bei einer Europameisterschaft. Spuren in Genf und in Budapest, in Moskau und New York. Und dann wäre da noch Colorado Springs in den USA, mein Weltmeister-Ort, zweitausend Meter hoch an den Rocky Mountains gelegen. Dort bin ich Ehrenbürgerin. Hoch hinausgekommen, sagt man bei mir zu Hause.

Es liegt schon eine Weile zurück, als ich mich zuletzt hier umsah. Die Zeiten waren nicht danach, und mir war nicht nach dem Karl-Marx-Stadt, das nun wieder Chemnitz heißen sollte. Neuerdings jedoch bin ich wieder viel in Sachsen unterwegs, beruflich, und zwischen zwei Terminen besuche ich meine alte Gegend. Ein wenig Zeit nehme ich mir heute. Wenn dieses Jahr zu Ende geht, dann werde ich fünfzig Jahre alt geworden sein. Ich weiß, so manche Frau fürchtet sich vor dieser Zahl und dem, was man ihr an Bedeutung unterlegt: der Anfang vom Altern, unwiderruflicher Abschied von Jugend, Lust und Liebe ... Ich sehe es wirklich anders! Warum sollte ich mein Alter verbergen wollen oder mich darüber grämen? Ich habe etwas geschafft, die erste Hälfte des Lebens. Grund genug, einmal nachzuschauen.

Unsere Hilbersdorfer Straße 29 steht leer, niemand wohnt mehr dort, die Fenster vernagelt, die Eingangstür zugemauert. Vielleicht wird das große graue Mietshaus trotzdem bald saniert, mir kam es eigentlich recht solide vor. Meine Wiese nebenan ist jedenfalls noch da und steht in frischem Grün. Ich steige über den Zaun, gucke. Der Sandkasten fehlt, aber der Eingang zur Waschküche ist unverändert. Oben zähle ich mir unser Küchenfenster aus, hinter dem meine grundgütige Oma wirtschaftete. Ich rieche das Gras und die Sonne, meine die Krumen auf dem schrundigen Holzbrett des Sandkastens unter meinen Fingerkuppen zu spüren. Schön ist das. Auch Opas Stück Gärtchen, damals ein Riesenreich, in dessen Büschen ich mich verstecken konnte, und die Laube finde ich: hier bist du als Kind glücklich gewesen. Meine Schule will ich noch sehen, die Dürer-Schule.

Das Haus, die Schule, der Garten, die Straßenzüge – ich hatte sie riesengroß in Erinnerung, nun scheint alles recht überschaubar, die Wiese fast winzig. Wehmut? Nein, ganz bestimmt nicht. Es war eine herrliche Zeit, und ich genieße es, diese Erinnerungen tief in mir zu haben. Von hier aus bin ich aufgebrochen: zu Pflicht und Kür, zum Jubeln und Winken auf Siegerpodesten und Tränen in der Umkleidekabine, zu Lust auf Prüfungen und Angst vor Prüfungen, kämpfte mich steile Wege hinauf, hinab, hinauf ... Immer neugierig darauf, was morgen geschehen würde. Mit Lust auf die nächste Steigung, mit Zähigkeit. Meiner Zähigkeit, Mutters Zähigkeit, Großmutters Zähigkeit: Eine Dynastie konsequenter Frauenzimmer. So sehe ich das. Was bleibt? Darüber wäre zu reden.

September 1998

1954

1954

1960

1965

1967

1970

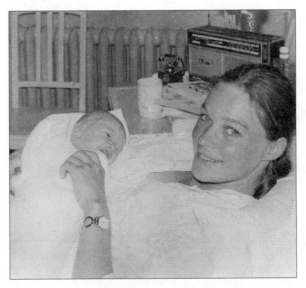

1974

1978

1995

I. Eine echte sächsische Sippe

Hälfte des Lebens, Zeit also, den eigenen Standort zu bestimmen. Am besten, ich beginne dort, wo es anfängt: bei mir. Ich weiß, daß meine Mutter glücklich darüber war, als sie ein Mädchen auf die Welt brachte. Sie hat mir das manchmal gesagt. Gabriele. Das ist übrigens die weibliche Form zu Gabriel, dem Erzengel, was aus dem Hebräischen übersetzt »Held Gottes« heißt. Meine Mutter dachte seinerzeit allerdings nicht an diesen Gabriel, sondern wählte meinen Namen aus den vielen Möglichkeiten, weil er auch in seiner Kurzform gut klang: Gaby. Und wie das so ist, ich werde fast nur noch Gaby genannt.

Geboren wurde ich, am 23. November 1948, nicht zu Hause in der Hilbersdorfer Straße, sondern in einer Privatklinik. Es sollte notfalls sofort ärztliche Hilfe da sein. Meine Oma hatte ihre Tochter, meine Mutti, erst mit 36 Jahren, als Spätgebärende, zur Welt gebracht, und meine Großeltern wollten nun alles dafür tun, daß bei meiner Geburt Komplikationen vorgebeugt wurde. So begann die umfassende Fürsorge bereits vor meinem ersten Atemzug.

Meinen leiblichen Vater, Wolfgang Seyfert, kenne ich nur vom Hochzeitsfoto meiner Eltern. Ein schmucker, blonder Mann, Elektromechaniker war er wohl. Als ich ein Jahr alt war, haben sich meine Eltern scheiden lassen. Er wohnte dann zwar noch irgendwo in Hilbersdorf, aber meine Großmutter achtete darauf, daß ich ihm nicht über den Weg lief. Er hat niemals Kontakt zu mir gesucht. Auch später nicht, als ich mit dem Eislauf bekannt wurde und er sich mit seiner berühmten Tochter hätte schmücken können. Niemals. Ehrlich gesagt, ich selbst bin auch nie auf die Idee gekommen, nach ihm zu suchen.

Jedenfalls blieb ich meine frühe Kinderzeit hindurch bei Mutti und meinen Großeltern Marie und Emil Lötzsch in Hilbersdorf. Das ist einer der älteren Stadtteile von Chemnitz, eine Miethausgegend, in der nun nicht die besonders gutgestellten Leute wohnten, eher Arbeiter. Es gab richtig arme Nachbarn und auch manche Ecke, in die ich als Kind lieber nicht gehen sollte.

Wir sind wirklich eine echte sächsische Sippe. Großmutter, eine geborene Prußky, stammte aus der Chemnitzer Umgegend, Großvater wurde in der nur wenige Kilometer von Chemnitz entfernt liegenden Kleinstadt Penig geboren. Sie nahmen sich eine Wohnung in der Chemnitzer Mühlenstraße, in der dann meine Mutter geboren wurde und aufwuchs. Oma führte dort ein Schuhgeschäft.

1940 zog die Familie Lötzsch in die Hilbersdorfer Straße 29, ganz in die Nähe des großen Rangierbahnhof Chemnitz-Hilbersdorf, wo Opa bei der Deutschen Reichsbahn als Werkführer arbeitete. Sie bewohnten dort Wohn- und Schlafzimmer, das kleine Zimmer meiner Mutter sowie Bad und Flur und eine ziemlich große Küche, in der sich das eigentliche Leben abspielte. In der Küche stand ein Kohlenherd, auf dem ständig irgend etwas gewärmt wurde; dadurch war die Küche der gemütlichste Raum der Wohnung. Man hatte damals Kachelöfen in den Zimmern, die extra geheizt werden mußten. Das Wohnzimmer, wir nannten es den »Blauen Salon«, war mit schweren Mahagoni-Möbeln und einer blauen Polstergarnitur bestückt, außerdem hatte dort bis in die Nachkriegszeit das Klavier gestanden, auf dem meine Mutter mit Lust zu spielen gelernt hatte. Unser »Blauer Salon« war der ganze Stolz der Sippschaft, man benutzte ihn allerdings nur sonntags oder zu festlichen Gelegenheiten. Während der Woche wurden die Möbel, besonders die Polster abgedeckt, sie bekamen weißleinene »Kleider«, um auch das letzte Stäubchen von der blauen Couch abzuhalten. Das war bei meiner Oma ein regelrechter Kult. Später, als ich nur noch zu Besuch bei ihr war, sah ich dann, daß sie diese Vorsichtsmaßnahmen perfektioniert hatte: Sie breitete über die »Kleider« Zeitungspapier aus, damit ja alles geschont wurde. Mutter hat den kompletten »Blauen Salon« in bestem Zustand geerbt. Omas Couch, die nun mittlerweile weit älter als fünfzig Jahre ist, steht immer noch mit ihrem ursprünglichen Plüschbezug da, tipp topp in Ordnung ...

Auch ich bin blauem Samt und rotbraunen Hölzern treu geblieben: Als ich mir mein Berliner Haus einrichtete, suchte ich

Marie Lötzsch, geb. Prusky, meine Großmutter

mir fürs Wohnzimmer Schränke und Polster in genau diesen Tönen aus.

In ihrer Freizeit waren Marie und Emil Lötzsch immer sehr sportlich. In und um Chemnitz gab es schon in den zwanziger Jahren zahlreiche Sport- und Turnvereine. In einem davon turnte Marie, in Turnrock und Turnbluse. Emil war ein bekannter Ringer, 1930 Landesmeister von Sachsen. Es gibt da ein herrliches Foto von ihm, in einem elegant wirkenden Ringerhemd, an das er sich seine sämtlichen Medaillen geheftet hatte: Da steht er, der Sachsenmeister, und schaut ziemlich furchtlos aus. Ein richtiger Siegertyp. Oma zählte mir oft ausführlich und stolz die Etappen seiner Sportlerkarriere auf. Meine Großeltern haben nicht nur in ihrer Jugend, sondern bis ins Alter verschiedene Sportarten betrieben. Sie wanderten mit Begeisterung im Erzgebirge, fuhren auch ins Hochgebirge, kletterten auf den Watzmann, sind in Garmisch-Partenkirchen gewesen. Sie legten großen Wert darauf, daß ihre Tochter und später ihre Enkeltochter sportlich, an der frischen Luft, gesund aufwuchsen. Kein Wunder, die damaligen Industriestädte wa-

Emil Lötzsch, mein Großvater, der Sachsen-Meister im Ringen

ren vermutlich nicht die gesündesten Orte; Chemnitz, das sächsische Manchester, nun ganz bestimmt nicht. Besonders Großvater war ein regelrechter Gesundheitsfanatiker, er hat weder getrunken noch geraucht und sehr bewußt gelebt. Er aß beispielsweise jeden Tag eine Knoblauchzehe. Auch meine kindlichen Wurminfektionen wurden mit Knoblauch bekämpft. Ich sehe mich heute noch auf dem kleinen eisernen Eimer in der Küche sitzen, nachdem mir zuvor aus warmer Milch und zerdrücktem Knoblauch ein Einlauf gemacht worden war. Was für eine Prozedur: aber es half. Lese ich heute in irgendwelchen Illustrierten Gesundheits-Tips, so muß ich oft an meinen Opa denken.

Noch vor dem Knoblauch rangierte allerdings die »frische Luft«. Im Winter vergnügte man sich auf der Eisbahn oder fuhr nach Oberwiesenthal. Bei Frostbeginn wurden in Chemnitz überall Rasen- oder Tennisplätze mit dem Feuerwehrschlauch gespritzt und los ging's. Auf einem alten Familienfoto sieht man, daß die Großeltern sich schmucke Eislaufstiefel geleistet hatten und meine Mutter Jutta fröhlich zwischen den beiden auf den Schlittschuhen steht. Ein ganz ähnliches Foto gibt es auch von mir und den Großeltern. Da wird ganz offenkundig, wie wir alle in der Familie den Spaß am Bewegen mitbekommen haben. Und wohl auch die Lust am Siegen. Ich denke, Großvater hat seiner Tochter durch seine eigene Lebenshaltung vermitteln können, wie wichtig es für das Selbstbewußtsein ist, etwas zu leisten, etwas Besonderes zu probieren, vorwärtskommen zu wollen. Aber auch, daß man sich dafür anstrengen muß.

Mutter trieb verschiedenste Sportarten, bekam Tanzunterricht, tanzte als Kind in einer Ballettgruppe am Chemnitzer Theater. Sie hatte da auch ihre Träume. Aber in ihrem elften Lebensjahr brach der Krieg aus. Später kamen die Bombennächte im Keller, Einschläge rundum, brennende Nachbarhäuser. Die Furcht, alles, auch das Leben, zu verlieren, verdunkelte jede Hoffnung, ließ Pläne sinnlos erscheinen. Der Zweite Weltkrieg hat meine Heimatstadt zum größten Teil zerstört, im alten Stadtkern – in der heutigen Straße der Nationen – blieb kaum ein Stein auf dem anderen. Bedrückend waren nicht nur die Ruinen, die dann weggeräumt wurden. Der Krieg lag den Davongekommenen noch lange wie Blei auf den Schultern, auf der Seele, ein ständiges Erwachsenen-Thema meiner Kinderjahre: Lieber ein Leben lang trocken Brot essen, als noch einmal im Keller sitzen und die Bomben einschlagen hören.

Nach dem Zusammenbruch war zunächst an eine Sport- oder künstlerische Karriere nicht zu denken. Wie Hunderttausende anderer Großstädter unternahmen Oma und Mutti Hamsterfahrten in die Umgegend, um irgendwo Lebensmittel aufzutreiben. Auf einer dieser Hamsterfahrten schlug die Stunde des Klaviers aus dem »Blauen Salon«. Ein Bauer bekundete Interesse an dem Instrument und bot dafür Mehl oder Kartoffeln. Mutter war zu hungrig, um gegen den Tauschhandel zu stimmen. Ihre Rollschuhe und ihre Schlittschuhe hat sie allerdings nicht hergegeben. Und wohl wenigstens einige ihrer Träume über Krieg und Nachkrieg gebracht: So bald es nur eben ging, trainierte meine Mutti wieder. 1949, als die ersten deutschen Meisterschaften im Eiskunstlauf stattfanden, ging sie im Einzellauf sowie mit ihrer späteren Trainerkollegin Irene Salzmann als Paar an den Start. Die beiden wurden Siegerinnen im »Mädchen/Mädchen-Paarlauf«. So merkwürdige Disziplinen gab es damals. In Ermangelung der Herren, die aus dem Krieg nicht zurückgekommen waren, mußte man sich diese Übergangslösung einfallen lassen.

Für mich gab es bei meinen Großeltern sommers das Gärtchen, die Wiese, den Sandkasten, winters die gemütliche Küche, das machte die Wärme aus. Wir unternahmen viel. Opa bekam als Angestellter der Deutschen Reichsbahn Freifahrt-Scheine. Die haben wir tüchtig genutzt. Es ging in die nähere Umgebung nach Oberwiesenthal, zum Fichtelberg, auch auf Ferienreise ins thüringische Friedrichroda oder in den Harz nach Wernigerode. Überall wurde stramm gewandert, jede Burg, jedes Ausflugsziel wurde erlaufen. Mir machte das immer Spaß. Ich fing auch mit anderen Sportarten an: Turnen, Schwimmen, Skilaufen, Rollschuhlaufen, alles spielerisch, mit großer Lust.

Zu unseren regelmäßigen Ausflugsorten zählte der Chemnitzer Zeisigwald. Dort bin ich oft mit meinen Großeltern gewesen, zuerst, als ich noch ganz winzig war, schob mich mein Opa mit dem

Opa mit mir im Zeisigwald, 1949

Kinderwagen. Später ging's dann auf den eignen Beinen. Irgendwo im Zeisigwald lag ein mit Gras überwachsener Steinhügel, der einen geheimnisvollen Eingang ins dunkle Innere zu haben schien. Opa erklärte den Hügel kurzerhand zum Wohnort der Sieben Zwerge. Er hat mir wunderbare Märchen und Geschichten erzählt, unterwegs, beim Eisenbahnfahren, vorm Einschlafen. Diese phantasievoll ausgeschmückten Erzählungen haben mich fasziniert. Ich ließ mich in die Märchenlandschaften hineinversetzen, habe in ihnen gelebt, gelacht, gestaunt, mich auch richtig gefürchtet. Vor dieser geheimnisvollen Steinburg im Zeisigwald beispielsweise war es mir schon ganz recht, daß Opa meine Hand schön fest hielt ... Märchen werden mich wohl mein ganzes Leben hindurch begleiten, ich habe sie gesucht, gelesen, schön illustrierte Märchenbücher gesammelt. In meiner Küche hängen drei blaue Fayence-Teller mit Motiven aus dem »Dornröschen«, aus dem »Gestiefelten Kater« und natürlich aus meinem Lieblingskunstmärchen, Saint-Exupérys »Kleinem Prinzen«.

Ich wurde also liebevoll umsorgt, war der Mittelpunkt eines richtigen Familien-Clans, inklusive Tante Lene, einer Schwester meiner Oma, und Onkel Willi, ihrem Bruder, und Tante Suse, dessen Frau: das einzige kleine Kind, gehegt, überallhin mitgenommen, schön angezogen. Oft kam die ganze Familie in die Hilbersdorfer Straße 29 zu Besuch, an Wochenenden, Geburtstagen, Weihnachten wurde zusammen gefeiert. Ich immer mittendrin, auf meinem hochgeklappten Kinderstuhl am Wohnzimmertisch in gleicher Höhe wie die Erwachsenen, da fand ich mich genau am richtigen Platze.

Ich habe unheimlich gerne gegessen, und obwohl zum Ende der vierziger, eingangs der fünfziger Jahre viele Lebensmittel nur in Marken-Rationen zu bekommen waren: mein Teller wurde gefüllt, und es waren auch Süßigkeiten im Küchenschrank. Allerdings hatte ich immer so meine Mühe, das Spielen draußen und die Zeiten für die Mahlzeiten unter einen Hut zu bringen. So buddelte ich unten stundenlang hingebungsvoll im Sandkasten und unterbrach das ungern. Mochte ich nicht extra zur Küche hochflitzen, ließ mir meine Omi aus dem Küchenfenster einen kleinen Frühstückskorb an der Wäscheleine zur Wiese hinunter. Darin lag meine Bemme, also eine belegte Brotschnitte, manchmal auch noch ein Apfel oder gar ein Stück Kuchen. So brauchte die verspielte Gaby nicht die Treppen hinaufzusteigen und aß glücklich mit ihren Sandkastenhänden die Bemme. Omi und Opi verwöhnten mich. Allerdings, wenn Mutter zu Hause war, dann ging es sehr viel strenger zu. Sie dachte nicht daran, mich zweimal zum Essen zu rufen. Sie war immer resolut und diszipliniert, gezwungen durch ihre eigene Lebenssituation: Mutter war in dieser Zeit, bis ins Jahr 1955, selbst noch aktiv im Rollschuh- und vor allem im Eiskunstlauf. Da es in Chemnitz keine funktionierende Eisbahn gab, war sie viel unterwegs: Zu Trainingslehrgängen, Wettkämpfen, Schaulaufen. Zeit war immer knapp. Konzentriert brachte Mutter ihren Sport, Berufsalltag, Kind, Haushalt unter einen Hut. Später belegte sie zusätzlich noch Trainerlehrgänge an der DHfK. Zu Hause mußte alles klar geregelt werden. Mutter arbeitete nach einer Neulehrerausbildung zunächst als Pädagogin, mußte dann aber aus dem Schuldienst herausgehen, zeitweise eine Stelle als Kontoristin bei der HO annehmen, weil sie als fest eingeplante Lehrerin von ihrer Schuldirektion nicht unablässig für Wettkämpfe und ähnliches freigestellt werden konnte. Der Sport war ihr wichtig, dem hat sie alles übrige untergeordnet. Jedenfalls mußte sie bei alledem ihre Tagesabläufe präzise planen, und da war das eben so: Wenn Essenszeit ist, dann ist Essenszeit und Schluß! Sie rief einmal, und schon kam ich angewetzt.

Großmutter wollte mich auf ihre Weise an kleine Pflichten heranführen. Da war zum Beispiel die Sache mit dem Essen-Tragen für meinen Opa. Ich sehe mich noch mit dem eisernen Henkelgeschirr vorsichtig, aber ohne zu bummeln, den Weg zum Tunnel unter dem Bahndamm laufen. Ich hatte in der Küche zugesehen, wie Großmutter die dampfendheißen Speisen in die drei Etagen einfüllte: Unten das Fleisch, darüber das Gemüse und ganz oben die Kartoffeln. Ich wußte, Opa hatte Hunger und: Er wollte sein Mittagessen warm. Also mußte ich mich unterwegs beeilen. Und ich wollte, daß es meinem Opa gut schmeckte. Gleich rechts neben dem Tunneleingang war seine Arbeitsstelle. Anfangs ging meine Oma ein paar Mal mit mir zusammen zur Bahn, dann schickte sie mich alleine los. Es funktionierte. Wenn man mir eine Aufgabe übertrug, habe ich auch versucht, sie ordentlich zu erledigen. Großmuttererziehung – ein kleines Mädchen hatte so etwas zu lernen. Wäschebleichen war auch so eine Sache, an der ich mitwirkte. Oder das Stollenbacken, das ja in jeder sächsischen Familie damals zu Weihnachten eine Riesenarbeit, aber auch irgendwie ein kleines Fest war. Natürlich knetete Großmutter den schweren Hefeteig mit ihren kräftigen Händen, und ich durfte nur das eine oder andere Stollengewürz zureichen. Wenn wir mit so einem kleine Wagen zum Bäcker zwei Ecken weiter fuhren, die vorgefertigten Teiglaibe in den Ofen schoben, zwei Stunden später die Stollen wieder abholten, habe ich immer fleißig mitgemacht.

Meine Großeltern waren auf ganz selbstverständliche Art Christen, und ebenso selbstverständlich lernte ich bei ihnen zu beten. Ich bin ja auch getauft worden. Abends besuchten Oma und Opa in der evangelischen Kirche, es war ein Baracken-Bau nebenan, wohl ein Provisorium zum Ersatz für die zerbombte Kirche, gelegentlich Liederabende oder Gesprächskreise. In diese Baracke ging ich auch zur Sonntagsschule. Sonntagvormittags kamen die Kinder aus der ganzen Umgegend mehr oder weniger regelmäßig dorthin. Ich ging wirklich gern. Nicht weil ich sehr gläubig erzogen worden wäre, sondern weil mir das Drumherum so gefiel. Großmutter zog mich für die Sonntagsschule festlich an, ich hatte stets eine kleine Handtasche dabei, darin ein Taschentuch und vielleicht ein kleines Parfümdöschen oder irgend etwas, von dem ich mir vorstellte, daß es in eine Handtasche gehörte. So ging ich schon einmal wie eine kleine Dame in die Sonntagsschule hinüber, wo mir das Licht gefiel, die Kerzen, Blumen, die ganze Atmosphäre beeindruckte mich. Das eigentlich Interessante war aber etwas anderes: Ich liebte es – schon als kleines Kind und auch später – Gedichte aufzusagen, Sprüche; und das war ein Bestandteil der Sonntagsschulveranstaltung. Es gefiel mir aufzustehen, zu spüren, wie alle zu mir hinsahen und dann natürlich nicht steckenzubleiben. Sicher, die Gedichte und Sprüche hatten einen kirchlichen Inhalt, mit dem ich damals wenig anzufangen wußte. Aber ich sagte sie fein in der richtigen Betonung auf. Dafür bekam man so kleine Bildchen, auf denen religiöse Szenen abgebildet oder verzierte Gedichte gedruckt waren, Fleiß-Kärtchen für diejenigen, die schön mitmachten. Die habe ich gesammelt. – Religion, die Institution Kirche bedeutet mir bis auf den heutigen Tag vor allem eine gediegene Atmosphäre: wunderbare Orgelmusik, ehrwürdige Bauten voller wertvoller Gemälde und Skulpturen, also alles in allem ein kultureller Wert. Sicher, ich habe später, bei schwierigen Problemen, gelegentlich das Vaterunser gebetet, mir im stillen einen Text aufgesagt, den ich gut und lange kannte, um Ruhe zu finden, um mich zu sammeln. Ich meine jetzt nicht etwa in einem Wettkampf, vor einer Kür; während meiner Sportkarriere waren Kirche und Religiöses doch ziemlich ausgeblendet; ich nahm – mir damals völlig selbstverständlich – nicht an der Konfirmation, sondern an der Jugendweihe teil. Ich meine spätere Momente, mir zunächst als ausweglos erscheinende private Situationen, in denen gar nichts mehr ging. Dann nahm ich mir diesen Strohhalm und bin damit eingeschlafen. Aber ich habe nicht geglaubt, daß mir dadurch tatsächlich Hilfe »von oben« käme ...

Über den Wert einer religiösen Erziehung habe ich später neu nachgedacht, als meine Tochter in der vierten, fünften Klasse durch eine Schulfreundin zu einer kirchlichen Kindergruppe eingeladen wurde. Wir leben ja hier in direkter Nachbarschaft zur Kirche von Alt-Karow, und da gab es einen engagierten Pfarrer, der viel mit den Kindern und Jugendlichen der Umgebung unternahm. Ich fand gut, daß sich da Menschen kümmerten. Von staatlicher Seite, über die Pionierorganisation oder die FDJ wurde so einiges getan, das war nicht schlecht, besonders im Vergleich zur heutigen Zeit, wo die Jugendlichen sich mehr oder weniger selbst überlassen bleiben. Aber diese Pioniernachmittage oder die FDJ erlebte meine Tochter eher als eine Pflicht: Veranstaltungen, zu denen sie eben hingehen mußte. In der Pfarrgemeinde gab es keine Anwesenheitslisten, im Gegenteil, die Kinder wußten durchaus, daß ihre Besuche dort von der Schule nicht so gern gesehen wurden. Damit bekam dieser Kirchenkreis einen Reiz des Ungewöhnlichen. Die Kinder fühlten sich vor allem dort hingezogen, weil sie merkten, es kümmert sich jemand ernsthaft um sie. Es wurde gespielt, geredet, Ausflüge wurden veranstaltet. Und da habe ich festgestellt, daß diese Gemeinschaft gut war für die Entwicklung meiner Tochter. Ihr wurden Werte vermittelt, die sonst ein bißchen verloren zu gehen drohten.

Mir ist es nie schwergefallen, zu anderen Menschen Kontakt zu bekommen und mich vor ihnen darzustellen. Deshalb freute ich mich auf die Schule, weil ich da mit ganz vielen Kindern zusammensein würde. Ansonsten war die Einschulung kein so einschneidender Moment, auf den nun monatelang hingefiebert wurde. Die Schule war halt dran, wenn man sechs Jahre alt war. Ich bekam einen Schulranzen, eine Federtasche und ging in die Dürer-Schule in Hilbersdorf. Meine Erinnerungen daran sind eher blaß. Auf dem Einschulungsfoto sieht man, daß ich die mit Süßigkeiten gefüllte Zuckertüte stolz im Arm halte. Daß nun irgendwie der Ernst des Lebens anfangen sollte, war mir nicht bewußt, und offensichtlich haben meine gescheiten Großeltern auch alles vermieden, was mir hätte Furcht einjagen können. Obwohl ihnen klar gewesen sein dürfte, daß ich meine Probleme mit dem Stillsitzen bekommen würde, Quirl der ich war. Oma und Opa wußten genau, daß man ständig auf mich aufpassen mußte. Zum

Glück gingen entsprechende »Katastrophen« immer glimpflich ab. Gern erzähltes Beispiel: Ich hole mir zuweilen aus Omas Nähzeug die große Knopf-Kiste zum Spielen. Eines Tages hatte ich mir tatsächlich irgendwie einen Knopf in ein Nasenloch praktiziert. Der steckte vollkommen fest. Kein Kopfschütteln der Auf-den-Kopf-stellen halfen. Allgemeines Entsetzen! Was, wenn der Knopf nun noch weiter wanderte ... Opa ordnete an, daß wir sofort ins Krankenhaus mußten, damit ein Arzt fachmännisch eingriff. Daß mir ja nichts passierte! Es war Winter, ich zog mir aufgeregt meine Stiefelchen an. Dabei beugte ich mich kopfüber, es gab einen Ruck: der Knopf kullerte über die Korridordielen. Gott sei Dank, alle waren glücklich und ich noch einmal um das Krankenhaus herumgekommen.

Irgendwann zu dieser Zeit bekam ich auch eine Lederhose, wie ein Junge. Sie war zweckmäßig, weil ich soviel herumtobte und gerne auf Bäume kletterte. Deshalb gefiel mir in der Schule auch der Turnunterricht am besten, obwohl ich eigentlich alle Schulfächer mochte. Ich fand es schön und spannend, wie ich nach und nach das ABC und meinen Namen schreiben lernte oder in der Handarbeitsstunde kleine Stickereien anfertigte, die ich stolz meiner Mutti oder Oma und Opa zum Geburtstag schenken konnte. Bei Unterrichtsschluß ging ich nach Hause, wo meine Großmutter mit dem Essen auf mich wartete, und dieses Zuhause blieb nach wie vor mein Lebensmittelpunkt.

Man hat mich später oft gefragt, ob ich in meiner Kindheit nicht etwas versäumt hätte, andere Kinder hatten Zeit, konnten mit Puppen spielen ... Aber ich habe ja mit Puppen gespielt. Bei mir hat der Eiskunstlauf nicht ganz so früh angefangen, wie es heute üblich geworden ist. Und wenn mich Mutter auch früh auf den Rollschuhplatz mitnahm, so blieb das alles in einer familiären Atmosphäre. Während meine Mutter mit ihren Sportskameradinnen Figuren, Küren und Tänze übte, saß meine Oma auf der Wiese nebenan, und wir Kleinen – andere Sportlerinnen brachten auch ihre Kinder mit – spielten. Mal im Sandkasten, mal schnallten wir uns unsere Rollschuhe an und drehten am Rande des Betonplatzes Runden, versuchten auch schon mal mit mehr oder weniger Geschick die Figuren und Drehungen der Erwachsenen nachzuahmen. Es war eine völlig unbeschwerte Zeit. Mittags gab es Essen aus der Brotbüchse: knusprige Quarkglitscher oder zuckersüße Eierkuchen.

Meine Mutti baute mir eine erste kleine Rollschuhkür zusammen, die ich sogar in der Öffentlichkeit zeigen durfte, 1953, bei den Deutschen Meisterschaften im Rollkunstlauf, wo Mutti startete. Übrigens sprach man damals – wie noch bis weit in die sechziger Jahre hinein – im Sport nicht von DDR-Meisterschaften, sondern eben von Deutschen Meisterschaften. Noch war auch in der ostdeutschen Politik viel vom Kampf um die Einheit die Rede, von den meisten Menschen wurde damals die Teilung Deutschlands als Provisorium angesehen. Das änderte sich erst später, mit meiner Generation.

Mutti hatte mir jedenfalls anläßlich dieser Meisterschaft 1953, die im Hochsommer in Weißenfels an der Saale stattfand, versprochen, daß man meine kleine Darbietung in einer Wettkampfpause zulassen würde. Es war an diesem Tag drückend heiß, die Betonfläche der Rollschuhbahn glühte förmlich, barfuß konnte man sie nicht betreten. Jeder suchte Schatten und zog sich so luftig wie möglich an. Ich sah, daß die meisten der älteren Mädchen, die schon am Wettkampf teilnehmen durften, in Badeanzügen oder sogar in Bikini ihre Küren liefen. Ich sollte in einem Kleid laufen. Aber ich wollte ebenso schick aussehen wie die anderen. Also trug ich fünfjähriger Knirps meiner Mutter todernst den ewigen Weiber-Satz vor: »Ich habe nichts anzuziehen.« Ich glaube, für einen Moment brachte ich sie damit ganz schön aus der Fassung, dann begriff sie, worauf ich hinauswollte, geriet aber in Not: Meine Mutti hatte zwar etliche Kleidungsstücke, doch keinen Badeanzug für mich mitgenommen. Also mußte improvisiert werden. Ein Höschen fand sich, aber alle Versuche, mir irgendwie aus Tüchern ein Oberteil zusammenzuzaubern, scheiterten. Schließlich kam meiner Mutter die Idee, mir zwei Papierstrohblumen aus der Sommerdekoration der Rollschuhbahn auf ein Samtband zu nähen und umzubinden. Ich war's zufrieden ... Schöne Kleidchen, Kostüme, das Sich-Verkleiden, das war für mich immer ganz wichtig. Fasching liebte ich besonders. Es gab da eine Menge Kostüme aus der Ballettzeit meiner Mutter. Oder es waren einfach irgendwelche alten Gardinen, die meine Oma heraussuchte, damit ich mich mit einem Brautschleier dekorieren konnte. Kurz, ich habe mich schon immer gerne mit Chic, auffallend, modisch präsentiert.

Bei dieser Rollschuhkür in Weißenfels passierte übrigens noch etwas, an das ich mich später erinnern sollte: Nachdem nun die Kostümfrage geklärt war, trat ich auf der Bahn an. Die Musik setzte ein, und ich lief voll Freude meine kleine Kür. Irgendwann aber war der Faden gerissen, ich wußte nicht mehr, welche Figur als nächste an der Reihe war. Ich lief also ganz geschickt an der Bande vorbei, dort wo meine Mutti stand, und rief: »Was kommt jetzt dran?« Sie schrie zurück: »Der Flieger!« Als ich schon zu dieser Figur ansetzen wollte, erinnerte ich mich plötzlich, der Faden war wieder aufgenommen, und ich wußte: jetzt kommt der Storch ... Also drehte ich mich zur Mutti um, zeigte ihr einen Vogel und rief: »Jetzt kommt der Storch.« Den ich dann auch mit Bravour lief. Alle Umstehenden, einschließlich Mutti, amüsierten sich. Zu guter Letzt bekam ich sogar von einem Zuschauer eine Tafel Schokolade geschenkt, damals eine große Rarität.

Im gleichen Jahr, 1953, wurde meine Mutter Vizemeisterin im Eiskunstlauf und wechselte nun völlig auf die Schlittschuhe. Weil, wie gesagt, Chemnitz noch keine Kunsteisbahn besaß, trainierte sie viel in Berlin, in der Werner-Seelenbinder-Halle bei Charlotte Giebelmann. Manchmal durfte ich mit, schaute beim Training zu und bekam gelegentlich zum Zeitvertreib auch meine Schlittschuhe untergeschnallt.

Für einige Zeit hatte unser Eislaufverband damals die Engländerin Megan Taylor engagiert, eine international renommierte Eislaufpädagogin. Miss Taylor war in den dreißiger Jahren, nach Sonja Henie, Weltmeisterin geworden und sollte jetzt mit den talentiertesten Läuferinnen von uns, darunter meine Mutter und Inge Kabisch, später Wischnewski, modernere und schwierigere Küren einstudieren. Diese Miss Taylor, man roch sie schon, wenn sie die Halle betrat, denn sie trug ständig ein schweres Parfüm, es hieß »Tabu«. Später benutzte ich es auch. Und meine zweite Erinnerung: Irgendwie fand sie es wohl nett, wie ich da mit auf dem

Eis herumpurzelte, und arrangierte mir nebenher eine eigene kleine Kür, die »Eisprinzessin«, so hieß die Musik dazu. Stolz führte ich meiner Mutter und den anderen Läuferinnen meine »Eisprinzessin« vor, ein unerhört aufregendes Gefühl.

Noch ging es also um Mutters Erfolg auf dem Eis, um den sie hart kämpfte. Sie ist ja nie DDR-Meisterin geworden, das wurde immer Inge Kabisch, die bessere Pflichtläuferin. Aber in der Kür war Mutter die Beste, mit ihren Sprüngen, Pirouetten, ihrer Musikalität und ihrer persönlichen Ausstrahlung. Stärken, die meine Mutter später auf großartige Weise auch bei ihren Schülern weckte und ausbildete und so ihren Ruhm als beste Eiskunstlauftrainerin der Welt begründete. Später haben Mutter und Inge Wischnewski ihre Eis-Konkurrenz als Trainerinnen in Berlin und Karl-Marx-Stadt fortgesetzt.

Als ich damals, zu Anfang der fünfziger Jahre, bei Mutters Training und Wettkämpfen zusehen durfte, fand ich meine Mutti einfach schön und geschickt. Für mich war es nicht wichtig, ob sie nun Erste oder Zweite wurde. Mir gefiel das Laufen, die Musik, was Mutter und die anderen Frauen und Mädchen da auf dem Eis konnten; obwohl ich ein so lebhaftes, quirliges Kind war, konnte ich stundenlang zuschauen. Mit dem Gefühl: Mutter kann alles! So ein Urvertrauen: Wenn Großmutter kocht, dann schmeckt das, das kann gar nicht versalzen sein, und wenn Mutter auf dem Eis tanzt, dann gelingt ihr jeder Sprung, jede Drehung.

II. Karl-Marx-Städter Schlittschuh-Nachwuchs

Im Herbst 1955 änderte sich bei uns vieles: Mutter heiratete, hörte mit dem aktiven Sport auf und arbeitete als Trainerin mit dem Eiskunstlauf-Nachwuchs im Sportclub Wismut Karl-Marx-Stadt. Wir, meine Mutter, mein neuer Vater Bringfried Müller und ich, zogen in eine Neubauwohnung in der Jahnstraße. Ich mußte mich aus dem vertrauten Alltag bei meinen Großeltern lösen. Dafür hatte ich ein wirklich eigenes Kinderzimmer für mich.

Von nun an hieß meine Mutter also Jutta Müller, ich blieb die Gaby Seyfert. Damals mißfiel mir diese Regelung stark. Ich hätte gerne den anderen Familiennamen bekommen, befürchtete wohl, sonst nicht voll zur neuen Familie Müller zu zählen. Aber die Erwachsenen hatten anders entschieden. Schließlich fand ich mich damit ab. Ich bin ein Entscheidungs-Typ, generell, das hat mir im Leben immer geholfen. Das heißt nun nicht, daß ich mit problematischen Angelegenheiten rasch fertig werde. Im Gegenteil, ich trage oft lange an meinem jeweiligen Konflikt, wende alles Für und Wider in sämtliche denkbare Richtungen ... Aber wenn eine Entscheidung gefallen ist, räume ich dieses Thema aus meinem Kopf. Ich beschäftige mich nicht immer aufs Neue mit Dingen, die nicht mehr änderbar sind, grübele nicht, über Was-wäre-wenn-Varianten. Wenn ein Resultat steht, ist es gut.

Wobei zu unserer Familiengründung 1955 unbedingt hinzugefügt werden muß, daß ich für meinen neuen Vater sofort Feuer und Flamme war! Er spielte Fußball, ein athletisch gebauter Mann, groß und blond und, wie ich schnell mitbekam, war er damals der Star in unserer Familie. Bringfried Müller, den alle in seinem Fußballklub und in der Öffentlichkeit nur »Binges« nannten, war in den fünfziger Jahren ein bekannter und wohl auch landesweit beliebter Fußballspieler. Dreimal holte er mit seiner Mannschaft den Fußballmeister-Titel nach Aue, kickte in 18 Länderspielen für die DDR. Er spielte in einer Weltmeisterschafts-Ausscheidung gegen Wales, sie kamen dann allerdings nicht zur Weltmeisterschaft. Große Namen aus der Fußballwelt schwirrten bei uns zu Hause durch die Gespräche, wenn Vater im Europa-Cup gegen Ajax Amsterdam, gegen die Young Boys Bern oder den IFK Göteborg antrat. Damals war er der Weltreisende, flog mit der DDR-Nationalelf bis nach Afrika. Bei Interviews zu meinen ersten Erfolgen stellten Sportreporter meine Mutter gern als »die Gattin des bekannten Kapitäns des SC Wismut, Bringfried Müller« vor. Das hat sich später geändert. Mein Vater trat vom aktiven Sport zurück, wurde mehr und mehr zum ruhenden Pol in allen Turbulenzen zwischen Mutter und Tochter, zwischen Pflicht und Kür. Und ein getreuer Chronist meiner sportlichen Laufbahn, der alle erreichbaren Fotos und Artikel sorgfältig in große Alben einordnete. Ohne diese Alben wäre ich heute beim Schreiben zuweilen ratlos ...

1955 also nahm mich meine Mutter in ihre erste Trainingsgruppe hinein. Ich fand das gut. Sie hatte mich spielerisch an das Rollschuh- und Eislaufen herangeführt, ich hätte es nicht verstanden, wenn sie mich zu einer anderen Trainerin gegeben hätte. Auch wenn sie zu mir stets strenger war als zu den anderen Kindern, ich wollte bei meiner Mutter lernen. Sie war die einzige, die ich sportlich akzeptierte.

Ich glaube, meine Mutti war sehr traurig darüber, nicht mehr selbst zu laufen. Doch gleichzeitig verwendete sie sofort alle Kraft darauf, ihre Schützlinge weiterzubringen, als sie selbst und ihre Eislaufkolleginnen es jemals hatten schaffen können. Und ihr besonderes Augenmerk galt mir. Sie erkannte mein Talent und wollte mit mir das verwirklichen, was ihr selbst versagt geblieben war.

Zunächst wurden ein, zwei Stunden täglich geübt. Herzlich wenig im Vergleich zu meinem späteren Pensum, reichlich viel angesichts meiner unbeschwerten Roll- oder Schlittschuhläufe zuvor. Von jetzt an ging es nicht danach, ob ich Lust auf die Rollschuhe hatte, sondern nach dem Trainingsplan meiner Mutter.

Natürlich hing das tägliche Training auch von den wechselnden Jahreszeiten und sonstigen äußeren, technischen Bedingungen ab. Rollschuhlaufen konnte man im Winter nur in Turnhallen, von denen es wenige gab und die wir uns zudem mit allen anderen Hallensportarten teilen mußten. Als Mutter dann meinte, wir sollten uns auf das Eiskunstlaufen konzentrieren, wurde es noch problematischer. Im Winter warteten wir auf Minusgrade, damit wir auf gespritzten Tennisplätzen laufen konnten. In Oberwiesenthal gab es eine ganz ordentliche Eisfläche, meistens mußten wir »irgendwo« trainieren, weil es noch keine feste Kunsteisfläche gab. Es waren eben die Jahre der mühsamen Starts, in jeder Hinsicht.

1956 wurde die Kunsteisbahn im Küchwald von Karl-Marx-Stadt fertig. Sie liegt tatsächlich mitten im Wald. Ein Riesenfortschritt: von nun an liefen wir mehrere Wintermonate lang auf einer richtigen Kunsteisbahn. Zwar war das Eis nicht überdacht, im Herbst mußten wir vor Trainingsbeginn das herabfallende Laub wegfegen, im Winter Schnee schieben. Das machten wir Sportler selbst, wer sonst? In milden Wintern und zum Frühjahr hin standen gelegentlich Pfützen auf dem Eis, weil die Maschinen es nicht schafften. Und wenn es stark regnete, ging überhaupt nichts mehr. Trotzdem: mit der neuen Küchwald-Bahn begann ein viel intensiveres Training.

Auf der noch offenen Küchwald-Bahn: Schneefegen vor Trainingsbeginn

1957 wurde ich zum ersten Mal bei der Bezirksmeisterschaft im Rollkunstlauf 1. Sieger der Klasse C/Schüler, 1958 in der Klasse A Bezirksmeisterin im Rollkunstlauf. Auf den Schlittschuhen gab es ständig Junioren-Laufen, das zu absolvieren war, bevor man an den deutschen Meisterschaften teilnehmen konnte. Anfang 1959 war es für mich soweit. Ich stand zum ersten Mal bei den DDR-Meisterschaften in Oberwiesenthal im Junioren-Wettbewerb und gelangte auf den dritten Platz in meiner Altersklasse. Kurz darauf, im Februar 1959, folgte der Start bei den II. Zentralen Wintersportspielen der Pionierorganisation »Ernst Thälmann« in Erfurt. 5000 Erfurter waren ins Eislaufstadion gekommen, ich wurde Pionier-Meisterin und durfte meinen ersten Pokal nach Hause tragen.

Den habe ich bis auf den heutigen Tag getreulich aufbewahrt. Wie alle übrigen. Ja sicher, es wurde über die Jahre eine stattliche Sammlung in und auf meinen Vitrinen und Schränken, an meinen Wänden. Wobei mir diejenigen Ehrengeschenke besonders lieb wurden, die ich praktisch benutzen kann. Die wunderschönen Vasen aus Meißner Porzellan vom Dresdener »Pokal der Blauen Schwerter« oder meine Lieblings-Kristallvase, die man mir bei der Europameisterschft in Bratislava 1966 überreichte. Da stecke ich gerne große dekorative Sträuße hinein, und jeder findet das Arrangement schön, fragt vielleicht nach dem Wettkampf, bei dem ich dieses Stück bekam. So bleiben Erinnerungen lebendiger als bei manchem goldenen Schlittschuh oder Zinnteller, die hinter dem Glas der Vitrine eher vergessen werden. Die Veranstalter bewiesen bei diesen Pokalen, Ehrengeschenken, Urkunden für gewöhnlich guten Geschmack, manchmal auch Kunstsinn. Die Teilnehmer-Urkunden von Ljubljana 1967 und 1970 waren als Graphiken so gut gestaltet, daß ich sie unter Glas fassen ließ und bei mir zu Hause aufhängte.

So wie später die internationalen, waren schon die ersten regionalen Wettbewerbe zum Ende der fünfziger Jahre spannend. Schließlich hatte ich mich monatelang mit Pflicht-Übungen befaßt, lief eine ordentliche Kür, in diesem Alter nur drei Minuten lang. War Stolz, wenn alles so wie geplant gelang. Mir gefielen die Reisen in die fremden Orte, auch wenn es vorerst nur nach Dresden, Berlin oder Erfurt ging, ich sah etwas vom Land. Es machte mir nichts aus, wenn wir meist nur in irgendwelchen Provisorien wie ausgeräumten Schulen oder Jugendherbergen unterkamen. Mich beschäftigte der Verlauf des Wettbewerbs, der Erfolg bei der Kür, das, was da mit mir passierte. Auch das war Kindheit, in der ich vollkommen mit mir und Mutter einverstanden war. Sicher, ich mußte mich mehr anstrengen als andere, mein Tagesablauf war exakt vorgezeichnet und ausgefüllt. Es hat mich nicht gestört. Dafür war das, was ich erlebte, viel zu interessant. Ich erlebte Dinge, die andere Kinder nicht kannten. Was hätte mir fehlen sollen? Daß ich mich mit anderen irgendwo herumlangweile, nein. Außerdem: Streben nicht sehr viele Kinder danach, mit ihren Leistungen und Plänen frühzeitig ernstgenommen zu werden? Wollen nicht die meisten Kinder so rasch wie möglich erwachsen werden, um die Welt besser zu durchschauen, sie auszuprobieren? Solange es um simple Dinge geht, wird dieser kindliche Drang in die Welt der Erwachsenen gerne belächelt, aber irgendwo auch akzeptiert: Ein Vater ertappt seinen Sohn mit der ersten heimlichen Zigarette im Bad und winkt gutmütig ab: Irgendwann probiert's halt jeder. Oder: Die Tochter hat sich mit Mutters Lippenstift und Wimperntusche für die nächsthöhere Kino-Altersgruppe gestylt. Eine Mutter belächelt diesen Versuch eher und erkundigt sich anschließend höchstens, ob's geklappt hat. – Ich probiere zwar auch mit »Mirmi«, meinem Trainingskumpel Reinhard Mirmsecker aus Berlin, in den Wandelgängen der Werner-Seelenbinder-Halle heimlich meine erste Zigarette, aber wichtiger war mir mein Traum von der Eisprinzessin. Daß ich mir dafür täglich auf dem Eis kalte Füße und gelegentlich blaue Flecken holen mußte, gehörte eben dazu. Dazu gehörte aber auch dieses Schmetterlinge-im-Bauch-Gefühl, wenn die Kür oder der Tanz gut liefen, wenn das Publikum applaudierte. Gelegenheit dafür gab es nicht nur im Winter bei den Wettkämpfen, sondern auch im Sommer bei unseren Rollschuh-Auftritten an der Ostsee, ein Kapitel, an das ich mich gern erinnere.

Damals fuhr der komplette Karl-Marx-Städter Schlittschuh-Nachwuchs auf Kosten des Sportklubs jeden Sommer für zwei, drei Wochen auf die Insel Usedom, nach Zinnowitz. In diesem Ostsee-Kurort mit den weißen Villen entlang der Strandpromenade verbrachten bevorzugt die Wismut-Kumpel aus dem Erzgebirgs-Uran-Bergbau ihren Urlaub. Unterkunft fanden wir in einer Holzbaracke am Rande des Küstenwaldes, nicht besonders attraktiv, und wegen der unmittelbaren Waldnähe mir manchmal gruselig, aber Hauptsache Ostsee. Diese alljährlichen Trainingslager liebten wir alle: Wir lagen in der Sonne, tobten am Strand, im Wasser, gingen Blaubeeren suchen, hatten selbst noch bei Regenwetter miteinander unseren Spaß bei Rommé oder Mau Mau … Jeder Tag hatte festgelegte Trainingseinheiten, ob das nun der Waldlauf war oder das Seilspringen auf der Promenade, Wettschwimmen oder Läufe am Strand; unsere Körper waren immer in Bewegung, und wir bekamen eine allseitige Grundausbildung. Beim Waldlauf, den ich besonders belastend fand, tricksten wir unsere Trainer manchmal aus und nahmen, da ja im Wald nicht alles überschaubar war, eine Abkürzung. Auch später lief ich nie gern, bekam immer schnell Seitenstechen und versuchte, durch andere Methoden meine Kondition zu verbessern.

Auf die Insel Usedom fuhren an die zwanzig Kinder mit sowie meine Mutter und Ruth Clausner, ihre Trainerkollegin; dazu meistens mein Opa als Übungsleiter. Manchmal war er auch der Wachmann. Mutti und ihre Freundin Ruth gingen ab und an abends in Zinnowitz' berühmte »Orion«-Bar, und Opa sollte aufpassen, daß wir auch brav in unseren Betten lagen und schliefen. Er setzte sich demonstrativ vor den Baracken-Eingang, so daß keiner heraus oder hinein konnte, und las Zeitung. Meine zwei Jahre jüngere Freundin Martina, die Tochter von Ruth Clausner, und ich kletterten dann aus dem Fenster, schlichen zur Bar und beobachteten durch die Fenster, was unsere Mütter so machten. Oder wir gingen zur Zinnowitzer Waldbühne, die direkt hinter unserer Baracke lag, kletterten auf die Bäume und sahen uns das Programm an.

Jedes Jahr traten wir vor den Zinnowitzer Wismut-Urlaubern in verschiedenen Ferienheimen mit unseren Rollschuh-Darbietungen auf. Wir zeigten Tänze mit waghalsigen Schleudereinlagen und waren bei den Zuschauern sehr beliebt. Weniger wahrscheinlich bei den Reinemachefrauen, weil wir vor jedem Auftritt den blankgebohnerten Tanzsaal mit viel ATA, einem Scheuersand, bestreuten, um nicht mit unseren Rollschuhen auszurutschen, was trotzdem ab und zu passierte.

In diesen kleinen Auftritten sahen unsere Trainer eine Gelegenheit, uns an das Laufen vor einem Publikum, an dessen Reaktionen zu gewöhnen. Wir waren mächtig stolz, wenn wir am darauffolgenden Tag bei unserem Seilspringen auf der Strandpromenade hörten, daß der eine oder andere Urlauber sagte: Sind das nicht die kleinen Rollschuhkünstler von gestern abend, die so hübsch gelaufen sind. – Durch diese Auftritte konnten wir in unserer Zinnowitzer Baracke sogar unentgeltlich wohnen und wurden verpflegt.

In Zinnowitz schlugen wir nicht nur unsere Trainingslager auf, dorthin ging es auch oft in den privaten Urlaub. Meistens waren auch Clausners in der Nähe. Unsere Familien verbrachten überhaupt viel Freizeit miteinander. Ob das nun die Wochenenden im Schwimmbad waren oder Ausflüge mit großen Picknickkörben: der eine steuerte den Kartoffelsalat für die ganze Truppe bei, der andere Würstchen oder Pudding oder die Getränke. Und wir fuhren eben auch gemeinsam auf die Insel Usedom in den Urlaub. Damals gab es nur sehr wenige Privatquartiere, weil die meisten Hotels, Pensionen, aber auch einzelne Gästezimmer vom FDGB verwaltet wurden. Wer trotzdem bei Privatleuten mietete, mußte sich zuweilen mit den tollsten Provisorien zufriedengeben. Einmal, als Martina und ich noch gar nicht zur Schule gingen, hatte es mit der gemeinsamen Übernachtungsmöglichkeit für beide Familien nicht geklappt. Mutter und ich waren in Zinnowitz untergekommen, Clausners im Nachbarort. Eines Abends fuhr meine Mutter mit dem Insel-Bummelzug hinüber, um gemeinsam mit den Freunden auszugehen. Normalerweise machte es mir nichts weiter aus, auch einmal allein zu bleiben, aber irgendwie erschien mir an diesem Abend unsere Ferienwohnung nicht recht geheuer. Irgend etwas war mit der Tür. In meiner Angst beschloß ich, Mutter hinterherzufahren. Ich zog mich eilig an und rannte unter Tränen zum Bahnhof, die Angst im Nacken, den Zug, den Mutti nehmen wollte, nicht mehr zu erreichen. Ich schaffte es, aber natürlich hatte ich kein Geld bei mir. Als mich der Schaffner nach meiner Fahrkarte fragte, schwindelte ich, meine Mutti habe für mich bezahlt, sie wäre nur ein paar Abteile weiter vorn. Es ging alles gut. Als ich aus dem Zug stieg und auf Mutti zulief, die ja nun gar nicht mit ihrer Tochter gerechnet hatte, war der Schreck groß. Aber auch ihre Erleichterung darüber, daß mir nichts passiert war. Wir gingen dann zu Clausners, ich durfte bei Martina schlafen, mit Martina in einem Bett. Das gefiel uns zwei beiden! Nachdem die Erwachsenen endlich zu ihrem Tanzabend entschwunden waren, stöberten wir herum und machten uns schließlich über eine Schale mit Sommeräpfeln her. Einträchtig aßen und aßen wir die halbe Nacht hindurch diese säuerlichen grünen Sommerscheiben. Am nächsten Tag hatten wir ebenso einträchtig einen mörderischen Durchfall.

Wir sind von klein auf gemeinsam aufgewachsen. Wir plagten uns nebeneinander beim Pflichtfiguren-Training auf der Bahn, nutzen die selteneren Chancen, uns gelegentlich ins Kino oder in die Eisdiele zu verdrücken, und wußten, wann das Training vor allem anderen zu stehen hatte. Der Sport schmiedete zusammen. Wir erörterten unsere ersten Schwärmereien für Eislaufstars oder Schauspieler oder Schlagersänger. Erlebten später fast gleichzeitig unsere ersten wirklichen Liebesgeschichten, heirateten ... Martina ist immer noch mit ihrer Jugendliebe verheiratet. Bei mir lief alles etwas turbulenter. Gelegentlich besuchen wir uns, reden darüber, wie alles gekommen ist. Unsere Freundschaft blieb intakt.

Daneben hatte ich wenig Kontakte zu Gleichaltrigen. Außerhalb des Eises waren Bekanntschaften, gar Freundschaften ohnehin schwer herzustellen und noch schwerer zu pflegen. Unser begrenztes Zeitbudget ... Aber auch auf dem Eis, in der Trainingsgruppe, blieb ich eher zurückhaltend. Schon gar nicht konnte sich jemand bei mir einschmeicheln, um vielleicht bei meiner Mutter besser angesehen zu sein.

In diesen Nachwuchsgruppen trainierten zumeist Mädchen. Unter den Eiskunstläufern konnte das Verhältnis Mädchen zu Jungen bei aller Werbung für unseren Sport nie ausgeglichen werden. Die Jungen interessierten sich mehr für Fußball oder Boxen, das galt einfach als männlicher. Ein wenig änderte sich das in den Zeiten von Jan Hoffmann. Er wurde im Verlauf seiner Karriere durch seine großartigen Leistungen, sein Auftreten, seine Ausstrahlung im ganzen Land ein richtiges Idol. Das ist ja häufig so:

Martina, meine Freundin

Agiert im Lande ein sportliches Vorbild mit internationalem Erfolg oder zumindest mit einer gewissen nationalen Medienpräsenz, dann entschließen sich mehr Kinder oder Jugendliche, in der betreffenden Sportart zu trainieren, Eltern regen ihre Kinder an, es zu probieren. Plötzlich spielen alle Tennis, weil Steffi Graf da ist, plötzlich sieht man auf den Straßen im Brandenburgischen wie in Sachsen wieder viel mehr Jungs mit Rennrädern unterwegs, weil Jan Ullrich die Tour de France gewann. Ich war im Eiskunstlauf die erste, die international Erfolg hatte, und daraufhin strömten überall im Land mehr und mehr Eltern mit ihren begabten oder auch nicht so begabten kleinen Mädchen in die Trainingszentren. Später, als Jan Erfolg hatte, waren es mehr und mehr auch Eltern von Buben, die sich für Eiskunstlauf begeisterten.

Aber noch sind wir im Jahre 1960. Mein nächster Wettkampf hieß Deutsche Meisterschaft im Eiskunstlaufen, 1960 in Karl-Marx-Stadt veranstaltet. Mit meinen elf Jahren war ich allerdings zu jung, um in der Meisterschaft selbst anzutreten, startete beim DDR-offenen Juniorenlaufen. Ich lag in der Pflicht punktgleich mit Monika Nickel aus Berlin, stürzte dann aber in der Kür gerade beim Axel, den ich sonst schon ganz gut beherrschte: Ein zweiter Platz. Mutter sagte anschließend in einem Zeitungs-Interview, daß der Leistungsanstieg bei den Junioren gravierend sei.

Von ihren eigenen Zöglingen waren damals fünf Mädchen, zwei Jungen und zwei Paare dabei. Heidi Steiner und ich galten 1960 als »sehr entwicklungsfähig«. Vater hat dieses Interview ins Album geklebt. Heute fällt mir auf, wie geschickt Mutter unsere damaligen Sorgen in die Öffentlichkeit zu bringen wußte. Es ging, wie noch etliche Zeit länger, um den Bau einer Eislaufhalle in Karl-Marx-Stadt. Mutter also zum Reporter: *Wenn wir berücksichtigen, daß die Berliner Läuferinnen und Läufer den ganzen Sommer über auf dem Eis trainieren konnten, während wir durch die Witterungsverhältnisse sehr schlechtes Eis gehabt haben, so bin ich mit unseren erzielten Ergebnissen nicht unzufrieden. Daß uns der Einbruch in die Berliner Phalanx gelungen ist, muß doch sehr positiv bewertet werden. Es besteht doch ein erheblicher Unterschied zwischen einer offenen Bahn und der Halle in Berlin. Wir haben 40 Nachwuchsläuferinnen und Läufer beim SC Wismut Karl-Marx-Stadt. Trainiert wird fleißig, aber leider sind nicht genügend Leute zum Beräumen der Bahn vorhanden, so daß wir alles selbst machen müssen.* Deutlich sahen viele Sportfunktionäre und auch Kommunalpolitiker damals Mutters Trainermühen, unseren Trainingsfleiß und dazu die unzulänglichen technischen Bedingungen. Wenn wir international etwas werden wollten, und das wollte nicht nur die Trainerin, davon träumten auch wir Nachwuchsläufer, dann mußten wir das ganze Jahr über auf dem Eis stehen. Sommerliches Rollschuh- und Athletik-Training genügten nicht. Die Saison durfte nicht mit der Kälteperiode enden. Maximal einen Monat lang sollte schulfrei und eisfrei sein. Wie gesagt, unser Sportclub sorgte schon seit 1958 dafür, daß die besten Karl-Marx-Städter Läuferinnen und Läufer Gelegenheit bekamen, zum Training nach Berlin zu gehen. Das schreibt sich heute so leicht. Man muß bedenken, daß wir jeweils von Frühjahr bis Sommer, fast ein halbes Jahr lang (und manchmal noch darüber hinaus), in der Berliner Werner-Seelenbinder-Halle trainierten. Die Eiskunstlauf-Kinder waren über Monate hinweg von ihren Eltern getrennt, der Schulwechsel mußte organisiert werden, und meine Mutti stand in Berlin plötzlich einem großen Haushalt vor. Sie mußte täglich für sechs bis acht Leute Frühstück und Abendbrot auf den Tisch bringen, also einkaufen, kochen, abwaschen ... Sie verwaltete die Haushaltskasse mit den Geldern, die uns der Sportclub zur Verfügung stellte.

Trotzdem, mir gefielen diese Berliner Zeiten. Alles war fremd, aufregend, kurzweilig. Wir wohnten im Hotel »Komet« an der Warschauer Brücke, eigentlich nur eine kleine Etagen-Pension in einem Friedrichshainer Mietshaus. Gut erinnere ich mich an den langen Flur, von dem etliche Zimmer abgingen, auf der anderen Flurseite die Privaträume unserer Wirtin Ella Bartsch, die leidenschaftlich gern, aber leider sehr schlecht Klavier spielte. Eine dicke, gemütliche Frau, die beim Spielen partout nicht gestört sein wollte. Manchmal klingelte es während ihrer Übungsstunden, dann mußten wir Kinder aus Sachsen den Hotel-Empfang übernehmen. Tante Ella weihte uns zu diesem Zweck in ihre Geschäftsgrundsätze ein: Wir hatten den jeweiligen Gast zu fragen, wie lange er denn das Zimmer brauche. Wollte der Betreffende nur eine einzelne Übernachtung, dann erklärten wir in Ellas Sinne, im Hotel »Komet« sei alles besetzt. Wollte er eine Woche lang bleiben, dann durften wir den Gast hereinbitten. Ella dachte nicht daran, für eine einzige Übernachtung ein Bett frisch zu beziehen.

Das vornehme Pension-Speisezimmer beeindruckte mich besonders, es war mit einem langen Tisch samt hohen alten Stühlen ausgestattet. Manchmal, wenn die Wirtin guter Laune (und nicht beim Spielen gestört worden) war, durften wir alle gemeinsam an diesem vornehmen Tisch unser Abendbrot essen.

Die Wochenenden waren trainingsfrei, da mußte etwas unternommen werden. Mutter ließ sich viel einfallen, damit wir Kinder abgelenkt wurden und es gemütlich hatten. Sie übernahm für alle die Mutterrolle. Wir sind in den Tierpark gegangen, durch Berlin bummeln oder auch einmal ganz schick essen, ins Restaurant Budapest. Mutter schaffte es, so gut hauszuhalten, daß die Kasse gelegentlich ein Extra hergab.

Manchmal durfte ich auch allein zu einer älteren Berliner Bekannten meiner Mutter gehen, zu Tante Ernie, die in der Wilmersdorfer Bleibtreustraße wohnte. Unsere Berliner Trainingsaufenthalte fanden ja auch schon vor dem Mauerbau 1961 statt. Vom Hotel »Komet« sah man direkt auf die Warschauer Brücke, gleich dahinter, an der Oberbaumbrücke, war die Sektorengrenze, fünf Minuten Fußweg. Natürlich war sich jeder in Berlin dieser Situation bewußt, man war auch etwas ängstlich, wenn man unter den Augen der Polizisten die Grenze passierte, trotzdem erschien es mir damals als völlig selbstverständlich, zu Tante Ernie »rüber«zufahren. Sie hob während der ganzen Woche ihre leeren Brauseflaschen auf, damit ich sie samstags wegbringen konnte. Das Geld durfte ich behalten. Und trug es gleich nebenan ins Kino. Es gab im Westen etliche Kinos, in denen schon morgens um zehn Uhr die Vorstellungen begannen. Wer aus dem Osten kam, brauchte nur 25 Pfennig Eintritt zu bezahlen. Das war was für mich Kintopp-Fanatiker: In das »Wirtshaus im Spessart« und das »Spukschloß im Spessart« mit Liselotte Pulver ging ich gleich ein paar Mal. In »Psycho« von Alfred Hitchcock gruselte mir mächtig. Und, und, und ... Kinowelten, in denen ich versank. Manchmal übernachtete ich bei Tante Ernie. Vor ihrem Bett stand ein Fernsehapparat. Für mich Inbegriff des Luxus: Im Bett zu liegen und fern zu sehen! Wie habe ich das genossen.

Wir haben in Berlin wirklich gute Freunde gefunden, Familie Mirmsecker gehörte dazu. Marianne Mirmsecker, ebenso alt wie ich, und ihr jüngerer Bruder Reinhard, von dem schon die Rede war, trainierten mit mir zusammen. Reinhard wurde später gemeinsam mit Trixi von Brück im Paarlauf recht erfolgreich. Mirmseckers wohnten am Müggelsee draußen, die Eltern führten dort einen Frisiersalon. In Mirmseckers Garten direkt am See gingen wir baden, konnten mit ihrem Ruderboot fahren, räucherten Aale, stellten alles mögliche an ... Wie gesagt, wir sächsischen Eislauf-Kinder fühlten uns in Berlin pudelwohl. Meine Mutter trug unterdessen nicht nur während der Trainingsstunden, sondern rund um die Uhr die Verantwortung für uns. Es muß eine ungeheure Belastung gewesen sein.

Selbst wenn sich heute bei mir eher die Erinnerungen an das fröhliche Miteinander vordrängen, das Training war der Dreh- und Angelpunkt. Lese ich meine alten Briefe, sehe ich sehr wohl, daß es mir damals vor allem um den Eislauf ging. Aus einem Brief an meinen Opa von 1959: *Wir haben uns nun wieder hier einigermaßen eingelebt. Ich schlafe wieder mit Martina und Brigitte zu-*

sammen. Heidi Steiner ist immer meine Konkurrenz, Marianne Mirmsecker ist in meiner Trainingsgruppe.

Diese Sommerlehrgänge gab es bis zum Jahr 1964, bis die Karl-Marx-Städter Küchwald-Halle stand und wir ganzjährig zu Hause Eis hatten. So auf- und anregend ich die langen Aufenthalte seinerzeit auch fand, mir kam trotzdem nie in den Sinn, daß es doch am einfachsten wäre, mit der Familie ganz nach Berlin zu ziehen, dort bequemer zu leben und zu trainieren. Ich denke, wir waren allesamt richtige Lokalpatrioten. Am Küchwald, da hatte alles angefangen, und da sollte es auch weitergehen. Ich bin mir ganz sicher, auch Mutter hat nie erwogen, nach Berlin zu ziehen. Chemnitz/Karl-Marx-Stadt, das war ihr Platz, wo sie hingehörte, da waren Menschen, die ihr nahe standen. Mutter und auch ich wollten von unserer Heimatstadt aus kämpfen.

1960 hatte ich aufs Treppchen für die besten Nachwuchsläuferinnen klettern dürfen. Wer die Urkunde überreichte, unwichtig; wichtig, daß ich mit oben auf dem Podest stand. Gleichzeitig empfand ich diese Situation als selbstverständlich. Mutter hatte mich gelobt, die Preisrichter hatten befunden, daß ich gut war, warum also sollte ich die Ehrung nicht genießen! Es machte mir nichts aus, vor Tausenden von Menschen aufgerufen zu werden, zu winken, zu lächeln, ich war nie gehemmt. Von frühester Kindheit an zeigte ich mich gerne: Da bin ich, guckt mal her, ich kann Eislaufen und Sprünge und Pirouetten, ich sehe hübsch aus. Deshalb lief ich ungern in einer leeren Halle Küren, auch wenn es im Training eben so sein mußte. Wenn Publikum da war, wenn Leute mich sehen konnten, war das Ansporn und motivierte mich stets. Ich schaute ins Publikum, guckte, wer da stand, Tausende waren gekommen. Es war für die Leute damals ein großes Ereignis, es passierte noch nicht soviel, das Fernsehen spielte noch nicht die Rolle. Also gingen die Karl-Marx-Städter in ihr Eisstadion, obwohl es sich keineswegs um ein Schaulaufen mit internationalen Stars oder um eine Weltmeisterschaft handelte. Zu den Anfängen dieser ganzen sportlichen Bewegung in den fünfziger und sechziger Jahren, als sich unsere Sportler erst nach und nach in die Weltspitze hinaufkämpfen konnten, gab es bei uns ein großes

Interesse und ein Traumpublikum. Man pilgerte zum Küchwald, guckte sich die jungen Eisläuferinnen an und sagte: Aha, es geht hier vorwärts, es geschieht etwas; die Leistungen wurden mit Wohlwollen registriert.

Natürlich war für mich nicht nur der Beifall des Publikums wichtig; wichtig war vor allem Mutters Gesichtsausdruck. Den nahm ich schon beim Laufen wahr. Anschließend, nach jedem Wettkampf, befaßte sie sich minutiös mit meiner jeweiligen Leistung. Es folgten lange, kritische Gespräche. Zunächst aber bekam ich jedes Mal etwas ganz Besonderes geschenkt. Mutter hatte ein feines Sensorium für Unausgesprochenes: Da lag dann das Kleid auf dem Tisch, von dem ich geträumt, es mir aber nicht zu wünschen gewagt hatte; oder eine bestimmte Schallplatte, einmal sogar ein Plattenspieler für mein eigenes Zimmer. Mutter fand immer etwas, um mich zu belohnen. Aber damit sollte es dann auch gut sein, der Stolz auf Erfolg durfte zwar genossen, doch nicht endlos zelebriert werden. Lorbeer einzuheimsen war in Ordnung, sich irgendwie auf Lorbeer ausruhen zu wollen gab es bei meiner Mutter nicht. Selbst später, als ich Europa- und Weltmeister-Titel mit nach Hause brachte, galt Mutters Grundsatz: Bei einem Sieg hält man sich nicht lange auf, sonst verliert man das nächste Mal. Fotos und Glückwunschtelegramme ins Album, Pokal auf den Bücherschrank, jetzt folgt die nächste Hürde, der nächste Wettkampf, es heißt, an die Zukunft denken. Mutter trieb uns alle an: Weiter, weiter, das Nächste. Das Nächste, 1960, war ein internationaler Wettkampf in Budapest, bei dem ich, wieder die jüngste Teilnehmerin, als zwölfte von 17 Läuferinnen abschloß. Danach fuhren die DDR-Meisterin Heidi Steiner, Brigitte Klever aus Berlin und ich zu einem internationalen Wettbewerb nach Davos. Ich, die jüngste Starterin schaffte den 15. Rang. Aufregend!

Zu Hause allerdings wartete mein Mathelehrer, dem mein gespanntes Verhältnis zur Geometrie Sorgen machte ... Die Schule, das Training, die nationalen Wettkämpfe, die ersten internationalen Schaulaufen und wieder Schule, wieder Training – so glitt ich Ende der Fünfziger, eingangs der Sechziger langsam in jenen Lebensrhythmus, dem ich ein ganzes Jahrzehnt lang folgte.

III. Karrierestart – Europameisterschaften 1961

Den eigentlichen Karriere-Start datiere ich auf Ende Januar 1961, zu den Europameisterschaften in Westberlin. Unter den 24 Wettbewerbs-Läuferinnen war ich mit meinen zwölf Jahren das Küken und rundum fasziniert! Wir wohnten im Hilton-Hotel, heute Interconti, also so ziemlich im ersten Haus am Platze, samt Hotelboy, dicken Teppichen, lautlosen Liften.

Die an einer Europa- oder Weltmeisterschaft teilnehmenden Läuferinnen und Läufer, dazu alle im Wettkampf eingesetzten Preis- und Schiedsrichter sowie der Delegationsleiter werden vom jeweiligen Landesverband eingeladen, der den Wettkampf ausrichtet. Der Gastgeber sucht die Hotels aus, kommt dort selbstverständlich für Übernachtungs- und Verpflegungskosten auf. Nun gehören aber neben den Läufern stets Trainer, meist auch ein Arzt, möglicherweise noch ein Masseur zum Team. Deren Aufenthalt muß allerdings vom entsendenden Eislaufverband bezahlt werden. Solange internationale Wettkämpfe in Prag oder Budapest ausgetragen wurden, hatte unser ostdeutscher Eislaufverband damit keine Probleme. Ging es gen Westen, stellte sich jedes Mal die Devisenfrage. Das zur Verfügung stehende Westgeld reichte nur für eine kleine Delegation. In sportlicher Fairness wurde so entschieden, daß jeweils der Trainer mitfuhr, aus dessen Team sich die meisten oder die aussichtsreichsten Läufer für den entsprechenden Wettkampf qualifiziert hatten.

Zum unvergeßlichen Ereignis wurde mir meine erste Europameisterschaft allerdings weniger wegen des strahlenden Hotel-Luxus oder der Leuchtreklamen auf dem Kudamm, sondern weil ich mich auf einmal unter so vielen Spitzen-, ja zum Teil weltberühmten Eisläufern wiederfand. Man stelle sich vor: Morgens mit der europäischen Eislaufelite am Nachbartisch zu frühstücken: Links stand die Trikolore neben dem Brötchenkorb, dort setzten sich dann die Franzosen mit Alain Calmat hin. Rechts die Niederländer mit Europameisterin Sjoukje Dijkstra. Und dann in den gleichen Bus einzusteigen, mit dem auch mein großes Vorbild Sjoukje zum Training oder zur Wettkampfbahn fuhr. Noch gab es keine Kontakte zur Elite, ich habe mir mit Herzklopfen ein paar Autogramme geholt, das war's schon. Sie waren die Stars und achteten in Westberlin kaum auf das kleine Mädchen aus Sachsen, das eben in die Eislauf-Familie eintrat.

Stunde um Stunde saß ich beim Training an der Bande und sah aufmerksam hin, was die anderen zeigten. Es war imponierend. Trotzdem blieb ich beim Wettkampf locker, unbelastet. Völlig klar, daß ich 1961 auf dem Eis des Westberliner »Sportpalastes« nicht unter den ersten Zehn zu erwarten war. Wir hatten mit Mutter ausführlich darüber gesprochen, daß mir schillernde Seifenblasenträume außer herben Enttäuschungen überhaupt nichts brächten. Man mußte realistisch an die Sache herangehen. Ich hatte mir schlicht vorgenommen, das Leistungsniveau zu zeigen, zu dem ich im Training fähig war, welcher Platz sich immer auch daraus ergeben sollte. Warum also sollte ich nervös werden?

Mutter dagegen muß ziemlich hektisch gewesen sein: Ihr Töchterchen in der Europameisterschaft. Zudem war der »Sportpalast« schon in ihrer eigenen Karriere wichtig gewesen, 1953 hatte sie auf dieser Bahn ihren berühmten »Tango-Max« aus der Taufe gehoben. Erinnerungen, Hoffnungen, Ehrgeiz.

Bei der Auslosung der Startnummern half mir das Anfänger-Glück: Nummer 18. Es kommt ja in unserer Sportart darauf an, eine möglichst hohe Zahl aus dem Lostopf zu ziehen. Wer die niedrigen Zahlen erwischt, also unmittelbar am Anfang des Wettbewerbs zu laufen hat, der gerät unweigerlich in die Situation, etwas schlechter bewertet zu werden als später Startende. Die Kampfrichter können in diesem Moment noch keine anderen Leistungen zum Vergleich heranziehen, bleiben also mit ihren Noten selbst bei einer recht ordentlich gelaufenen Pflicht oder Kür zurückhaltend. Damit schaffen sie sich für die nachfolgenden Bewertungen Freiraum. Mit meiner Nummer Achtzehn war ich da ganz beruhigt; 24 Starterinnen gab es.

Der Pflicht-Wettbewerb lief an. Nach sechs Figuren lag ich auf Rang 21, das entsprach durchaus meinem damaligen Leistungsniveau, und auf diesem Rang sollte ich letztlich auch bleiben. Sjoukje Dijkstra wurde, trotz eines Sturzes während ihrer Kür, Europameisterin. Aller bemühten Sachlichkeit zum Trotz fühlte ich nach meinem Pflicht-Ergebnis einen Stachel in der Seele: Eigentlich konnte ich doch mehr, Sprünge vor allem. Mir lag von Beginn meiner Karriere an die Kür besser als die Pflicht-Figuren. Das wollte ich doch beweisen! Nicht zuletzt, um bei den Kampfrichtern für die Zukunft einen Eindruck zu hinterlassen. Trotzdem blieb ich am Wettbewerbsabend ruhig, und das, obwohl ausgerechnet meine sonst so souveräne Mama mit ihrer Nervosität alle anzustecken drohte. Unruhig tigerte sie in der Garderobe umher. Als sie mir beim Umziehen helfen sollte, passierte es: sie zerrte so heftig am Reißverschluß des Kür-Kleides herum, bis der aufplatzte: Ratsch ... Allgemeine Fassungslosigkeit und nur noch wenige Minuten, bis die Startnummer Achtzehn aufs Eis gerufen werden würde. Was tun? Was sollte sein, ich zog mein Pflicht-Kleid vom Bügel. Ratio half mir: Was nicht mehr zu ändern ist, das muß man eben hinnehmen! Dabei hatte es gerade um den Schnitt und die Farbe dieses Kür-Kostüms zu meiner allerersten Europameisterschaft mit Mutter und der Schneiderin lange Debatten gegeben. Natürlich habe ich immer den allergrößten Wert auf meine Eislaufkleider gelegt. Unsere Sportart war in diesen Dress-Fragen schon damals eine – notwendige – Ausnahme. Bei den anderen Wintersportlern, sagen wir den Skispringern oder den Läufern, ging es mehr um atmungsaktive oder besonders windschlüpfriges Sportzeug oder um solides Schuhwerk. Mode, Chic spielten da überhaupt keine Rolle. Heute sieht das natürlich ganz anders aus: Wenn man sich die farblich tollen, raffiniert geschnittenen Anzüge der Eissprinter oder Abfahrtsläufer anschaut, weiß man, daß da ganze Designer-Teams am Werke waren. Im Eiskunstlauf jedoch gehörte ein attraktives Kostüm von jeher mit zum Vortrag. Geschmack, Stil, Originalität wirkten sich sehr wohl auf die Bewertung der künstlerischen Leistung, also auf die B-Note aus. Bei allem Glamour, zuallererst mußte man sich in so einem Kleid gut bewegen können. Doch elastische Stoffe, die bei Sprüngen und Drehungen nachgeben, hatten wir noch nicht. Trotzdem mußten Stoff und Nähte die sportliche Beanspruchung überstehen. Also wurden beispielsweise unter den Achseln lange Keile eingesetzt, damit die Arme hochgenommen werden konnten, ohne daß etwas aufplatzte. Ein Laufkleid durfte in keiner Weise behindern. Wenn es irgendwo kratzte oder spannte oder man den Hals nicht richtig bewegen konnte, mußte das schleunigst geändert werden. Es war alles improvisiert, es gab keine perfekte Schneiderin für Eislauf-Kostüme. Vielleicht gibt es die nie, aber damals schon gar nicht. Unsere Schneiderin Elfriede Steiden war eine Eislauf-Mutti, die bei der eigenen Tochter mitbekam, wie so ein Kostüm beschaffen sein und sitzen mußte.

Und noch etwas war zu bedenken: Das Kostüm mußte sowohl mit meinem Kür-Vortrag und der jeweiligen Musik, als auch mit meinem Alter harmonieren. Alles sollte perfekt passen, eine einzige Handschrift aufweisen, optimal gestaltet sein. Mutters Stärke lag gerade darin, daß sie eben nicht nur als Trainerin die Kür sportlich aufstellte, sondern alles auf den jeweiligen Läufertyp abstimmte. In diesem Bemühen ignorierte sie manche konservative Vorschrift und wirkte bahnbrechend. So gelang ihr meiner Ansicht nach mit Katarina Witts »Carmen«-Kür ein wirkliches Highlight.

Zu meiner aktiven Zeit ließen sich Mutter und Frau Steiden beim Entwurf der Kostüme von Modejournalen wie der »Constanze« und anderen anregen. Überhaupt wurde ständig Ausschau gehalten, wie die Modetrends allgemein und die Entwicklung auf dem internationalen Eis im Speziellen liefen. Ich denke, stilles Vorbild waren auch die aufwendig ausgestatteten Filmrevuen der Vorkriegszeit. Mutter hatte ja als junges Mädchen Tänzerin werden wollen und sich dafür interessiert, Filmprogramme gesammelt, Zeitungsausschnitte in Alben eingeklebt. Als unser Fernsehen damit begann, montags alte UFA-Filme zu senden, schauten wir regelmäßig diese Revuefilme an, fanden Schnitt-Ideen, debattierten, was nun als modisch zu gelten hatte und was nicht mehr.

Wie gesagt, gerade ums Kür-Kleid für meine erste Europameisterschaft hatte es viel Trubel gegeben. Zwar konnte ich an der zart-violetten Farbe nichts mehr ändern, den Stoff hatte Mutter ohne mich eingekauft. Aber ich setzte bei den Anproben vor Frau Steidens Schlafzimmerspiegel durch, daß der brave weiße Spitzenkragen, den Mutter sich vorstellte, durch aufgestickte Pailletten ersetzt, das Röckchen plissiert wurde.

Und nun hatte der Verschluß unter Mutters nervösen Fingern ausgehakt ... Na und?! Zu meinem Glück war ich in den Minuten vor meiner ersten Europameisterschafts-Kür 1961 wohl viel zu sehr mit mir selbst beschäftigt, um mich von dieser Reißverschluß-Panne irritieren zu lassen. In konzentrierter Gelassenheit lief ich hinaus, präsentierte frisch und fröhlich alle meine damaligen Glanzstücke, den Doppel-Lutz, den Doppel-Rittberger und den Doppel-Flip. Sämtliche Sprünge klappten phantastisch! Das änderte zwar nichts mehr an meiner Plazierung, brachte mir aber durchaus einige Aufmerksamkeit der internationalen Fachwelt ein. Carlo Fassi, selbst Europameister 1953 und 1954, später der Trainer meiner großen Konkurrentin Peggy Fleming aus den USA, hat damals in einem Interview gesagt: *Gaby Seyfert ist ein Naturtalent, besitzt die richtige Portion Kessheit und läuft auch die Pflicht mit viel Verstand. Eine so junge Läuferin mit solcher Begabung habe ich im Angebot der Bundesrepublik nicht feststellen können.* Na bitte! Und der Westberliner »TELEGRAF«, damals eine vielgelesene Zeitung, konnte nicht umhin festzustellen: *Deutschlands Teilnehmerinnen aus der Bundesrepublik und aus der Sowjetzone, die beim Pflichtlaufen ausnahmslos schlechte Plätze belegt hatten, brillierten dafür in ihren Kürvorträgen. Den sowjetzonalen Läuferinnen merkt man neben der eisläuferischen die Ballettschule an. Die zwölfjährige Gabriele Seyfert fegte im Blitztempo über die glatte Bahn und beherrschte viele Sprünge. Dieses junge Mädel hat noch eine große sportliche Karriere vor sich, falls es das Eislauf-ABC beherrschen lernt.* Das Eislauf-ABC, also die Pflichtfiguren ... Das war auch Mutters ständige Rede.

Seinerzeit sah das Reglement der Internationalen Eislauf-Förderation ISU noch vor, daß während eines Wettkampfes zu sechzig Prozent die Noten für den Pflichtvortrag, die Noten für den Kürvortrag aber nur zu vierzig Prozent in das Gesamtresultat eingingen. Das ist eine ziemlich altmodische Regelung gewesen. Später hat mir mal jemand ein antiquarisches Büchlein über die »Kunstfertigkeiten im Eislaufen« geschenkt. Und siehe, da heißt es in der »Wettlauf-Ordnung des Deutschen und Oesterreichischen Eislauf-Verbandes« vom 12. April 1895 unter Paragraph 53, jedes Kunstlaufen müsse zuerst »vorgeschriebene Uebungen« und dann das Kürlaufen enthalten. Gelaufen werden mußten »mindestens 10 Formen, welche auf jedem Beine dreimal zu wiederholen und in Achterform auszuführen sind.« Es handelte sich also bei dieser Pflicht um ein ehernes Gesetz! Erst später, zu Katarina Witts Zeiten, lockerte es die ISU vorsichtig. Zuerst galten die Wertungen von Pflicht und Kür gleich viel, also 50 Prozent zu 50 Prozent, dann galt die Pflicht noch weniger, die Kür trat in der Bewertung der Gesamtleistung immer mehr in den Vordergrund. Heute ist diese unattraktive und wohl auch von den meisten Sportlern ungeliebte Pflicht völlig abgeschafft. Das geschah wohl letztlich weniger den Läufer zuliebe, sondern war ein Sieg des Fernsehens. Es ist ja wirklich das denkbar Langweiligste, stundenlang zu übertragen, wie von 24 oder 28 Läuferinnen eines internationalen Wettbewerbs immer wieder die gleichen Schlangenbogen dreimal hintereinander gelaufen werden. Also kam es auch nie zu solchen Übertragungen. Aber anschließend wurde das Publikum weltweit unwillig, wenn die Kür-Stars während der Live-Übertragungen zwar die höchsten Noten erhielten, am Ende des Abends aber immer wieder Läufer mit mittelmäßigen Küren aufs Treppchen stiegen und die Medaillen einheimsten.

Für unser Training folgte aus dem ISU-Reglement, täglich zwei, drei Stunden lang die Pflichtfiguren und nur anderthalb Stunden lang die Kürelemente zu üben. Das Anlegen einer regelgerechten Figur auf frischem Eis ist schwierig: Runde, gleichgroße Bogen, totale Deckungsgleichheit ... Sechs Mal mußte eine Figur gelaufen werden, immer auf der gleichen Spur. Kantenreine Drehungen und gerade Achsen, darauf kam es an. Es gab 41 Pflichtfiguren, wovon 28 rechts oder links begonnen werden konnten. Es waren also genaugenommen 69 Pflichtfiguren zu erlernen, wenn man alle vier theoretisch bei jedem Wettkampf zur Auswahl stehenden Figuren-Gruppen beherrschen wollte. Vor dem Wettkampf wurde jeweils eine der Figuren-Gruppen ausgelost. Nein, ich kann nicht gerade behaupten, daß ich in jungen Jahren über diese zwei, drei täglichen Stunden Pflicht begeistert gewesen wäre. Aber damals, im Januar 1961, als 21. von den Europameisterschaften zurückgekehrt, brannte ich vor Ehrgeiz. Zwar erschienen jegliche internationalen Meisterschafts-Ehren astronomisch weit weg, hoch oben, trotzdem sah ich für mich eine klare Linie dorthin. Sjoukje Dijkstra hieß mein Vorbild. Es schien mir keineswegs unerreichbar.

Gemeinsam mit Mutter haben wir über die Resultate, über meine Chancen und Möglichkeiten bei jeder einzelnen Figur, bei jedem Sprung, jeder Pirouette gesprochen. Fazit: noch mehr Pflicht-Training in den kommenden Monaten, dann könnte bei der Europameisterschaft im nächsten Jahr vielleicht der 15. Platz drin sein. Auf diese Weise wurde mein Traumziel – Weltmeisterin – aufgeteilt in viele kleine Ziele, die mich immer ein Stückchen weiter bringen sollten. Nicht von heute auf morgen. Ich fand es damals und finde es auch heute in der Rückschau nicht vermessen, kühn, arrogant, mit zwölf Jahren eine Weltmeisterin werden zu wollen. Das war doch gerade das Faszinierende, daß man sich so hohe Ziele ernsthaft vornahm, es eben nicht bei Tagträumen beließ, sondern »ackerte«, um das Ziel zu erreichen. Daß es auf dem Wege zum Weltmeisterinnen-Podest ein hartes Stück Arbeit zu bewältigen gab, sah ich nach jenen Januartagen im Westberliner »Sportpalast« genauer als zuvor. Trotzdem! Mir wäre es zu gering vorgekommen, wenn ich mir gesagt hätte: Irgendwann will ich mal Fünfte werden. Fünfte, das war doch viel zu wenig. Gut, es mag dazu verschiedene Ansichten geben. Neulich las ich in einem Nachruf auf den Schauspieler Klaus Piontek vom Deutschen Theater, von dessen »Lob auf den vierten Platz«. Der vierte, so Piontek, sei der anstrebenswerteste Platz auf der Welt. Man jage ein bißchen diejenigen, die unbedingt aufs Treppchen wollen, ist also ernstzunehmender Konkurrent. Aber andererseits bleibe man weitgehend unbehelligt von Öffentlichkeit: eine segensreiche Position ... So gelassen war und bin ich in keiner meiner Angelegenheiten. Eher besessen, also auch zu bedingungsloser Hingabe bereit. Ich wollte auf das Treppchen, ganz obenauf, wollte die Beste, die Erste im Wettkampf sein. Irgendwann. Also hieß es, erbarmungslos die verdammten Pflicht-Figuren zu bimsen:

Spielbein leicht gestreckt, Muskelspannung gehalten, Fußspitze, Abstoß ... Eine Stunde lang, die nächste – man kann sich nicht ununterbrochen konzentrieren, ich bestimmt nicht. Abschalten, eine Melodie summen, Träumen, manchmal habe ich mir bei der Pflicht im stillen Gedichte aufgesagt. Ich bin bis heute ein großer Lyrik-Fan und war immer mit sehr einfühlsamen Deutsch-Lehrern gesegnet, also kamen mir die Gedichte in den Sinn, während ich mich mit der Symmetrie beim Bogen-Achter plagte. Nach links drehen, jetzt halbrechts drehen ... irgendwann macht es das Fußgelenk nämlich alleine. Darin liegen ja gerade Sinn und Zweck dieser endlosen Übungsstunden, daß es ein mechanisch ablaufender Vorgang wird. Da in der Pflicht absolute Präzision verlangt wird, muß das über das Unterbewußtsein gehen und nicht nur über den Kopf. Ich mußte nicht jeden Moment daran denken, daß ich die Spur zu decken habe, ich muß ein Gefühl dafür bekommen, was beispielsweise ein tatsächlich runder Kreis ist, Gefühl für Bogen. Runder Kreis, es klingt komisch, aber jeder Eiskunstläufer wird sich belustigt an die eher eiförmigen Gebilde seiner Lehrjahre erinnern. Ein Kreis? Bestenfalls ein Oval, womöglich mit richtigen Ecken drin. Am Schluß aber gerät der Kreis tatsächlich makellos. Also übt man das Ganze stupide, bis

Lichtspuren-Test für die Plicht, 1962

es in Fleisch und Blut übergegangen ist. Ebenso wichtig ist die ebenmäßige Haltung der Arme. Um das alles zu testen, wurden mir beispielsweise einmal kleine Lämpchen an den Hand und Fußgelenken befestigt, dann wurde eine Spezialkamera aufgestellt, die die Lichtspuren während einer Pflichtfigur aufzeichnete. So lief das also in meinem Pflicht-Training: Immer wieder das Gleiche, Dreier, Gegenwenden, Wenden ... Und irgendwann blitzt der Gedanke auf: Damit werde ich es schaffen.

Eine Erinnerung an meine erste Europameisterschaft 1961 will ich noch anfügen: Mutti aß nicht mit der Delegation zusammen im Hotel-Restaurant, sondern allein auf dem Zimmer. Damit hatte es folgende Bewandtnis: Wie schon gesagt, sorgte laut ISU-Reglement der jeweilige Veranstalter nur für die Aktiven. Die Trainer mußten alles selbst bezahlen, das heißt, unser Deutscher Eislaufverband kam dafür auf. Hotelkosten wurden extra überwiesen, aber für ihre tägliche Verpflegung plus Taschengeld von zehn Mark erhielt Mutti einen »Westgeld«-Betrag, mit dem sie eben auskommen mußte. Es blieb ihr selbst überlassen, wie sie das regelte. Um von dem raren »Westgeld« etwas für Mitbringsel abzuzweigen, packten wir bei jeder Westreise eine haltbare ungarische Salami und Konserven ein. Mutti kaufte sich am Ort frisches Brot dazu und aß, während ich in den Speisesaal ging, eben auf dem Zimmer. Komisch kam mir das schon vor. – Apropos »West«-Taschengeld: Der Satz, gleich ob in DM, Franken oder Dollar, ob für die Trainer oder für uns Sportler, die wir ja auch Geld brauchten, um uns gelegentlich eine Limonade oder eine Kinokarte kaufen zu können, dieser Taschengeld-Satz lag über all die Jahrzehnte hinweg unverändert bei zehn Mark täglich. Mehr war nicht drin. Woher auch, in der Heimat blieben Devisen rar. Die Wünsche nach einem modischen Pullover oder Schuh, nach besonderer Kosmetik wuchsen. Also sparten alle, Sportler wie Trainer, um sich am Ende das eine oder andere mitbringen zu können. Ich weiß, es gab zu Hause durchaus Spekulationen über Dollar-Summen, die wir Sportler kassiert haben sollen. Die Realität sah anders aus. Zu meiner Zeit jedenfalls galten auch im glitzernden Eissport die konsequenten Regelungen, die das Amateur-

vom Profilager trennten. Es floß kein Dollar und keine Westmark in unsere Taschen. Bei internationalen Schaulauf-Tourneen bekamen wir mehr oder weniger praktische oder wertvolle Geschenke: Gedenkplaketten, Kristallvasen oder Porzellanteller, manchmal auch ein Fernsehgerät oder Schmuck. Meistens achtete der Veranstalter darauf, daß diese Geschenke im Wert gestaffelt blieben, teuer für die Weltmeisterin, etwas preiswerter für den mitlaufenden Nachwuchs. Nur einmal, 1965 in Scheveningen, machten es die holländischen Gastgeber anders, sie verlosten alles. Jeder hatte sein Glück selbst in der Hand. Fortuna war mir hold, ich fuhr mit einem Super-Kofferradio nach Hause, das mir eigentlich noch gar nicht »zugestanden« hätte.

Übrigens galt auch später in der DDR für alle Sportarten die feste Regel, daß ausnahmslos alle eingenommenen Start- und Preisgelder nicht im Besitz der Aktiven bleiben durften, sondern zu Hause eingezahlt werden mußten. Es blieb beim Taschengeld.

Aber zurück ins Jahr 1961: Die Ziele wurden konkreter. Zum Beispiel konnte zur nächsten Europameisterschaft 1962 nur eine DDR-Läuferin fahren. Wollte ich das sein, mußte ich vor allem bei den kommenden DDR-Meisterschaften die bisherige beste Einzelläuferin, nämlich Heidi Steiner, mit der ich seit vielen Jahren zusammen trainierte, besiegen. Übrigens hatte ich mich schon bei den Resultaten in der Europameisterschaft 1961 vor Heidi schieben können, die am Ende nur auf den 23. Platz gelangt war. Aber das bedeutete für die kommenden Zweikämpfe noch gar nichts. Heidi Steiner war schon sechzehn Jahre alt, also viel erfahrener, und hatte im Grunde das gleiche Repertoire an Sprüngen parat wie ich. Fortan blieben wir Konkurrentinnen, bis sie 1964 vom Einzellauf zum Paarlauf wechselte und dort zusammen mit Heinz-Ullrich Walther sehr erfolgreich lief. Es ist schon merkwürdig. Mir ist es niemals in den Sinn gekommen, Paarläuferin zu werden, denn ich wollte für das, was ich im Wettkampf erreichte oder eben nicht erreichte, allein verantwortlich sein, nicht vom Talent oder dem Fleiß oder der Nervosität eines anderen Menschen abhängen. Allein dieser Gedanke hätte mich fürchterlich belastet. Heidi Steiner dagegen wirkte als Paarläuferin wie ausgewechselt. Seit sie nicht mehr alleine aufs Eis hinaus mußte, einen Partner hatte, mit dem sie die Verantwortung teilen konnte, bekam sie ihr Lampenfieber, das ihr so viel verdorben hatte, in den Griff. Heidi und Ulli wurden besser und besser, bis sie schließlich 1970 bei Weltmeisterschaften in Ljubljana die Bronzemedaille errangen, ihr größter Erfolg.

Nach den DDR-Meisterschaften 1961 in Dresden lautete jedenfalls die Schlagzeile: »Zwölfjährige Gaby entthronte Heidi Steiner.« Ich war so jung, zum ersten Mal bei den Senioren gestartet, und überholte bereits alle anderen. Das war schon ein Ereignis! Viele der Läuferinnen, 16, 18 Jahre alt und älter, arbeiteten sehr

Gratulation zum ersten DDR-Meistertitel, 1961

viel länger als ich auf einen Titelgewinn hin. Bestimmt fanden sie es frustrierend, daß unerwartet ich Küken einfach so an ihnen vorbeizog. Heidi nahm fair den Fehdehandschuh auf, hat, wie gesagt, noch drei Jahre gegen mich gekämpft und auch immer wieder in kleineren, internen Ausscheidungswettkämpfen vorn gelegen. Wenn es ernst wurde, konnte sie mich allerdings nie mehr schlagen. Ich war vielleicht nur nervenstärker, eine stabile Natur. Sie war im Training kaum schlechter als ich. Mir aber gelang es, mich zu steigern: Das Publikum, Musik, Scheinwerfer, Wettkampfflair beflügelten mich, mehr zu bringen als im Training. Zehn Jahre hindurch errang regelmäßig ich den Meistertitel.

Damals, 1961, wirkte Heidi Steiner total deprimiert, trotzdem habe ich nie erlebt, daß sie mir gegenüber etwa aggressiv reagierte. Nie. Es waren faire Wettkämpfe, aber eben Wettkämpfe, keine Feindschaft. Sicher, wir lebten als Konkurrentinnen, trainierten die gleichen Schwierigkeiten, traten immer wieder gegeneinander an. Warum verstanden wir uns trotzdem gut? Natürlich gab es auch in der DDR-Eislaufszene neben den normalen Konkurrenzgefühlen gelegentlich heftige gegenseitige Abneigungen. Das wuchs sich nun nicht gerade bis zum schlagzeilenträchtigen Skandal, zu handfesten bis handgreiflichen Krächen wie unter den USA-Eis-Diven aus. Doch über die Dissonanzen zwischen der jungen Kati Witt und Anett Pötzsch munkelte später sogar die ansonsten zurückhaltende DDR-Presse. Heidi und ich boten da wirklich keinen Anlaß für Klatsch und Tratsch.

Zu Ostern 1961 war ein internationales Schaulaufen mit vielen Weltklasseläufern in Moskau angesagt: 12 000 Menschen in der Eissporthalle des »Lushniki-Parks«, eine phantastische Kulisse. Ich kam gut an. Mit meinem mageren Russisch klappte es dagegen weniger. Margit Senf, eine Paarläuferin, übersetzte für mich, wenn ich etwas fragen wollte. In Moskau wurde mir zum ersten Mal richtig klar, daß diese Eislauf-Familie, zu der ich mich schon ein wenig zugehörig fühlte, vielsprachig war. Mit der Holländerin Sjoukje Dijkstra oder der Österreicherin Regine Heitzer ging es auf Deutsch aber Alain Calmat, der sprach eben nur Französisch und Englisch. Calmat, ach, den habe ich angehimmelt. Er war ja wesentlich älter, aber ein ganz netter Kamerad. Weiß der Himmel wie, ich schaffte es in Moskau, alle miteinander ins Gespräch zu ziehen. Alain sagte einfach »Spatz« zu mir, die anderen griffen diesen freundlichen Spitznamen auf. Mir gefiel er. So bin ich für den Eislauf-Zirkus all die Jahre hindurch der »Spatz« geblieben: Klein, gelegentlich etwas zerrauft, aber fröhlich und frech.

IV. Training, Meisterschaften, Schaulaufen

Training, Schule, Schaulaufen, Training, Schule ... Die Anforderungen wuchsen. Meine Mutti hielt konsequent alle Dinge von mir fern, die mich hätten stören, belasten, vom Eislaufen ablenken können. Ich hatte mich dafür auf mein tägliches Trainingspensum zu konzentrieren. Ich war eigentlich noch ein kleines Mädchen, aber ich verfügte über innere Stabilität, Selbstbewußtsein: Du kannst das. Dazu kam ein heiteres, unbekümmertes Gemüt. Ich war und bin mir bis auf den heutigen Tag sicher, als Mutter mich damals auf die Schlittschuhe gestellt hat, war genau das Richtige passiert. Ich liebte das Eislaufen vom ersten Tag an. Es ist ja in vielen Sportarten ebenso wie bei vielen künstlerischen Berufen: Will man erfolgreich sein, muß man früh beginnen und konsequent weitermachen. Ein Problem für alle Eltern, die vor derartigen Entscheidungen stehen. Mir jedenfalls machte das Eislaufen immer mehr Spaß. Die ersten Erfolge taten ihr übriges, mich zu motivieren. Ich meine, es ist für einen Außenstehenden kaum vorstellbar: jeden Tag um sechs Uhr in der Frühe aufstehen. Dabei ging es mir noch gut. Mein Prager Eislauffreund Pavel Roman, er wurde später mit seiner Schwester Eva Eistanzweltmeister, erzählte mir einmal, daß bei ihnen zu Hause die Trainingsflächen so knapp seien, daß es durchaus passieren konnte, daß ein Training bereits um 4.30 Uhr angesetzt wurde. Tag für Tag also aufs Eis laufen, hinfallen, frieren, abends ist der Körper todmüde. Da muß man schon unbedingt wollen. Es geht nicht ohne Talent, aber auch nicht ohne den Traum vom Erfolg!

Eiskunstlauf, das ist logischerweise die Kunst des Gleichgewichts. Äußerlich wie innerlich, und meine innere Stabilität konnte ich mir über viele schwierige Momente hinweg bewahren oder, besser gesagt, immer wieder aufbauen. Und was den Körper betrifft, da war – bis auf meine späteren Gewichtsprobleme – alles okay. Zwar taten auch mir, besonders nach Pausen, wenn ich nicht täglich in den Schlittschuhstiefeln gestanden hatte, die Schienbeine weh, das verging. Auch gegen die Kälte auf dem Eis lernte ich mich zu schützen. Es wirkte sicher komisch, wenn ich beim normalen Training auf der Bahn mit zwei Pullovern, zwei langen Hosen, dicken Handschuhen antrat. Über die Schlittschuhe kamen Überzieher aus Leder, innen mit Fell gefüttert. Diese Schuhschützer hatte Mutter extra gegen meine ewig kalten Füße bei einem netten alten Schuster mit Lust an Knobeleien anfertigen lassen. Sie haben mir gute Dienste geleistet. Sollte das alles zusammen aussehen wie es wollte, Hauptsache ich fror nicht. Wichtig aber war, daß meine Füße ansonsten auf die tagtägliche Beanspruchung positiv reagierten. Keine Schmerzen, ich rieb mir beim Training keine Blutblasen wie so mancher andere Läufer, nichts. Und letztlich sind gesunde, belastbare Füße die Basis für alles übrige.

Damals bekamen die Leistungsstärksten schon Maßstiefel jeweils milimeterexakt auf ihre Füße zugeschnitten. Diese Stiefel wurden in Österreich angefertigt, da gab es einen Spezialschuhmacher. Die meisten von uns waren noch im Wachsen, brauchten also jedes Jahr mindestens ein Paar größere Stiefel. Nun konnten wir schlecht lediglich zum Schuhanmessen nach Wien fliegen. Die Prozedur ging also folgendermaßen vonstatten: Der Schuster schickte uns seine Maßbögen, darauf wurde der Fuß gestellt und abgemalt. Auf dem Bogen waren außerdem diverse Stellen angezeichnet, an denen die jeweilige Spannhöhe usw. zu messen waren. Ein kompliziertes Verfahren, aber es funktionierte. Die erste Anprobe fand meist im Umfeld irgendeines internationalen Wettbewerbs oder Schaulaufens im Westen statt, wozu dieser Wiener Schuster samt Dutzenden Stiefeln anreiste, denn dort waren ja alle seine Kunden – nicht nur wir – versammelt. Nach der Anprobe machte er die Stiefel fertig und schickte sie. Es war recht umständlich, aber ein vollkommen exakt sitzender Schuh ist für unseren Sport Gold wert. Später, lange nach meiner Zeit, hat sich ein Schuhmachermeister aus der PGH Hans Sachs in Berlin-Weißensee auf diese Spezialarbeit eingerichtet. Aber es soll nicht vergessen sein: unser Klub und der Verband, die sorgten für uns. Wenn es auch teuer war, wenn es auch Devisen kostete, wir sollten gut ausgerüstet starten. Wir bekamen die berühmten Sheffield-Eislaufschienen unter die Stiefel, weil dieser Stahl aus England damals eben der beste war.

Bei soviel Aufwand kann man sich vorstellen, wie jeder Eiskunstläufer immer und überall auf seine Eislaufstiefel acht gibt. Zu Hause ebenso wie unterwegs. Sie galten als das wichtigste Gepäckstück überhaupt. Selbst beim Einchecken ins Flugzeug gaben wir unsere Eislaufschuhe niemals aus der Hand. Es war zu heikel. Wenn ein Koffer mit Trainingssachen oder Kleidern verlorenging oder zu spät ankam, konnte das irgendwie ersetzt, notfalls neu gekauft werden. Aber wenn die eingelaufenen Schlittschuhe gefehlt hätten, wäre das eine Katastrophe. Es gehörte auch dazu, die Stiefel selbst zu pflegen. Nach jedem Lauf wurde die Stahlschiene mit einem Lederlappen abgetrocknet. Die Stiefel wurden selten naß, dafür aber oft zerkratzt. Unsere Schuhe litten unheimlich, hatten tiefe Riefen, Schleifspuren, weil man bei bestimmte Figuren mit dem Leder übers Eis kratzte. Zu meiner Zeit waren die Eislaufstiefel der Damen prinzipiell weiß. Für Schaulauftänze, bei denen das Weiß nicht mit dem jeweiligen Kostüm harmonierte, zogen wir gelegentlich einen farbig zum Kleid passenden Stoffüberzug über die Stiefel. Später brachten US-amerikanische Läuferinnen eine überzeugende Neuerung, nämlich hautfarbenes Leder für den Schlittschuhstiefel, dadurch wirkt jedes Bein optisch verlängert.

Jedenfalls standen wir nun in Frühjahr und Sommer wieder auf dem Eis der Berliner »Werner-Seelenbinder-Halle«. Nach dem Sommer waren die ersten Qualifikationswettkämpfe für die Welt- und Europameisterschaften angesetzt, mal lag Heidi Steiner vorn, mal ich. Letzten Endes habe ich es für mich entschieden. Trotzdem findet sich im Album meines Vaters auch die fette Schlagzeile »Steiner vor Seyfert«. Mutter sagte dann: »Mädelchen, haste gemerkt, jetzt fehlt was, du bist nur Zweite, jetzt mach mal.« Ich machte mal und siegte auch 1962 bei der DDR- Meisterschaft. Mit dreizehn Jahren wieder die Beste auf dem Eis. Gleichzeitig hatte ich damit die Fahrkarte zur Europameisterschaft in der Tasche, fuhr also im Februar 1962 nach Genf, allein dieses Mal. Trai-

Visum für die Europameisterschaften in Genf, 1962

nerin Inge Wischnewski schickte mehr Läufer als meine Mutter, Bodo Bockenauer und Ralph Borghardt beispielsweise, deshalb fuhr sie, mitverantwortlich auch für mich.

Wir flogen über Prag nach Genf, wohnten dort im kleinen Hotel »Astoria«, und ich schrieb umgehend eine Ansichtskarte an meine Mutter: »Das Eis ist gut« steht als erstes darauf. Ich wußte ja, sie wollte hören, wie es läuft. Und nicht, ob in Genf die Sonne scheint. Auch mir war bewußt, daß ich zum Eislaufen in Genf war, nicht zum Schaufensterbummel. Was mich allerdings nicht hinderte, gleich am ersten Tag meine sämtlichen Tagegeld-Franken für ein wunderschönes Paar roter Schuhe auszugeben. Glücklicherweise hatte mir Frau Wischneweski nicht gleich alles Geld zugeteilt, so daß ich mir dann doch noch die eine oder andere Cola nach dem Training leisten konnte. Es war aufregend, ohne

Mutter, mit Geld, das ich selbst verwalten durfte. Ich hatte keinen richtigen Bezug dazu, wußte nicht, wieviel das eigentlich wert war. Die fremden bunten Franken-Scheine mußten natürlich gleich auf den Kopf gehauen werden.

Viel interessanter war für mich: Wie sind deine Konkurrentinnen in Form? Ich hatte sie ein Jahr lang nicht gesehen und verfolgte ihre Trainingsstunden mit wachen Augen. Bei Europa- oder Weltmeisterschaften bekommt der einzelne Läufer nur knappe Trainingszeiten zugewiesen, denn sämtliche Teilnehmer aller Disziplinen – Damen, Herren, Paarläufer und Eistänzer – mußten auf den zwei, drei vorhandenen Eisflächen in der Kürze der Zeit gleichberechtigt berücksichtigt werden. Nach meinem Training blieb ich in der Halle und schaute weiter zu, mit fachmännischem Blick, um möglichst viel bei der Konkurrenz zu erspähen. Mutter hatte mir überdies eingebleut, ich sollte bei aller Neugier nicht so viel durch die Stadt rennen. Das mache die Beine müde, sei schlecht für den Wettkampf. Wenn du dann später eventuell nicht so gut bist, würdest du dir vielleicht diesen Stadtbummel vorwerfen; hättest du darauf verzichtet, wäre es im Wettkampf vielleicht besser gelaufen. Das wollte ich von vornherein ausschalten. Nun könnte man im nachhinein mutmaßen, daß es auch Druck von offizieller Seite, von unserer Delegationsleitung gab, die ihre Schäfchen beieinander halten wollte, sich wünschte, daß wir nicht zu viel in der fremden Welt erlebten, sich fürchtete, daß wir zu offen zu den anderen Sportlern, vor allem zu denen aus westlichen Ländern wären. Sicher: Vor einer jeden Auslandsreise gab es im Klub eine sogenannte Einweisung, bei der uns entsprechende Verhaltensmaßregeln nahegebracht wurden. Wir sollten nach Möglichkeit nicht mit Sportlern, Trainern oder irgendwelchen Zuschauern aus dem NSW – also dem »nichtsozialistischen Wirtschaftsgebiet« – große Kontakte haben, das war die offizielle Linie des DDR-Sports. In der Realität lief das glücklicherweise lockerer. Es lag vor allem daran, daß der Eiskunstlauf nicht mit anderen Sportarten, bei denen allein mit Stoppuhr oder Bandmaß gemessen wird, vergleichbar ist. Bei uns zählen auch Atmosphäre, Show, Selbstdarstellung. Ich weiß nicht, inwieweit diese offiziell verordnete Zurückhaltung von anderen Sportlern praktiziert wurde. Bei meinem Sport jedenfalls war sie unmöglich einzuhalten. Für unsere Offiziellen bestimmt keine leichte Situation, ging es doch in gewisser Weise um die Abweichung von der politischen Leitlinie. Es stimmt schon, wenn Heinz Florian Oertel in seinem letzten Buch schreibt, daß Eiskunstläufer, egal, woher sie kommen, ein freundlich-fröhliches Völkchen sind: *Meist viel aufgeschlossener als Vertreter anderer Sportzweige. ... In diesem schillernden Sport ist fast jeder selbst und sofort bereit, öffentlich zu sein, sich zu öffnen und darzustellen. Das bringt die Sache mit sich. Muffel bleiben außen vor.*

Als ich damals international antrat, war die DDR im Eiskunstlauf völlig unbedeutend und kaum präsent. Wir hatten noch keinen Ruf, keine eigenen Preisrichter dabei, niemand traute uns etwas zu ... Aber wir wollten auch aufs Siegerpodest. Wir wurden am Anfang sehr benachteiligt. Ich selbst bin auch so manches Mal schlechter bewertet worden als, objektiv gesehen, meine Leistungen waren. Das ist eben im Eiskunstlauf so. Hätten wir uns bei unserem Einstand auf internationalem Eisparkett total abgeschottet, wären wir nicht weit gekmmen. Dieses sich »Hochdienen-Müssen« am Anfang hieß: Sportlich gut sein, aber auch freundlich sein, sich charmant, offen, witzig geben, um langsam bekannt zu werden.

Zurück nach Genf, am 28. Februar 1962, wurde es dort für mich ernst: die Pflicht war ausgelost, die ersten drei Figuren mußten gelaufen werden. Am Ende der Pflicht lag ich auf Rang 16. Und hoffte auf meine Kür. Meinen Doppel-Axel sprang ich inzwischen perfekt, auch alle anderen Doppelsprünge hatte ich verbessern können. Tatsächlich sprang ich mich im wahrsten Sinne des Wortes nach vorn: 12. Platz bei 21 Starterinnen. Na bitte. *Die sehr keck fahrende, erst dreizehnjährige Ostdeutsche Seyfert legte eine so sieghafte Kür aufs Eis, daß man den Eindruck nicht los wurde, daß sie in ein paar Jahren Europameisterin ist,* schrieb eine Genfer Zeitung. Vater klebte das Zitat ins Album.

Wenige Wochen später, Mitte März 1962, fuhren wir, nun wieder mit meiner Mutter als Trainerin, nach Prag, zu meiner ersten

Weltmeisterschaft. Die im Vorjahr, bei der ich auch schon hätte starten sollen, war abgesagt worden, weil im Februar 1961 die gesamte Eiskunstlaufelite der USA bei einer Flugzeugkatastrophe in Brüssel ums Leben kam. Furchtbar. Was für ein Schlag muß das auch für den amerikanischen Verband gewesen sein. Vor der Prager Weltmeisterschaft fragte sich nun die gesamte Eislaufwelt, ob es den Trainern in den USA gelungen sei, die Lücke zu schließen, und war gespannt, welche Läufer antreten würden. Ein Name stand fest, Barbara Ann Pursley, die nur dadurch dem grausamen Schicksal entgangen war, weil sie ein Baby erwartet hatte.

In Prag lief es bei mir nicht so gut. Erst verpatzte ich in der Pflicht beide Schlingen, dann fand ich auch bei der Kür nicht meinen gewohnten Rhythmus. Ich hechelte schon nach zwei Minuten, an einen ausdrucksvollen Vortrag oder an ein Lächeln in die Reihen der Zuschauer war gar nicht zu denken. Letzter Platz: Ein Riesenproblem, mit diesem Ergebnis fertig zu werden, diesen Rückschlag zu überwinden. Nach Mutters und meinen Kalkulationen schien in Prag ein 15. oder 16. Platz erreichbar. Ich hatte es

Bei der Weltmeisterschaft in Prag 1962: Gespräch mit Weltmeister Donald Jackson

verpatzt. Und nun? Es waren zwei eher nebensächliche Begebenheiten, aus denen ich meinen neuerlichen Optimismus bezog. Da war zum einen das kurze Prager Gespräch mit Donald Jackson, der sich extra mit einem Dolmetscher zu mir auf den Weg gemacht hatte. Jackson galt damals allgemein als ein Ausnahmeathlet. Er präsentierte 1962 in Prag als erster Läufer in der Eiskunstlaufgeschichte überhaupt Dreifachsprünge, den dreifachen Lutz, und zeigte einen Doppel-Axel mit gekreuzten Armen, was unheimlich schwer ist. Auch nachdem er vom Leistungssport zurückgetreten war, erreichten die ihm nachfolgenden Weltmeister jahrelang nicht diese sportlichen und künstlerischen Kür-Qualitäten. Und dieser Top-Läufer stellte sich einfach mit mir Eislauf-Spatz zusammen vor die Garderobentür, plauschte fröhlich über meine Kür, die er sich im Training angesehen hatte, über Zukunftspläne und die Sprünge in der Damen-Konkurrenz ... Es war unglaublich, atemberaubend! Hinterher platzte ich fast vor Stolz. Und: Wenn der Weltmeister Donald Jackson mich lobte, dann konnte ich doch wohl schon etwas. Das zweite Hoffnungsdetail steuerte wieder einmal US-Trainer Carlo Fassi bei. Sein Urteil gegenüber einem Reporter: *Was Gabi mit ihren 13 Jahren leistet, das läßt hoffen, daß sie in ein paar Jahren bei gutem Trainingsfleiß und einer systematischen Anleitung zur Weltelite zählen kann. Ihre Sprünge und ihr ganzer Laufstil verraten das jetzt schon.*

Das nächste Mal würde ich besser sein! Ich wollte es, Mutter wollte es! Mein Pensum: Drei Stunden Pflicht, anderthalb Stunden Kür täglich, dazu Ausgleichstraining, ein, zwei Stunden Ballett, athletische Ausbildung und Krafttraining. Morgens das Eis, nachmittags die Schule, oder umgedreht. Das frühe Aufstehen, die Tatsache, daß es bei uns im Küchwald um sieben mit dem Training losging, gefiel mir nie. Immerhin blieb mir ein bescheidener Trost: anderen ging es noch schlechter wie Pavel Roman aus Prag. – Meistens war ich gegen 19 Uhr fertig, bekam zu Hause Abendbrot, dann war der Tag gelaufen. Und das nahm zu, in Spitzenzeiten absolvierte ich täglich sechs bis acht Stunden Gesamttraining. Meine Mutter ist mit mir stets sehr kritisch gewesen, eigentlich mit allen Läufern und vor allem mit sich selbst. Diese

Kritik hat mich auf dem Bden gehalten. Ich habe diese Predigten völlig ernst genommen, habe mich zu verbessern gesucht. War Mutter zu fordernd? Ich denke, daß ich als Kind manchmal ärgerlich war und fand, daß sie als Trainerin ausgerechnet zu mir noch strenger war als zu den anderen, und fühlte mich auch schn mal ungerecht behandelt. Heute sage ich: Das war richtig so. Der Trainer muß die treibende Kraft sein. Der Läufer verliert gelegentlich die Spannung, möchte die Seele baumeln lassen. Dann muß jemand dasein, der sagt: So, nun aber noch mal den Sprung. Und wenn du auch hundert Mal hingefallen bist, irgendwann stehst du diesen verdammten Dreifachen Rittberger. Irgendwann geht es. Nein, ich habe nicht gelitten, in keiner Weise. Ich habe Strenge als normal empfunden. Wenn ich später mit Leuten sprach, die meine Entwicklung eingangs der sechziger Jahre verfolgten, die am Rande der Bande standen, ob das nun Trainerkollegen waren oder der Eismeister, die erinnerten sich an die harten Worte, an die eine oder andere Ohrfeige, wenn ich mir keine Mühe gab. Die erzählen mir, daß sie mich manchmal bedauert hätten. Für mich war Mutters Vorgehen normal. Sie agierte ja als Mutter und als Trainerin im Spitzensport, ein innerer Zwiespalt, schwieriger Doppelpart: Auf der einen Seite behütete sie mich wie eine liebevolle und großzügige Mama. Auf der anderen Seite blieb es ihr unverrückbares Prinzip, mit Konsequenz, Strenge und höchsten Forderungen ihr Trainingsregime durchzusetzen. Fing ich mir damals eine Ohrfeige ein, dann war mir selbst meistens bewußt, daß ich mich tatsächlich hängengelassen hatte oder trotzig war. Denn das kam bei allem Ehrgeiz kam auch das vor. Niemand kann jeden Tag hundert Prozent Leistung bringen. Also versuchte ich gelegentlich, mich um das jeweilige Trainingsziel herumzumogeln, auszuweichen ... Es war berechtigt, wenn meine Trainerin mich in diesen Momenten anpfiff. Von nichts kommt nichts. Wenn sich junge Sportler selbst motivieren und kontrollieren könnten, brauchte es ja den Berufsstand der Trainer nicht zu geben. Ich war einverstanden mit der Strenge und denke heute, daß sie Mutter womöglich mehr Anstrengung gekostet hat als mich. Es ist anstrengend, böse zu sein ... Wäre meine Mutter eine weniger konzentriert-konsequent arbeitende Person, würde sie kaum die erfolgreichste Eiskunstlauftrainerin der Welt geworden sein. Und dann muß man noch etwas sehen: An so einer Leistungssport-Karriere sind neben dem Akteur und seinem Trainer noch einige andere beteiligt. Wichtige Leute, die eben mehr im Hintergrund bleiben. Die Lehrer, die sehr genau über meine Trainings- oder Wettkampfleistungen informiert wurden und entsprechend pädagogisch dämpften oder auch mal anfeuerten. Der Masseur oder der Ballettmeister, die mich in Training und Wettkampf begleiteten und natürlich auch sahen, wie es um mich aktuell bestellt war, korrigierten, motivierten. Wichtig auch Preisrichter und Funktionäre wie Herr Grünwald, Generalsekretär des Eislaufverbandes, der oftmals als Puffer zwischen Trainer und Sportler oder als Vermittler fungierte. Teamwork also. Ich war zwar diejenige, die aufs Eis trat, aber alle anderen traten für mich ein. Und dies nicht mit großen Worten, sondern mit gelassener Selbstverständlichkeit. Ich fühlte mich in meinem Team sehr gut aufgehoben.

Und wieder ein Mai, Sommertraining in Berlin, später die nationalen Ausscheide, dann die DDR-Meisterschaften 1963. Ich wurde Meisterin, hatte mich in der Pflicht sehr verbessert. Schaulaufen, Sjoukje Dijkstra und Alain Calmat kamen nach Karl-Marx-Stadt, ein riesiges Fest.

Dann die Europameisterschaften 1963 in Budapest. Ich zog aus meinen schier unendlichen Übungsstunden sichtlich Nutzen: Platz acht nach der Pflicht. Das war für mich erstaunlich. Um so mehr, als wir in Budapest auf einer offenen Eisbahn liefen, was wegen der ständigen Regenschauer und der Windböen problematisch war. Gegen den Wind zu kämpfen war auch eine Konditionsfrage. Bis 1966 gab es aber trotzdem die Erlaubnis der ISU, Europa- und Weltmeisterschaften notfalls auf offenen Bahnen auszutragen. Die wenigsten europäischen Länder verfügten damals über moderne Eislauf-Hallen. Ohne diese Regelung hätten internationale Meisterschaften immer wieder nur in den gleichen drei, vier Orten ausgerichtet werden können.

Nun fieberte ich also meiner dritten Europameisterschafts-Kür entgegen. Das heißt, eigentlich schlief ich ihr entgegen. Dieses

Mal wollte ich besser auf den entscheidenden Moment vorbereitet sein. Wo und wann es nur möglich war, verkroch ich mich in meinem Hotelbett, schlief und schlief. Am Wettkampfabend war ich dafür in hervorragender Verfassung, lief die viertbeste Kür der gesamten Damen-Konkurrenz. Und: fiel mit dieser sehr guten Leistung vom achten auf den zehnten Platz zurück. Mein Handicap, dort in Budapest wie bei vielen nachfolgenden Wettbewerben, bestand im besprochenen 60:40 Verhältnis zwischen Pflicht- und Kür-Noten. Wer sich in der Pflicht einen Vorsprung geschaffen hatte, konnte auch eine höchst mittelmäßige Kür vorzeigen und blieb trotzdem vorn. Immerhin, ich befand mich nunmehr unter den zehn besten Eiskunstläuferinnen Europas. Jetzt konnte unser Verband nach dem ISU-Reglement bei der nächsten Europameisterschaft bereits zwei Läuferinnen starten lassen. Und noch etwas freute mich: Sjoukje Dijkstra hatte wiederum gewonnen. Wir waren uns sympathisch und haben viel miteinander geredet. Ein Reporter schilderte das dann so: *Gabi, die schon die dritte Europameisterschaft miterlebte, erzählte von der herzlichen Freundschaft, die in Budapest alle verband. ›Sie sind alle meine Freunde.‹ Mit Calmat, Dijkstra und den Geschwistern Roman (Weltmeister im Eistanzen 1962 aus der ČSSR) korrespondiere ich. Alain z. B. ist ebenso lieb wie seine charmante Mutter. Sie sind immer die ersten, die mir gratulieren. Und das Parfüm, das mir Alain aus Paris mitbrachte hätte wohl manches junge Mädchen haben mögen.*

Ich denke, das war durchaus etwas ungewöhnlich. Schließlich waren sie die Stars und ich nach wie vor ein Küken, mit dem sie sich eigentlich nicht befassen mußten. Aber ich ging munter auf meine Vorbilder zu, habe ihnen gratuliert, mein Interesse für sie gezeigt, und da sind dann eben Freundschaften entstanden. Mir war klar, daß ich versuchen mußte, ins Englische hineinzukommen, denn über diese Sprache liefen nun einmal die meisten Kontakte. Also hatte ich immer ein kleines Wörterbuch dabei, suchte meine ersten Brocken zusammen. Ich wollte mich verständigen, es war mir wichtig, und irgendwie funktionierte es auch. Das war eine ganz andere Situation, als wenn ich in der Schule Vokabelarbeiten schreiben oder irgendwelche Idioms auswendig lernen muß. Was die erwähnte Korrespondenz betrifft, ich habe tatsächlich gerne geschrieben, Karten zu Weihnachten, zum Geburtstag, aus dem Urlaub ... Und dann gab es ja immer wieder die großen Schaulauf-Tourneen nach jeder Weltmeisterschaft, bei denen man auf lockere Art und Weise Kontakte anknüpfen konnte. Regulär nahmen daran jeweils die fünf erstplazierten Einzelläufer sowie die drei besten Paare teil. Zusätzlich wurden meist einige gute Kürläufer eingeladen, in Budapest 1963 auch ich. Auf diesen langen Tourneen, quer durch Europa, später auch Amerika, entwickelten sich unter den Mitreisenden mehr oder weniger auch Sympathien. Es bildeten sich lustige Grüppchen, die miteinander »blödelten«, auf längeren Busstrecken zusammen sangen, zusammen schwatzten. Stars wie Sjoukje Dijkstra, Alain Calmat oder Hans-Jürgen Bäumler nahmen sich da nicht aus. Der »Spatz« immer mittendrin, herrlich! Es gab auch andere, etwa Marika Kilius, die sich zu solchen zuweilen lauthals fröhlichen Runden distanzierter verhielten. Sympathie oder Desinteresse, ob man miteinander »konnte« oder nicht, das alles hatte nicht das Mindeste mit Politik, sondern einfach nur mit den unterschiedlichen Temperamenten zu tun.

Zwei Eislauf-Familien. Mutter und Vater Lötzsch mit Tochter Jutta, 1938

Oma und Opa Lötzsch mit Enkelin Gaby, 1953

Gaby an ihrem ersten Geburtstag

Gaby mit Mutti, 1952

Beim Wäschewaschen

Kindheit in Sachsen, 1953: Puppenmutti Gaby

Gaby und Spielkamerad Axel Salzmann

Auf der Rollschuhbahn von Weißenfels, 1953

Das Haus in der Hilbersdorfer Straße

Schulanfang, 1955

Die ersten Wettkämpfe auf Rollschuhen, 1955

Der erste Pokal: II. Zentrale Wintersportspiele der Pionierorganisation »Ernst Thälmann« in Erfurt, 1959

Großer Auftritt im Internationalen Schlittschuhclub Davos, 1960

Preisrichter werten die Pflicht aus

Beim Internationalen Pokalwettbewerb des DELV, November 1961: Mit Mutti und Oma nach der Kür

Bekanntschaft mit der europäischen Eislaufelite: Weltmeister Alain Calmat.

Unterricht bei meiner Lieblingslehrerin Frau Rudert, 1961

Ballett-Training mit Eva Reuter und Annerose Baier, 1961

Europameisterschaften 1963 in Budapest: Mutti freut sich mit ihrem erfolgreichen Kind

Europameisterschaften 1963 in Budapest: Sjoukje Dijkstra und Gaby Seyfert: die Erste und die Zehnte

Frühjahrs-Schaulaufen 1964 mit »Schwanensee«

Frühjahrs-Schaulaufen 1964 mit »Spanischem Tanz«

Pflicht während der Europameisterschaften in Moskau, 1965

V. Olympiade 1964 – 60:40

In meinem Album klebt ein Foto von der Leuchtschrift auf der Budapester Anzeigetafel am letzten Abend der Europameisterschaft: »See You again in Cortina d'Ampezzo at the World Championships« und daneben ein Verkehrs-Stoppschild. Vater hatte das so drastisch nebeneinandergestellt, denn die Weltmeisterschaft im italienischen Cortina d'Ampezzo fand 1963 ohne mich, ohne DDR-Starter überhaupt statt. Damals ging es los, daß wir aus der »Ostzone«, wie man uns gerne titulierte, in westlichen Staaten mit den unterschiedlichsten Begründungen keine Einreisevisa erhielten. Wir wollen nicht vergessen, es war die schlimme Zeit des Kalten Krieges. Die DDR kämpfte um ihre internationale Anerkennung, die ihr damals noch von vielen Staaten, darunter die USA und die BRD, vorenthalten wurde.

Unser Sport war, als wachsender gesellschaftlicher Faktor unseres Landes, fest in diese Auseinandersetzung und deren Folgen eingebunden. Von beiden Seiten ist damals der Sport immer wieder politisiert worden. So verbot die Politik den eigenen Sportlern oft genug die Teilnahme an wichtigen Wettkämpfen, boykottierte in West wie Ost wechselseitig Olympische Spiele. Es wurde und wird bei derartigen Gelegenheiten von Politikern in den Medien viel moralisiert und ideologisiert. Ich will gar nicht entscheiden, ob und inwieweit diese moralischen Wertungen berechtigt oder unberechtigt waren und sind. Ob man mit solchen Boykotten tatsächlich den Menschenrechten Geltung verschafft oder gar kriegerische Auseinandersetzungen beenden hilft?

Ich bin froh, daß diese Praktiken heute weitgehend der Vergangenheit angehören, Sportboykotte sind und bleiben untaugliche Mittel der Politik.

Für uns Sportler jedenfalls – gleichgültig, unter welcher Flagge wir an den Start gehen wollten und nun nicht durften – waren Boykotte schlicht und einfach ganz persönliche Niederlagen. Wer gehindert wird, an den Start zu gehen, hat verloren, bevor der Wettkampf überhaupt beginnt. Und gerade für einen Eiskunstläufer ist es verheerend, wenn er zu einer Meisterschaft oder – wie bei mir im Jahr darauf gleich zu beiden großen Wettbewerb-Starts – nicht präsent sein darf. Von den Preisrichtern fragte vermutlich keiner danach, warum die Gabriele Seyfert dieses Mal nicht startete. Ich wurde vielleicht nicht gerade vergessen, konnte aber in die jeweils aktuellen Plazierungskämpfe nicht eingreifen. Und mußte später quasi wieder von vorn mit dem »Hochdienen« anfangen.

Immerhin klebt in meinem Album eine große Karte, geschrieben am 5. März 1963: Grüße aus Cortina d'Ampezzo von Sjoukje Dijkstra, der Kanadierin Petra Burka und vielen, vielen anderen. Es tat ihnen ehrlich leid, daß ich dort nicht starten durfte, eine faire, freundschaftliche Geste.

Karte aus Cortina d'Ampezzo, 1963

In Cortina war Sjoukje wieder Weltmeisterin geworden, Regina Heitzer aus Österreich wurde zweite, die Französin Nicole Hassler Dritte.

Im März 1963 wurde ich zu großen Schaulaufen in Brno, Prag, Bratislava, Dresden und Karl-Marx-Stadt eingeladen. Solche Schaulaufen fanden damals sehr viel häufiger statt. Heute werden sie durch die Shows der besten Eislauf-Profis und die großen Eisrevuen ersetzt. Außerdem war 1963 der internationale Pokalwettbewerb des Deutschen Eislaufverbandes, wie der DDR-Verband noch hieß, für mich interessant. Dazu reisten natürlich nicht die Weltstars an, aber so in etwa die »Zweite Liga«. Das war damals mein Leistungsniveau, und auf dem Level gewann ich unseren Pokal. In Prag folgte dann der »Goldene Schlittschuh«, ein Wettbewerb, der zur Seniorenkategorie gehört. Dort lag ich am Ende vor Jana Mrazkova, der vierten der Europameisterschaft. Ich habe das 1963 alles mitgenommen und das Beste daraus gemacht, auch wenn ich in diesen Monaten letztlich nur auf »Nebenschauplätzen« agieren durfte. Ich blieb optimistisch »Auf der Sonnenseite«. Damals, 1962/63, lief ein Film mit diesem Titel und Manfred Krug in der Hauptrolle in unseren Kinos. Den Film fand ich herrlich, Krug fand ich herrlich, das Beste war aber so ein Blödel-Song von Manne Krug mit dem Refrain: »Koche mit Liebe, würze mit BINO – das war so eine Art Maggi-Gewürz –, verliere nicht den Mut! Spazier' nur auf der Sonnenseite, dann wird alles gut!« Weiß der Himmel, was Autor, Regisseur und Manne Krug mit diesem Film tatsächlich meinten oder wollten. Ich jedenfalls habe ihren Rat verinnerlicht. Und ihn an jeden Menschen weitergegeben, der mich in dieser schwierigen Phase fragte. »Ich bin lieber auf der Sonnenseite – sagt Gaby«, stand dann tatsächlich über einem Interview von mir.

Manfred Krug begegnete ich persönlich im Februar 1967. Wir drehten gemeinsam einen Episodenfilm fürs Fernsehen, Regie führte Uwe Belz. Krug, in der DDR ein absoluter Star, ich, die dann schon sehr bekannte Eisprinzessin, das hätte schlimmstenfalls ziemlich verkrampft werden können. Aber nein! Wir kamen glänzend miteinander aus, Krug schenkte mir seine Schallplatte »Wenn du schläfst, mein Kind« mit einer Widmung: *Wie wenig Zeit doch nötig ist, liebe Gaby, um einen wirklich sympathischen Menschen kennenzulernen. Mir ist es heute in fünf Minuten gelungen. Ihr Manfred Krug.* Diese und ähnliche Begegnungen emp-

Begegnung mit Manfred Krug

fand ich als echte Belohnung. Ich lernte als junges Mädchen Prominente unter ganz normalen Gesprächsumständen kennen, ohne irgendwelchen Promi- oder Sicherheitsabstand.

Aber es gab auch andere Momente, wenn sich dem scheinbar sicheren Ruhm, dem Interesse, der Treue meines Publikums Gehässigkeiten beimischten. Kurz nach den Olympischen Spielen von 1964 sollte ich davon bei einem Schaulaufen in Dresden eine Kostprobe bekommen, die mich auf immer von jeglicher Naivität heilte.

Doch zuvor zu Olympia: Die Winterspiele 1964 fanden im österreichischen Innsbruck statt. Nun wird jeder Sportler einen Start bei Olympischen Spielen als absoluten Höhepunkt seiner Karriere ansehen. Zum Glück einigten sich Sport und Politik noch einmal auf eine gemeinsame deutsche Mannschaft. Meine Nominierung als DDR-Meisterin erfolgte ohne Ausscheidungswettkämpfe durch die beiden Nationalen Olympischen Komitees. Um die weiteren Nominierungen in der gemeinsamen Mannschaft kam es am 11. Dezember 1963 in der Ostberliner »Werner-Seelenbinder-Halle« und am 18. Dezember 1964 im Westberliner »Sportpalast« zu Ausscheidungen. Die deutschen Läuferinnen von der anderen Seite waren Uschi Keßler und Inge Paul.

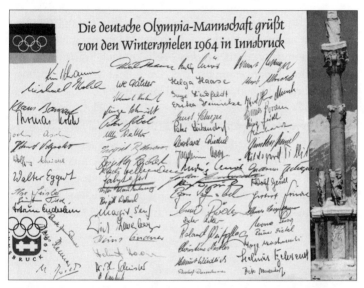

Olympische Winterspiele 1964 in Innsbruck: Die Unterschriften der Sportler aus der gemeinsamen deutschen Mannschaft

An meinem Trainingsalltag änderte sich auch in der Olympia-Vorbereitung wenig. Man kann so ein Hochleistungstraining nicht beliebig steigern. Die Trainingsprogramme sind alljährlich auf die Höhepunkte DDR-Meisterschaft/EM/WM ausgerichtet, alle vier Jahr kommen noch die Olympischen Spiele als ein absoluter Wettbewerbshöhepunkt hinzu. In der Vorbereitung wird aber der übliche Rhythmus gehalten.

Trotzdem brachten die Winterspiele schon im voraus ein paar Extras mit sich. So reisten wir nach Berlin, um unsere Olympia-Kleidung anzuprobieren. Spannend, denn dieses Mal hieß es für mich nicht: Was ziehe ich an? Sondern: Wie werde ich angezogen? Der größte Teil der Kollektion kam von westdeutscher Seite, von der Firma Bogner, die auch heute noch der Ausstatter großer Wettbewerbe bis hin zu Olympischen Spielen ist. Willy Bogner, damals Firmen-Juniorchef, ging bei den Olympischen Winterspielen 1964 selbst im Riesenslalom an den Start. Die ostdeutsche Seite steuerte zur Mannschaftskleidung den Mantel und Trainingssachen bei. Jeder Teilnehmer, Sportler wie Offizielle, wurde mit der einheitlichen Basis-Kollektion eingekleidet. Die Aktiven erhielten außerdem die jeweils für ihre Disziplin nötige Trainings- und auch Wettkampfkleidung. Manches gefiel mir auf Anhieb, aber das eine oder andere Stück fand ich für mich als junges Mädchen nicht gerade passend. Doch bei offiziellen Anlässen kam ich um die Kleiderordnung nicht herum.

Bei der Eröffnungsveranstaltung in Innsbruck konnte ich mich dann gar nicht genug umgucken, was die Olympia-Kollektion der anderen Teilnehmerländer an Modischem, oder auch Kuriosem, bot. Damals trugen die Kanadier knallbunte Jacken, gelb, orange, grün, die gefielen nicht nur mir sehr. Ein paar andere Sportlerinnen und ich versuchten nach den Abschiedsfeierlichkeiten, mit den Kanadiern und Sportlern aus anderen Ländern Teile der

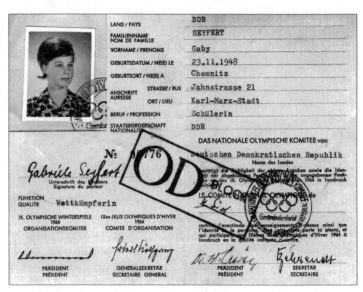

Olympische Winterspiele 1964 in Innsbruck: Teilnehmer-Ausweis

jeweiligen Olympia-Kleidung zu tauschen. Mit den Kopfbedeckungen funktionierte es unkompliziert. Aber Jacken? Irgendwie kam ich dann doch zu meinem kanadischen Anorak ... Unsere DDR-Offiziellen sahen so etwas nicht gern; wir tauschten trotzdem.

Insgesamt geriet mir mein Olympia-Einstand etwas gemischt: einerseits phantastische Stimmung, andererseits ein eher deprimierendes Ergebnis. An die zwei lebendigen, fröhlichen Wochen im Olympischen Dorf werde ich mich stets gern erinnern: Zum ersten Mal lebte ich ja nicht nur, wie gewohnt, mit der internationalen Eislauf-Familie, sondern mit Aktiven sämtlicher Wintersportarten Tür an Tür zusammen. Auf der Zugfahrt nach Innsbruck freundete ich mich mit dem Skispringer Helmut Recknagel, dem Olympiasieger von 1960, an. Wir Eiskunstläufer starteten spät und erlebten so die aufregenden Tage mit den Starts der anderen Sportler intensiv mit. Rund 1150 Teilnehmer aus 36 Nationen waren dort. Durchs Olympische Dorf schwirrten Namen, Zeiten, Medaillen-Listen wurden angeschlagen, Siege gefeiert, ein herrlicher Trubel. Sonst gab es bei meinen Wettkämpfen immer nur den einen Europa- oder Weltmeister, hier in Innsbruck waren vielleicht fünfzig oder sechzig Sportler versammelt, die solche Titel trugen. Das relativierte auch die eigene Situation. Ich kam mir dort jedenfalls ziemlich unbedeutend vor. Nun kämpfte ich zu meinem Olympia-Debüt keineswegs schon um Medaillen, soweit war es in Innsbruck noch nicht. Aber trotzdem wollte ich das Bestmögliche zeigen.

Innsbruck, am Fuß des Karwendelgebirges wunderschön in die Gipfelkette eingebettet, erschien mir als der Wintersport-Ort schlechthin. Mein Training absolvierte ich auf einer offenen Eisbahn vor phantastischer Naturkulisse. Die Wettkämpfe fanden in der Halle daneben statt. Wenn ich also draußen unter strahlend blauem Himmel meine Bogen und Paragraphen übte und den Blick hob, fand ich mich inmitten dieser weißflimmernden Gipfelwelt. Das Herz wurde mir weit! Und noch etwas war super: Das Essen im Olympischen Dorf. Den reichlichen Buffets der österreichischen Olympia-Köche durfte ich mich damals noch ohne

Kalorien-Reue oder Angst vor platzenden Nähten mit Genuß widmen: Salate, Cornflakes, Müsli, Joghurts, Obst, mehrere warme Gerichte und Nachspeisen zur Auswahl, Wahnsinn. Diese Olympia-Speisekarten waren wirklich nur für Aktive mit schlanker Linie zu empfehlen.

Als dann bei meinen ersten Olympischen Winterspielen in Innsbruck die Entscheidungen der Eiskunstläufer auf dem Programm standen, wurde ich plötzlich nervös, brachte das, was ich im Training sicher beherrschte, einfach nicht vor das Wettkampfgericht. Nach der Pflicht reichte es nur zum 21. Platz, das war bitter. Und auch in der Kür lief es bei mir nicht optimal. Am Ende landete ich auf dem 19. Rang. Wobei die Zahl nicht alles aussagt, denn zu meinem Europameisterschafts-Debüt in Westberlin, da war ich 21. und trotzdem toll gelaufen. Dieser 19. Platz lag weit unter meinen damaligen Möglichkeiten. Ich war einfach nicht gut. Weder damals noch heute knnte ich erklären, warum. Sicher, ich hatte mir die ungünstige Startnummer zwei aus dem Lostopf gezogen, das Lampenfieber verstärkte sich daraufhin mächtig. Trotzdem ... Jedenfalls saß ich bei der Heimreise deprimiert im Zug nach Karl-Marx-Stadt. Es war wohl der einzige Moment während meiner langen Karriere, in dem ich tatsächlich mit dem Gedanken umging, alles hinzuschmeißen. Meine Mutti tröstete mich lieb und ausdauernd. Sie blieb felsenfest von meinem Talent überzeugt. Auch andere Trainer, meine Lehrer, ältere Sportler redeten mit mir: ich sei doch so jung, da könne noch so viel nachkommen. Und: Zu wirklicher Klasse gehöre eben auch, eine bittere Niederlage zu verkraften, Rückschläge einstecken zu können. Vielleicht war es gerade dieses Argument, das mir seelisch am wirksamsten aufhalf. Also los Gaby, bade nicht in Selbstmitleid, konzentriere dich! Und immer wieder Muttis Stimme: Du bist gut, Kind! So fand ich aus dem tiefen, dunklen Tunnel, in dem ich damals steckte, heraus.

Dann folgte Dortmund 1964. Vielleicht – so hoffte ich – eröffneten mir diese Weltmeisterschaften nach den Olympischen Spielen die Chance, mein Wettkampf-Image nach oben zu korrigieren. Es sollte leider anders kommen. Schon zu den Europameisterschaften dieses Jahres im französischen Grenoble war der Start der DDR-Läufer verhindert worden. Für Dortmund erhielten wir zwar die Einreisegenehmigung, jedoch kam es dort zum Eklat. Im Programmheft und auf den Plakaten stand nicht »DDR«, sondern »Ostdeutschland«. Unsere Delegationsleitung protestierte. Es ging um die Anerkennung unseres Staates. Wir warteten noch den Beginn der Herren-Pflicht ab, bei der Günter Zöller aus meiner Heimatstadt starten sollte. Als man ihn wiederum als »ostdeutschen« Läufer ankündigte, zog die gesamte Mannschaft die Teilnahme an den Weltmeisterschaften zurück. Meine Schlittschuhe blieben im Koffer. Bitteren Herzens fuhren wir nach Hause.

Es folgten die alljährlichen Frühjahrs-Schaulaufen. Auf den Dresdener Auftritt zu Ostern hatte ich mich besonders gefreut, weil dazu viel internationale Eislauf-Prominenz zugesagt hatte. Schaulaufen, das sah ich, wie wohl alle guten Kürläufer, als eine Schokoladen-Seite unseres Sports an. Mit Freude studierte ich dafür attraktive Tänze nach einem Schlager, einem Song ein, der populär war, der den Leuten ins Ohr ging, ja, der auch zum Mitklatschen animierte. Was nicht hieß, daß auf schwierige Kombinationen und Doppelsprünge verzichtet wurde. Im Gegenteil. Ich benutzte solche Schaulauf-Gelegenheiten gerne dazu, vor Publikum auszutesten, wie sicher ich bei einem neu ins Programm genommenen, besonders schwierigen Sprung war. Ging der Versuch daneben, war es nicht so schlimm, da saßen keine Preisrichter, die Punkte abzogen.

Als ich noch klein war, wählte meine Mutti gerne lustige Tänze für mich aus, mal war ich der kesse »kleine Husar«, mal »Suleika« oder »Max und Moritz«. Später waren meine Showprogramme anspruchsvoller, was auch mit dem Alter zu tun hatte. Für den Dresdener Oster-Auftritt hatte ich mir Tschaikowskis »Schwanensee« ausgesucht, lief eine sportlich wie tänzerisch anspruchsvolle Version, trug ein zauberhaftes schwarzes Schwanen-Kostüm ... Und das Publikum? Dazu muß ich wohl etwas weiter ausholen: Es gab seit Anfang der sechziger Jahre bei uns für sämtliche Bands, für Tanzveranstaltungen, Discos, für den staatlichen

Rundfunk sowieso, die »berühmte« Bestimmung 60:40. Mit der war festgeschrieben, daß mindestens 60 Prozent DDR-Titel und nie mehr als 40 Prozent westliche Titel zu spielen seien. Das Publikum wollte es anders! Und natürlich hielten sich die meisten Musiker bei normalen Tanzabenden und Konzerten an 60:40 nur dann, wenn sie Kontrollen vermuteten. Im Fernsehen dagegen machten die Redakteure während der eigenproduzierten Unterhaltungssendungen »Dienst nach Vorschrift«. Bei großen Schaulaufen, die das Adlershofer Fernsehen übertrug, konnte dagegen niemand den prominenten westlichen Gästen, die nach aktuellen Hits tanzten, Vorschriften machen. Ich glaube, auf diese Weise sind selbst die Beatles zum ersten Mal mit einem Song ins DDR-Fernsehen gekommen. Beim Oster-Schaulaufen 1964 in Dresden liefen nun die Stars, Emmerich Danzer und Wolfgang Schwarz aus Österreich, nach den damals populären »La Bamba«-Rhythmen. Das gefiel dem Dresdener Publikum sehr. Wahrscheinlich besonders, weil man dort, im »Tal der Ahnungslosen«, kein West-Fernsehen empfangen konnte. In diese Atmosphäre hinein präsentierte ich meinen schwarzen Schwan. Und bekam Pfiffe. Es flogen sogar ein paar Tomaten aufs Eis. Wo sie die nur her hatten! – Ich war fix und fertig, fühlte mich unverstanden. Heute kann ich das ganz anders einordnen. Das Dresdener Publikum erwartete eben auch von mir etwas Flottes. Mit meiner eisläuferischen Leistung hatte das überhaupt nichts zu tun.

Wie ein Publikum letzten Endes reagiert, das kann kein Künstler, kein Journalist, kein Leistungssportler mit Sicherheit vorhersagen. Deshalb tut man gut daran, sich emotional auf alle Eventualitäten einzurichten. Es ist schön, prominent zu sein, aber man muß immer wissen, daß man vielleicht morgen schon nicht mehr als Star gefeiert wird. Und dann muß es etwas geben, was einen ausfüllt. Denn jede Karriere ist einmal zu Ende.

VI. Durchbruch zur internationalen Spitzenklasse Ehrenbürger von Colorado Springs

Nach dem unbefriedigenden Abschneiden in Innsbruck und den ausgefallenen internationalen Wettbewerben konnte ich mir leider gut vorstellen, daß in der Eislauf-Welt, vor allem bei den Preisrichtern, mein Image eher blaß war. Sicher, zu Hause war ich nun schon seit Jahren die Beste, aber wollte ich wirklich international auf Spitzenplätze vorstoßen, mußte jetzt einfach etwas passieren.

Natürlich befaßte ich mich nach wie vor ausdauernd mit meinem Pflicht-Training. Wichtig war jedoch etwas Neues in der Kür zu kreieren. Mutter und ich hatten natürlich auch in Innsbruck wieder meine Konkurrentinnen genau beobachtet. Mutter filmte alle Küren. Das tat sie schon seit der ersten Europameisterschaft 1961 in Westberlin. Da es kaum Fachliteratur und nur wenig Filmmaterial gab, waren eigene Aufnahmen für unser Vorankommen in die internationale Eislaufspitze dringend notwendig. Die Analyse zeigte, daß die damaligen Spitzenläuferinnen allesamt mit einem recht ähnlichen Repertoire schwieriger Doppelsprünge, eleganter Schrittpassagen und Pirouetten antraten. Aber: bei den Damen wagte sich noch niemand an Sprungkombinationen. Also mußte ich beginnen! Springen war immer eine meiner Stärken, nun kombinierten wir zum Beispiel: Spreizsprung/Einwärts-Axel/Doppel-Touloop/Doppel-Rittberger oder Doppel-Rittberger/Doppel-Rittberger, was besonders schwer zu machen ist. Als die Kür gebaut war, zählten wir 22 Sprünge, ein unheimliches Pensum.

Wir arbeiteten wie besessen. Zuerst zu Hause, dann wieder in Berlin. Der inzwischen begonnene Überdachungsbau unserer Karl-Marx-Städter Küchwald-Eisbahn wollte und wollte nicht vorangehen. So gut mir Berlin gefiel, die langen Sommertrainingswochen ohne das gewohnte häusliche Umfeld zehrten an den Kräften. Außerdem gab es in der Berliner Schule mit uns sächsischen »Gästen« manchmal organisatorische Probleme. Was mich und meine Eltern auf die Dauer störte. Denn bei aller Konzentration auf den Eiskunstlauf, ich besaß auch schulischen Ehrgeiz!

Über das Förderungssystem für junge Leistungssportler und über unsere Kinder-und Jugendsportschulen, die KJS, ist vor und nach der Wende in den Medien viel geredet worden. Ich meine, Spitzensport verlangt immer besondere Bedingungen. Gleichgültig wo man lebt, niemand kann in internationalen Wettkämpfen mithalten, wenn er lediglich dienstags- und donnerstags nachmittags zwei Stunden trainiert. Also müssen für solche jungen Leistungssportler in jedem Fall besondere schulische und Trainingsbedingungen organisiert werden. Andernorts blieb das den Sportvereinen oder den Eltern überlassen. Sie mußten teure Trainerstunden und Einzelunterricht realisieren. Sonderregelungen waren und sind das auch. Die DDR entwickelte ihr KJS-System. Eine besondere Sportschule, Schulunterricht und Trainingspensum wurden aufeinander abgestimmt, ineinander verzahnt, auch zeitlich übers Jahr verschoben, was keine normale Schule leisten konnte. Es gab bestimmte Klassen, in denen entweder nur Eiskunstläufer oder Schwimmer oder Leichtathleten zusammengefaßt wurden. Das Verhältnis von Unterricht und Training richtete sich nach den jeweilig aktuellen Wettkampf-Anforderungen, bei mir eben nach dem internationalen Eiskunstlauf-Kalender. Bei aller KJS-Exklusivität mußten wir doch das gleiche Pensum wie jeder Zehn-Klassen-Schüler oder Abiturient an einer gewöhnlichen Oberschule absolvieren, benötigten dafür allerdings eine längere Zeit. So machte ich mein Abitur eben zwei Jahre später als meine Altersgenossen. Ich ging seit dem September 1959 in die Kinder-und Jugend-Sportschule von Karl-Marx-Stadt. In meiner Klasse waren zu Anfang fünf, sechs Schüler, Günter Zöller und ich haben beispielsweise zusammen die Schulbank gedrückt. Für uns Eiskunstläufer entstanden durch die wegen des Sommertrainings zweimal jährlich anstehenden Wechsel zwischen der Berliner und der Karl-Marx-Städter KJS zusätzliche Probleme. Bei aller abgestimmten Planung kamen meine Berliner Lehrer und die zu Hause doch in den unterschiedlichen Fächern gelegentlich rascher oder langsamer im Unterrichtsstoff voran. So hörte ich manches Thema doppelt, während mir anderes fehlte. Als wir endlich ganzjährig zu Hause trainieren konnten, fielen auch diese Sorgen fort. Während meiner letzten Schuljahre, also auf dem Karriere-Höhepunkt, vermehrten sich die Reise- und Wettkampfzeiten. Ich bekam dann Einzelunterricht. Jeder kann sich vorstellen, daß ich Auge in Auge mit meinem Mathe-Lehrer sehr viel genauer meinen Wissenstand zu dokumentieren hatte, als es im Normalfall, in einer gewöhnlichen Klasse mit 25 Abiturienten, der Fall gewesen wäre. O ja, ich ging zur Schule, und wie!

Die Saison 1964/65 begann. Sie würde entscheiden, ob und vor allem auf welchem Leistungsniveau ich meine Eislaufkarriere fortsetzen konnte. Schon als wir, wie üblich vor Saisonbeginn, den Karl-Marx-Städter und Berliner Fachleuten, Sportfunktionären, Preisrichtern meine neue Kür vorstellten, waren sich alle darin einig, daß damit etwas Ungewöhnliches kreiert worden war. Ich konnte es kaum erwarten, die nächsten Wettbewerbe zu bestreiten. Im November gewann ich den Pokal unseres Deutschen Eislaufverbandes und lag dabei immerhin schon nach der Pflicht vor der Europameisterschafts-Sechsten vom Frühjahr 1964, Diana Clifton Peach aus England: Lohn des Trainingsfleißes und ein Achtungszeichen für die Fachleute.

Die jahrelange Auseinandersetzung mit der Eislauf-«Pflicht» prägte mein Verhältnis zu »Pflichten« ganz allgemein. Ich weiß sehr genau, daß ständiges Wiederholen, immer und immer wieder das Gleiche zu tun, keineswegs negativ ist. Man erarbeitet sich Sicherheit, Routine. Man schult damit seine Konsequenz. Wobei der Begriff »Routine« für mich nicht negativ besetzt ist. Es läuft bei mir prinzipiell so, daß ich eine Verpflichtung, eine Aufgabe entweder übernehme oder eben nicht übernehme. Wenn ja, dann arbeite ich gründlich, weil ich das so gelernt habe. Da opponiere ich auch nicht, wenn ich etwas wiederholen muß. Ständige Wiederholung gehört dazu, wenn man etwas sehr gut machen will. Nun kann ich heute, beim Zurückblättern in meinen Erinnerungen, nicht behaupten, daß mir im Leben stets alles gelang, natürlich nicht. Aber ich nehme für mich in Anspruch, daß ich versuchte und versuche, gründlich und konsequent zu sein. Jedenfalls hatte ich mich intensiv mit meiner Eislauf-Pflicht befaßt und diesen Zwang zu absoluter Präzision allmählich weitgehend verinnerlicht. Zum Ende meiner Laufbahn habe ich die Pflicht-Figuren sogar gemocht. Weil ich sie beherrschte. Als dieser Wettbewerbsteil später völlig abgeschafft wurde, fand ich das sogar ein bißchen schade.

Der Saisoneinstieg beim Pokal gelang also. Kurz darauf fand in Prag, wie alljährlich, der traditionsreiche Wettkampf um die »Goldenen Schlittschuh« statt. achtzig Aktive aus zwölf Ländern waren am Start, darunter etliche Weltklasse-Läufer. Ich wurde mit einer anständigen Pflicht und einer sehr guten Kür hinter Nicole Hassler aus Frankreich Zweite. Zur Erinnerung: Nicole Hassler war Europameisterschafts-Dritte des Vorjahres. Fünf Minuten lang Beifall vom Prager Publikum für meine Kür, 15 000 Zuschauer jubelten mir an diesem Tag in der Fučik-Halle zu, ein unglaubliches Glücksgefühl stieg in mir auf: die beste Kür des Abends. Am Ende entschieden zwar wieder Pflicht-Punkte, doch wenn ich mir das Foto von der Siegerehrung anschaue, da bin ich gelöst, mit einem leicht spitzbübischen Lächeln. Zwar hatte ich den »Goldenen Schlittschuh« durch die Entscheidung der Platzziffern verfehlt; wichtig war, wie ich mich dabei fühlte: optimistisch. Noch stand ich nicht ganz oben auf dem Treppchen, aber meine Zeit würde kommen.

Im Januar 1965 wurde ich zum fünften Mal DDR-Meisterin. »Gaby nie gefährdet« schrieben die Sportjournalisten und fragten mich bei der Pressekonferenz nach meiner Prognose für die kommenden Europameisterschaften in Moskau. Ich sagte, daß Regine Heitzer siegen, Nicole Hassler und Helli Sengstschmidt Platz zwei und drei belegen würden. Für mich, so diktierte ich ihnen selbstbewußt in den Block, würde der sechste Platz drin sein. Ging man nach der »Papierform«, also meinen bisherigen Ergebnissen, mußte diese Prognose ziemlich gewagt erscheinen.

Doch alles fügte sich prächtig! Ohnehin mochte ich Moskau und Leningrad, Städte, in denen ich mich schon früher im wahrsten Sinne des Worte in die Herzen der Zuschauer hineingelaufen hatte. Vielleicht, weil ich den Nerv des russischen Publikums ganz besonders traf. Dieses Mal griff ich mir auch eine günstige Startnummer aus dem Lostopf, ging als Drittletzte von 20 Läuferinnen in die Konkurrenz. Bereits in der Pflicht erkämpfte ich mir den, gemessen an früherem Abschneiden, sensationellen sechsten Platz. Ich selbst empfand dieses Pflicht-Ergebnis weniger als sensationell, sondern schlicht als einen Ausweis meines realen Leistungsstandes. Aber die Fachpresse begann aufmerksam zu werden.

Dann kam mein Tag, der 14. Februar 1965, Europameisterschafts-Kür der Damen, ein Sonntag rundum. Ich ging ein paar Schritte aus der Halle, an die frische Luft in den Lushniki-Park, denn ich sah mir meine Konkurentinnen während eines Wettkampfes prinzipiell niemals an. Ich wollte nicht wissen, wie Hassler oder Stapleford ihre Kür abgeliefert hatten. Ich wollte dadurch weder negativ noch positiv beeinflußt werden, wollte unabhängig von den anderen meine Bestleistung zeigen. Wartete also irgendwo, ohne den Beifall oder die Wertungen zu hören, auf meinen Auftritt. Es lief an diesem Sonntag glänzend: Schwungvoll sprang ich alle meine Doppel-Axel und Doppel-Lutz. Der Beifall der Moskauer trug mich. An der Bande klickten die Fotoapparate, surrten die Kameras. Ich fühlte mich so souverän, lief so locker, daß ich direkt in die Objektive hineinlächeln konnte. Schlußakkord meiner Musik, Jubelstürme, Blumen wurden aufs Eis geworfen. Die Wertungen der Preisrichter zeigten mich als den Star des Abends, als Europas beste Kürläuferin. Es war der endgültige Durchbruch zur internationalen Spitzenklasse.

Insgesamt erreichte ich den fünften Platz, aber diese Zahl Fünf sagte wenig über den tatsächlichen Erfolg aus. Ein untrügliches Indiz: das Interesse der Journalisten an mir. Sicher, auch zuvor war in den heimischen Zeitungen und Sportsendungen ausführlich vom Eiskunstlaufen berichtet worden. Im gesamten deutschsprachigen Raum wurde meine jeweilige Leistung erwähnt. Noch niemals hatte mich mein Foto von so vielen Zeitungsseiten angelacht, drängten sich die Journalisten in der Pressekonferenz, belagerten meine Umkleidekabine, noch nie war Vaters Mappe mit den Pressestimmen so angeschwollen: *Gaby eroberte sich mit ihrem temperamentvollen Vortrag, der mit zahlreichen Schwierigkeiten gespickt war, die Herzen der Moskauer und der Preisrichter im Sturm.* Oder: *Gabriele Seyfert lief eine sportliche Kür, leicht und elegant sprang sie trotz der vielen Schwierigkeiten. Sie war nicht ein bißchen aufgeregt. Man merkte ihr an: Die Sache macht mir Spaß.* Oder: *Sie ist ein Schelm auf dem Eis. Ihr spürt man die Lust auf den Eislauf an. Sie hat den Mut, ein ungemein schwieriges Programm zu laufen, aber auch die Kraft dazu. Und trotz aller eisläuferischen Schwerarbeit, die sie geleistet hat, verbleibt ihr ein sympathischer Jungmädchen-Charme, wie er unter den Eis-Damen selten ist.* Oder: *Sie läuft und springt so kraftvoll wie viele Männer nicht, ist dabei aber so graziös wie eine Primaballerina... Hinter ihrem Doppel-Axel kann sich manches Mannsbild verstecken.* Sicher, der Doppel-Axel war mein absoluter Lieblingssprung. Dabei ist er einer der schwersten: Weil er von vorn abgesprungen und auf rückwärts aufgesprungen wird, fordert er vom Läufer eine halbe Umdrehung mehr als jeder andere Sprung. Alle anderen Sprünge werden von rückwärts abgesprungen und auch rückwärts aufgesprungen.

Auch die BILD-Zeitung sollte mich von nun an regelmäßig mit Aufmerksamkeit bedenken. Wolfgang Juckel, der für BILD und andere westdeutsche Zeitungen schrieb, begleitete praktisch meine gesamte Karriere. Er mochte mich sehr und äußerte sich aus Moskau auch zu einem dort viel diskutierten Problem: *Der österreichische Eisläufer Peter Jonas sprach die – an sich bekannte – Tatsache aus: ›Kunstlaufen ist ein schmutziges Geschäft.‹ Als nämlich das Kürlaufen der Damen zu Ende war und neben der verdienten Europameisterin Regine Heitzer (Österreich) die Engländerin Stapleford und Nicole Hassler aus Chamonix auf dem Treppchen standen, muß es auch den Kampfrichtern klar geworden sein, daß ihr Griff in den Nummernkasten ein Mißgriff gewesen war. Regine Heitzer, die ja acht Jahre auf der Warteliste gestanden hat, war in Moskau ohne Zweifel dran. Auf den Plätzen zwei und drei fanden sich dieses Mal jedoch Läuferinnen, denen die Kampfrichter die Noten nachgeworfen hatten. Sally Anne Stapleford wurde nach einer guten Pflicht in der Kür weit überbewertet. Und die weltbekannte Pirouette von Nicole Hassler hat die Preisrichter schon in der Pflicht angeheizt. Da-*

bei blieben zwei andere auf der Strecke, unter denen die Fachleute die Olympiasieger von 1968 sehen. Gaby Seyfert aus Chemnitz und Hana Maskova aus Prag. Ja sicherlich, es war immer wieder das Gleiche: Wer in der Pflicht einen Vorsprung geholt hatte, der bekam automatisch in der Kür bessere Noten. In Moskau wurde es wohl angesichts meiner glänzenden Kür von Publikum und Presse als besonders eklatant empfunden, daß die Jury mich eben nicht zur Siegerehrung aufrief ...

Meine Moskauer Fans behandelten mich allerdings, als wäre ich die Europameisterin geworden: Mit einem Arm voller Blumen ging ich aus der Halle, Reporter bedrängten mich, die Autogrammjäger ließen mich kaum bis zum Bus durch, und im Hotel umarmten mich selbst die Deshurnajas, die Zimmerfrauen. So war es also, wenn man als Star gefeiert wurde: Überall glückliche, dankbare Gesichter. So selbstbewußt, ja souverän, ich meine Kür präsentiert hatte, auf dieser anschließenden Glückswoge mußte ich mit meinen sechzehn Jahren doch tief durchatmen, um der Gefühle Herr zu werden.

Für Anfang März 1965 standen die Weltmeisterschaften in Colorado Springs, USA, im Eislauf-Kalender. Natürlich waren wir wieder besorgt, ob man uns einreisen lassen würde oder nicht. Also fuhren Mutti und ich sofort nach unserer Rückkehr aus Moskau nach Westberlin, ins Allied Travel Office, um die beantragten Reisepässe abzuholen. Die DDR war damals von den USA noch nicht diplomatisch anerkannt, also konnte man mit einem DDR-Paß nicht reisen. Der grüne Travel-Paß stellte die Kompromiß-Lösung dar, bei der letztendlich beide Seiten ihr Gesicht wahrten.

Grün nun auch für uns. Jetzt hieß es, für fast drei Wochen in den USA, die Koffer zu packen. Welche Wettkampf- und Trainingssachen unbedingt mitgenommen werden mußten, das war klar. Mutti plante das Packen lange vor der Abreise und akribisch genau. Was sie übrigens heute noch tut. Auch außerhalb des Eises wollte ich chic sein. Welchen Pullover mitnehmen, welchen nicht; paßt noch ein Kleid mehr in den Koffer? Fröhliche Debatten, Schmollen, Lachen: wir packten für die Weltmeisterschaft.

Von Berlin aus reisten wir über Prag nach Zürich, wo sich die meisten der europäischen Weltmeisterschaftsteilnehmer versammelten, um mit einer gecharterten DC-8-Maschine der SWISSAIR nach Chicago zu fliegen. Für mich ging es zum ersten Mal über den »großen Teich«, den Atlantik. Neun Stunden lang flogen wir. Und da nur Eisläufer, Trainer und Offizielle an Bord waren, wurde die Gesellschaft recht munter. Wir kannten uns ja alle in der Eislauf-Familie. Begeistert begrüßte ich Alain Calmat und Rudi Joner aus der Schweiz. Alle schwatzten unbeschwert miteinander und hatten viel Spaß! Den Stewardessen gefiel unser Getobe durch die Sesselreihen und die lautstarken Schlachten mit den kleinen Schaumgummikopfkissen der SWISSAIR so wenig, daß sie mitten über dem Atlantik eine Schlechtwetterzone ankündigten. Fortan mußten sich alle brav auf ihrem Sessel anschnallen. Also sangen wir jetzt. Es war wohl der lustigste Amerika-Flug, den ich je erlebte. Aber auch einer der luxuriösesten. Die exquisite Speisekarte fürs Bordmenü klebt auch in meinem Album.

Den riesigen, aber ziemlich schmuddligen Flughafen von Chicago ließen wir rasch hinter uns, dann endlich die Landung in Colorado Springs. Die Stadt zieht sich mit ihren flachen, weit auseinandergezogenen Häusern im Bungalow-Stil an den Rocky Mountains in knapp 2000 Meter Höhe entlang. Zur Eröffnungszeremonie fuhren wir bei herrlich warmer Frühjahrssonne in offenen Wagen mit Hupen und Winken, eskortiert von Polizei, quer durch ganz Colorado. Jede Landes-Delegation bekam, entsprechend der Teilnehmerzahl, ein oder zwei Autos gestellt, und dieser Corso erregte in der Stadt Aufmerksamkeit. Teilweise schoben wir uns durch ein Spalier winkender Amerikaner. Der Auto-Corso ging bis zum Rathaus, wo uns Bürgermeister Harry W. Hoth herzlich begrüßte. Wir Läufer durften uns dann als Ehrenbürger der Stadt Colorado Springs eintragen, und man händigte uns die dazugehörende Urkunde aus. Das ist eben Amerika: ich wurde als Bürgerin eines Landes, das damals für die USA offiziell gar nicht existierte, Ehrenbürgerin einer USA-Stadt.

Unser »Broadmoor-Hotel« lag etwas außerhalb der Stadt und bestand aus einer riesengroßen Anlage mit altem und neuem Hotelbau, einem großen Swimmingpool, dem künstlich angelegten

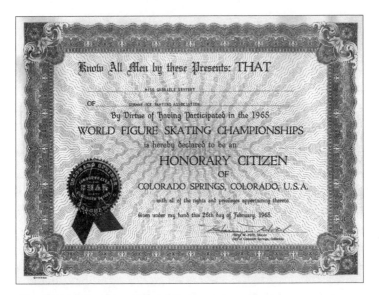

Ehrenbürger-Urkunde von Colorado Springs, 1965

Broadmoor-See, einer Rodeo-Anlage, dem Golfplatz und eben jener »Broadmoor World Arena«, in der die Meisterschaften stattfanden. Wir wohnten im alten, sehr vornehmen und stilvollen Hoteltrakt mit verwinkelten Fluren, holzgetäfelten Wänden, schweren Teppichen, schönen Lampen und verschiedenen, sehr gediegenen Restaurants. Luxus pur. Mein Fenster ging auf einen Lichthof über einem Restaurant hinaus, in dem unendlich viele tropische Pflanzen blühten und einen intensiven fremden Duft ausströmten, den ich heute noch zu spüren meine, erinnere ich mich ans »Broadmoor«, traumhaft.

Die dortige Eis-Arena war allerdings weniger traumhaft; ein flacher Holzbau, für seine 5000 Zuschauer-Plätze recht klein. Trotz der starken Kunsteismaschinen staute sich darin die Wärme. Etliche Läufer bekamen bei diesen klimatischen Bedingungen, und dazu noch in zweitausend Meter Höhe, Sauerstoffprobleme. Manche brauchten sogar nach der Kür Atemmasken. Ich war gut vorbereitet und jung. Nachdem ich mich ordentlich ausgeschlafen und mein Körper die Zeitumstellung des Atlantikfluges überwunden hatte, fühlte ich mich blendend.

Und so startete ich am 3. März 1965 auch in die Wettkämpfe: Optimistisch, sprungstark, selbstsicher. Mutter und ich hatten uns vorgenommen, den siebenten Platz anzusteuern. Ergebnis: Ich wurde drittbeste Kür-Läuferin der Welt und im Gesamt-Klassement die Fünfte von den 18 Läuferinnen, die in der Konkurrenz angetreten waren. Bessere Küren als ich liefen nur noch die kanadische Weltmeisterin Petra Burka sowie Peggy Fleming aus den USA, die in Colorado die Bronzemedaille gewann. Angelika Wagner, die BRD-Meisterin, wurde sechzehnte.

Damit war mir der Durchbruch zur Weltspitze gelungen. Heinz Dragunsky, Präsident des Deutschen Eislaufverbandes, schrieb später im »Sportecho«: *Der fünfte Rang unserer 16jährigen Meisterin war zweifellos auch für die kühnsten Optimisten eine kaum erwartete Überraschung gewesen. Mehr noch, er ist zugleich der bisher größte Erfolg, den wir bei Weltmeisterschaften in einer Einzelkonkurrenz erreichen konnten. Gaby bestätigte im Feld der Weltelite ihren Ruf, Europas beste Kürläuferin zu sein, mit einer eindrucksvollen Leistung.*

Gelassen und froh schaute ich mir die übrigen Wettbewerbe an und jubelte mit, als meine Flamme Alain Calmat zwei Tage später in der Herren-Konkurrenz siegte. Anschließend gab es dann noch ein offizielles Sightseeing-Programm. Wir fuhren in die roten Sandstein-Canyons der Rocky Mountains hinein, durften auf ein paar Touristen-Pferden ein Stück reiten: Ein Quentchen Cowboy-Romantik, obwohl die Gäule natürlich lammfromm waren und an jedem saftigen Grashalm stehenblieben, statt zu galoppieren. Wir Eiskunstläufer hätten ohnehin gar nicht flott reiten dürfen, denn nicht nur mir, sämtlichen Aktiven wurden alle etwas gefährlicheren Sportarten strikt verboten. Jede Situation, in der man sich irgendwie verletzen konnte, sollte vermieden werden. So hatte ich während meiner gesamten Karriere aufs Skilaufen zu verzichten, was mir wirklich schwerfiel.

Aber wenn schon nicht ein zünftiges Wettreiten durch die Rocky Mountains, dann wenigstens einen Cowboyhut auf dem Kopf. Der sollte mir allerdings noch Ärger einbringen.

An einem anderen Tag besichtigten wir die Air-Force-Academie, ein Gebäudekomplex von beeindruckend supermoderner Architektur. Auf der Rückreise machten wir für 24 Stunden in New York Station. Allein die Lichter dieser Metropole fand ich schon beeindruckend, ganz zu schweigen von den gigantischen Wolkenkratzern.

Rückreise. Stolz und fröhlich kletterte ich auf dem Flughafen Berlin-Schönefeld mit meinem tollen Cowboyhut auf dem Kopf die Gangway hinunter. Unten eine beträchtliche Fotografenschar. Sie mußten die Bilder von der Ankunft der Eisprinzessin pünktlich in ihre Redaktionen bringen. Also drückten sie auf die Auslöser. Und ehe mir noch irgend jemand diskret vermitteln konnte, daß ein US-amerikanischer Cowboyhut auf dem Kopf einer braven DDR-Bürgerin und FDJlerin nichts zu suchen habe, waren die Bilder geschossen. So kam der Cowboyhut in die »Junge Welt«, ins »Neue Deutschland« und sicher auf die Tagesordnung mancher Funktionärs-Runde. Motto: Wie konnte sie nur ... Zu Hause in Karl-Marx-Stadt hatte Mutter damit zu tun, die Wogen zu glätten. Ich war eher verblüfft über die ganze Aufregung als verärgert. Allerdings hielt mir meine clevere Mutti auch in dieser Hinsicht vieles vom Halse: Lauf du nur schön, das andere erledige ich!

Außerdem war die allgemeine Begeisterung über mein Abschneiden in Colorado Springs so gewaltig, daß derartige ideologisch motivierte Nörgeleien kaum durchdrangen. Karl-Marx-Stadt, in Gestalt von Stadtrat Günter Schreiber, begrüßte mich jedenfalls mit einem Riesenstrauß roter Nelken und Sekt. Auch sonst vereinnahmte mich der bunte Trubel von Einladungen, Interviews, Glückwünschen über Wochen fast völlig. Wo ich auch hinging: ich wurde angelächelt. Es kam viel mehr Autogrammpost als früher. Und auch der eine oder andere Brief eines stillen Verehrers ...

Die Autogramme stellten langsam ein handfestes Problem dar: Einerseits konnte ich jeden verstehen, der darum bat, auch ich hatte früher gesammelt. Andererseits war die Flut kaum zu bändigen. Man muß sich einmal vorstellen, daß ich allein 1964, also in einem Jahr, in dem es noch gar nicht so gut für mich lief, rund 2000 Autogrammwünsche in der Post hatte. Zu den Höhepunk-

Autogramm-post beantworten, ein Dauerthema

ten meiner Karriere waren pro Jahr rund zehntausend Briefe zu beantworten. Da mußte die ganze Familie ran, es waren regelrechte Fließband-Einsätze: Mutti las die Briefe vor, ich unterschrieb die Fotos, Vati steckte die Autogrammkarten in die Briefkuverts und frankierte. Manchmal mußte sogar eine Bürokraft von unserem Sportclub mithelfen.

Es traf aber nicht nur Autogramm-Post ein. Nachdem in einer Illustrierten-Reportage erwähnt worden war, daß ich Trachten-Puppen aus aller Welt sammele, erhielt ich Hunderte kleine und große Trachtenfigürchen und Babypuppen, Plüschtiere und Teddys ... Vieles aus der DDR, aber noch viel mehr aus der Sowjetunion. Später verschenkte ich etliches davon an Kindergärten und Kinderheime.

*Die Trachten-
puppen-Sammlung*

Meine erste rundum erfolgreiche Saison ging zu Ende. Noch ein paar Schaulaufen, dann holte mich der gewohnte Alltag mit Schule, Training, mit den Überlegungen für die nächste Kür ein. Inzwischen schritt der Bau unserer Karl-Marx-Städter Küchwald-Halle tüchtig voran. Trotzdem sollten wir zum Sommertraining wie üblich nach Berlin reisen. Plötzlich fielen die Eismaschinen der Werner-Seelenbinder-Halle komplett aus. Da war guter Rat tatsächlich teuer. Unser Eislaufverband schickte die aussichtsreichsten Läufer zum Sommertraining nach Wien.

Mutter und ich fuhren Mitte Mai los, suchten uns eine kleine Wiener Pension, viel Geld war nicht da, aber es wurde ein wunderschöner, unbeschwerter Sommer. Ich trainierte mit den österreichischen Spitzenläufern zusammen, oft mit Regine Heitzer, der amtierenden Europameisterin. Dabei absolvierte ich täglich etwa drei Stunden Pflicht und zwei Stunden Kür. Das wurde teuer für unseren Verband. Jede Stunde mußte bezahlt werden, jedes Patch – so hieß ein Stück Eislauffläche für das Pflicht-Training – hatte seinen Preis. Ich erfuhr hier hautnah, daß für einen Eiskunstläufer aus westlichen Landen eine Karriere nur bei gut gefülltem Geldbeutel der Eltern möglich war.

Außerhalb des Trainings gab es kaum Verpflichtungen und herrlich viel freie Zeit. Wir trafen uns mit österreichischen Freunden, bummelten durch Wien, gingen ins Wellenbad und zum Heurigen nach Grinzing, fuhren zum großen Donau-Turm ...

Ich saß auch oft im Kino. Besonders erinnere ich mich an eine Greta-Garbo-Woche, da habe ich mir tatsächlich jeden Abend einen Garbo-Film angetan: »Anna Karenina«, »Königin Christine« ... Mein Leben lang hat mich die Welt des Kinos magisch angezogen. So oft ich konnte, ging ich hin, lebte und litt mit den Filmhelden und versetzte mich völlig in deren Zeit und Welt. Manche Filme habe ich vermutlich mehr als ein Dutzend Mal gesehen. Von »Funny Girl« mit Barbra Streisand und Omar Sharif beispielsweise kannte ich schließlich sämtliche Dialoge auswendig. Mit Kino-Geschichten lenkte ich mich vom täglich auf dem Eis zu leistenden Pensum ab; eine Möglichkeit, mich seelisch zu regenerieren, mich zu entspannen.

Weil wir in diesem Wiener Sommer 1965 relativ wenig Geld und auch kein Auto zur Verfügung hatten, zeigte uns der Eiskunstläufer Peter Jonas das Burgenland. Ich erinnere mich noch an einen recht erfolgreichen Flirt mit Walter, dem Freund von Regine Heitzer. Er holte sie oft vom Training ab und gefiel mir. Wir kamen ins Gespräch, und ich auf die Idee, Königin Regine ihren Walter abspenstig zu machen; eine kleine weibliche Kraftprobe. Solche Konstellationen haben mich immer gereizt. Walter zeigte sich keineswegs unempfänglich für meine Blicke und Bemerkungen. Irgendwann rief er tatsächlich in der Pension an, wir verabredeten uns heimlich, fuhren zum Schloß Schönbrunn hinaus. Er lud mich dann auch mal zum Abendessen ein. Es war alles völlig harmlos. Für mich aber stellte diese Episode, meiner Konkurrentin auf dem Eis den Freund ausgespannt zu haben, einen hübschen Erfolg dar. Walter sah ich bei den nächsten Schaulaufen, zu denen er Regine begleitete, noch ein paar Mal wieder, aber da war nun nichts weiter. Die beiden hatten sich mittlerweile verlobt.

Also rundum ein toller Sommer, bis auf eine Sorge: Ich fing an, etwas an Gewicht zuzulegen. Dafür war ja nun die österreichische Küche genau das Richtige! Salzburger Nockerln, Mehlspeisen, Sahneeis, Pudding. Unsere Wiener Pensionswirtin war eine herzensgute Frau, die herrliche Marillen-Knödel mit Zucker und Zimt und brauner Butter für uns machte. Sie wollte mir, weil ich doch so fleißig trainierte, etwas Gutes tun. Ich mußte mich mächtig zurückhalten!

Die Kalorien sollten mein Dauerthema bleiben. Dabei hatte ich noch während der Innsbrucker Winterspiele 1964 so herrlich essen können. Einem kecken Journalisten gelang damals ein witziger Schnappschuß: Die Gaby Seyfert vergnügt mit einem vollgepackten Speisetablett, und daneben Marika Kilius, säuerlich lächelnd, nur mit einer Teetasse vor sich. Bildunterschrift: *Gaby Seyfert, das Küken der gesamtdeutschen Mannschaft, kann im olympischen Dorf unbesorgt beim Essen ›reinhauen‹. Die Chemnitzerin hat nicht jene Sorgen um die schlanke Linie, die sich Marika Kilius mit Rücksicht auf ihren Partner Hans Jürgen Bäumler machen muß.*

Nun ging es bei mir damit los. Es gibt ja durchaus Eiskunstläufer, die mit dem Gewicht überhaupt kein Problem haben. Jan Hoffmann beispielsweise konnte immer essen, was er wollte: Kuchen, Steaks, so viel wie jeder sportliche Junge seines Alters. Bei jeder Kür, bei jedem Training verlor er Pfunde, schwitzte wie verrückt. Ich nie. Nun hatte meine Mutti zwar schon immer darauf geachtet, daß ich vernünftig aß, und ich fand von jeher mehr Knäckebrot als Buttersemmeln auf dem Frühstücksteller. Jetzt führte sie einen Diätfahrplan ein, bei dem schließlich auch der letzte Stich Butter fürs »junge Gemüse« gestrichen wurde. Mutti dachte darüber nach, wie sie mir die Angelegenheit etwas erleichtern konnte und beschloß, sich ebenso an diese Diät zu halten: Geteiltes Leid ist halbes Leid. Neben unserer Umkleide-

Schnappschuß von den Winterspielen in Innsbruck, 1964

kabine auf der Eisbahn stellte sie eine Elektroplatte auf und kochte selbst. Mutti agitierte jahrelang, bis unsere Kantinenköche im Sportclub einsahen, daß sächsische Hausmannskost, fettknusprig panierte Schnitzel oder nahrhafte Eintöpfe vielleicht gut für die Fußballer, nicht aber für uns Eislaufmädchen waren. – Wir jedenfalls aßen fortan nur noch Reis, Wild, Fisch, Salate ... Davon gab es damals allerdings nicht genug in den Geschäften. Nun konnte Mutti ja schlecht Punkt acht Uhr morgens vor der Ladentür des Wild-Spezialitätenladens anstehen, so wie das seinerzeit nötig war, wenn man etwas Besonderes kaufen wollte. Über den Sportclub und den Rat der Stadt wurde das gesondert geregelt. Wobei man sich das auch nicht zu übertrieben vorstellen soll: Wenn es beispielsweise im Lande den ganzen Winter über keine frischen Gurken gab, bekam ich natürlich auch keine ...

Jedenfalls unternahm ich über diesen Sommer und Herbst 1965 ziemlich handfeste Bemühungen, mein Gewicht zu reduzieren. Pfund um Pfund ackerte, hungerte und schwitzte ich mir herunter. Es sollte meiner tänzerischen Ausstrahlung sehr zugute kommen.

VII. Glückstränen und »Schnuffi«

Am 6. Oktober 1965 wurde in Karl-Marx-Stadt unsere neue Eissporthalle mit allem Drum und Dran, samt feierlichen Reden eröffnet; 3 500 Sitzplätze, 130 Tiefstrahler, irgendwie war das auch meine Halle. Jedenfalls hatten meine Mutter und ich oft genug darauf gedrängt, daß sie überdacht wurde. Von jetzt an konnten wir das ganze Jahr über in der Heimat trainieren. Und wie wir trainierten! Natürlich Pflicht und nochmals Pflicht; aber nun auch stärker das harmonische Zusammenwirken der einzelnen Kürelemente, alles sollte geschlossener, eleganter wirken. Außerdem ging es um noch größere Schwierigkeiten bei den Sprüngen. Männer sprangen bereits seit einigen Jahren Dreifachsprünge, Frauen noch nicht. Eine Herausforderung, schließlich galt ich ja als absolutes Sprungtalent! Also wagte ich mich Schritt für Schritt an den Dreifachen Rittberger.

Die Saison begann mit einigen Schaulaufen in Dresden, London, Scheveningen, ich erlebte sie durchweg als ziemlich aufbauende Veranstaltungen, denn ich spürte es selbst und viele Beobachter bestätigten es mir: ich gewann an Sicherheit, an Reife. Selbstbewußter als ich zu dieser Schaulaufrunde aufgebrochen war, kehrte ich nach Hause zurück.

Im November ging es dann, wie immer, mit den ersten Überprüfungsläufen unseres Verbandes weiter, Ende November folgte der internationale DELV-Verbandspokal in Karl-Marx-Stadt, da startete ich schon ohne ernsthafte Konkurrenz.

Zu den deutschen Meisterschaften gelang mir als erster Frau der Welt in einem Wettbewerb der Dreifache Rittberger. Den Titel gewann ich zum sechsten Mal, Beate Richter aus Berlin und meine Freundin Martina Clausner standen mit auf dem Treppchen.

Zu den Europameisterschaften 1966 in Bratislava wurde es dann ernst. Die Fachpresse schrieb: *Einzige Gefahr für Regine Heitzer: Gaby Seyfert ... Alle zittern vor Gabys Sprüngen.* Nach den sechs Pflichtfiguren lag ich auf Platz vier. Diese Wertung hätte durchaus etwas freundlicher ausfallen dürfen, aber ich hatte nun einmal bei den Damen und Herren des Preisgerichtes gegen das Vorurteil anzukämpfen, eher eine mittelmäßige Pflichtläuferin zu sein. Es dauerte seine Zeit, bis sie sich überzeugten, daß ich meine Pflicht inzwischen stärker lief. Also kam es wieder einmal auf die Kür an. Na dann! Nicht nur die Zeitungen orakelten, daß ich eine Kämpfernatur sei, ich bin es ja wirklich.

An diesem Abend von Bratislava trat ich in edlem Schwarz auf das Eis. Das Kür-Kleid war durch den besonderen Stoff und die unendlich vielen aufgenähten Pailletten ziemlich schwer. Das nahm ich in Kauf, ich wollte mich schon mit meinem Äußeren vom kessen Eis-Spatz der früheren Jahre absetzen. Schließlich bot ich eine elegante und technisch schwierige Kür, in die ich meine ganze Kunst hineinlegen wollte. Als rasanten Auftakt hatte ich mir den ziemlich selten gesprungenen Butterfly gewählt, sprang ihn zweimal, unmittelbar hintereinander. Funktionierten diese beiden Butterfly, dann riß der furiose Start eigentlich alle Zuschauer und wohl auch die Preisrichter von den Sitzen.

Mein Kür-Auftakt gelang bravourös! Jetzt war ich mir meiner Sache völlig sicher. Jeden einzelnen der achtzehn hohen Doppelsprünge setzte ich in diesen spannenden vier Minuten sauber aufs Eis. Der Beifall in der Halle steigerte sich von Sprung zu Sprung, von Schrittkombination zu Schrittkombination, alles glückte, alles stimmte. Ein Journalist schrieb über diesen Abend und die Tatsache, daß trotz meiner grandiosen Kürleistung Regina Heitzer Europameisterin geworden war, man habe in Regina ... *eine Königin gefunden, die auch im zweiten Jahr ihrer Regentschaft nicht einmal einen Doppel-Axel springen kann.* Eine andere Pressestimme: *Aber nur zwei aus diesem riesigen Angebot konnten in zwei langweiligen Stunden je vier Minuten lang die 11 000 Zuschauer begeistern: Gabriele Seyfert und Hana Maskova. Nicole Hassler weinte hinterher bitterlich. Sie wußte immerhin, daß sie dem Publikum nichts geboten hatte: Zwei wunderschöne Pirouetten umrahmten ei-*

ne stereotype Kür ohne den geringsten neuen Einfall. Ungeachtet dessen zogen einige Kampfrichter Höchstnoten ... Derartige Fehlentscheidungen sind ein Betrug am Publikum, wenn man die Noten von Gaby Seyfert aus Chemnitz dagegen hält. Dieses junge Mädchen, frisch und unbefangen, lief die beste Kür des Abends. Das fand jeder, nur einige Jury-Mitglieder nicht.

Ich konnte damit leben, schließlich stieg ich dieses Mal auf das Siegerpodest, wurde Vize-Europameisterin. Mutti kommentierte das ebenso gelassen: Du mußt einfach immer weiter so gut sein, irgendwann werden dich die Preisrichter akzeptieren.

Von Bratislava aus fuhren wir sofort weiter, zu den Weltmeisterschaften 1966 in Davos. Davos ist als Wintersport-Ort ein Traum! Ein Hochtal inmitten der Schweizer Alpen, ringsum die schneebedeckten Gletschergipfel, zauberhaft! Davos verfügte damals über eine offene Kunsteisbahn sowie neun Natureisflächen. Da wäre für alle Starter ausreichend Platz zum Trainieren gewesen. Nun brach ausgerechnet in diesem Februar 1966 dort ein ziemliches Wetter-Chaos aus. Zuerst wurde es so frühlingshaft warm, daß die Natureisbahnen völlig aufweichten, nicht mehr zu benutzen waren. Damit fiel unser Training vor den Wettkämpfen fast völlig aus. – Dann wieder tobte ein regelrechter Schneesturm, der fast zum Abbruch der Herren-Kür-Konkurrenz führen sollte. Die Veranstalter rangen die Hände, aber was half es.

Für mich galten in Davos drei Läuferinnen als die gefährlichsten Konkurrentinnen: Vorjahres-Weltmeisterin Petra Burka (Kanada), Peggy Fleming (USA) sowie die Österreicherin Regine Heitzer. An Ort und Stelle angekommen hörte ich dann, daß die eben »im Amt« bestätigte Europameisterin Regine nicht anreiste, ihre aktive Laufbahn für beendet erklärt hatte. Das war in unserem Sport nicht üblich. Da die Weltmeisterschaften stets nur wenige Wochen nach den europäischen Wettbewerben veranstaltet wurden, fühlte sich jeder europäische Meister (selbst wenn er die Holiday-on-Ice-Verträge fast schon unterschrieben hatte) sportlich-moralisch verpflichtet, sich noch einmal der Konkurrenz zu stellen. Offenbar hatte sie sich die schlechte Presse nach Bratislava zu Herzen genommen und verzichtete auf ihren Start.

Eislaufanlagen in Davos

Die Pflicht der Damen lief an. Und obwohl es um mich herum in der DDR-Delegation hektisch wisperte und summte – schließlich schien nun der Schritt auf das WM-Treppchen für die Gaby in greifbare Nähe gerückt zu sein – blieb ich wunderbar ruhig. Für Petra Burka lief die Pflicht nicht so positiv. Sie stand recht wackelig auf ihrer Spur und hielt zu Peggy und mir nur einen mageren Vorsprung. Es sprach sich bald herum, daß Petra (die auch mit Gewichtsproblemen kämpfte) bei einer Radikal-Diät zehn Kilo abgenommen hatte, wodurch aber ihr Nervenkostüm stark angegriffen war. Am Ende stand ich nach der Pflicht tatsächlich auf Platz drei. Das Weltmeisterschafts-Treppchen rückte näher ...
So kam Sonntag, der 27. Februar 1966 heran, wieder ein unglaublicher Sonnentag. Ich erinnere mich sehr genau an die Stunde vor dem Start: Das Kürlaufen der Damen hatte bereits begonnen, ich war als letzte an der Reihe. Nun wohnte unsere Delegation im Hotel »Angleterre«, direkt gegenüber der Kunsteisbahn. Ich setzte mich noch einmal auf meinen Balkon, blinzelte zu den gegenüberliegenden Schneegipfeln und genoß die warme Hochgebirgssonne auf meinem Gesicht. Irgendwo von Ferne

flogen ein paar Takte aus den Kür-Musiken der vor mir startenden Läuferinnen herüber. Ich schloß die Augen, völlig entspannt, und spürte eine ganz tiefe Ruhe in meinem Körper, in meiner Seele. Die wollte ich genießen und mir bewahren.

Als es Zeit wurde, ging ich fröhlich zur Bahn hinüber, wo sich die anderen aus der Delegation in der unteren Kurve versammelt hatten.

Schon während des Einlaufens bekam ich von unserer Crew bei jedem Sprung Beifall. Einer gelang mir nicht, ich stolperte. Mutti erkundigte sich höchst besorgt bei mir, ob auch alles in Ordnung sei. »Aber was denn Mutti, es ist doch nur Einlaufen«, tröstete ich meine aufgeregte Trainerin. Irgendwie wußte ich da schon: Es klappt! Und war wohl nicht ganz von dieser Welt.

Diese vier Minuten von Davos, sie wurden der schönste Wettkampf meines Lebens überhaupt. Als ich endlich an der Reihe war, aufs Eis hinauszulaufen, flog mich zwar für einen winzigen Augenblick doch so ein normales Lampenfieber an. Aber dann hörte ich meine Musik. Ruhe. Tiefe Anspannung: die zwei Butterfly kamen gestochen auf den Punkt. Die Sonne strahlte über Davos. Ich lief immer gelöster, sah die Zuschauer lächelnd an, habe sogar einzelne Leute erkannt. Ich existierte während dieser Momente zwar völlig in der Welt des Kür-Vortrages, lief aber keineswegs wie in Trance. Sehr bewußt nahm ich ringsum alles wahr, erlebte jeden Sprung bis zum glänzenden Finale. Schluß, Verbeugung, da jubelte nicht nur die kleine DDR-Delegation, da jubelte das Eisstadion von Davos komplett!

Ich ging in die Kabine zurück, legte mich auf die Bank und versuchte, an gar nichts zu denken. Noch nie, so schien mir, hatte die Jury derart lange dazu gebraucht, ihre Wertungspunkte und Platzziffern zusammenzurechnen.

Die neue Weltmeisterin würde Peggy Fleming heißen, das hatte mir Mutti nach dem Lauf kurz zugerufen. Peggy lag nach ihren Kür-Noten klar vorn. Aber dann? Wie hatten es die einzelnen Kampfrichter gesehen, wie viele von ihnen hatten Petra Burka den üblichen Weltmeister-Bonus zugestanden?

Siegerehrung: Es gab eine Riesenüberraschung, für den zweiten Platz wurde Gabriele Seyfert aufgerufen. Da stand ich also als

Vize-Weltmeisterin auf dem Siegerpodest von Davos und weinte vor Glück. Richtige heiße Glückstränen! – Es war übrigens das einzige Mal in meiner Laufbahn, daß man bei mir auf dem Siegerpodest Tränen sah.

Damals, an diesem Abend, dachte ich natürlich an die Zukunft. Ich wollte Weltmeisterin werden, um olympisches Gold kämpfen. Fragt mich heute jemand nach dem herrlichsten Moment meiner Laufbahn, so sage ich: die vier Minuten in Davos 1966, diese große, herrliche Überraschung. Ich habe sie genossen und tüchtig gefeiert, obwohl da ein Schatten auf meinen Glückstag gefallen war.

Es hatte mich schon gewundert, daß ich nach dem Lauf in meiner Garderobe allein geblieben war. Normalerweise kommen da die Funktionäre, die Trainer, alle zum Team Gehörenden und gratulieren. Dieses Mal blieb es ruhig. Wie ich dann von Mutti hörte, hatte unser DDR-Meister Ralph Borghardt die Zeit, während der alle auf meinen Start und auf das Ergebnis fixiert waren, genutzt, um seinen Koffer aus dem Hotel zu holen, aus der DDR-Delegation und damit aus der DDR zu verschwinden. Die Delegationsleitung befaßte sich also hektisch konferierend und telefonierend mit dieser »Republikflucht«, die natürlich, das war ja vorhersehbar, sowohl in der Westpresse als auch bei uns zu Hause, viel Staub aufwirbeln würde.

Ich ging in mein Hotel »Angleterre« hinüber, wo man mir einen triumphalen Empfang bereitete. Der dortige Hoteldirektor, der übrigens Gabriel hieß, sowie etliche Gäste, regelrechte Eiskunstlauf-Fanatiker aus der Schweiz, begrüßten mich mit einem riesigen Rosenstrauß. Sie alle hatten sich in den Tagen zuvor für meine Wettkampfaussichten interessiert, beim Training zugesehen und bei der Kür mitgefiebert. Direktor Gabriel, der sich mächtig freute, daß ausgerechnet er dieses Prachtmädel Gaby beherbergte, trug mich eigenhändig über die Hotel-Schwelle. Sektkelche wurden gebracht, Toaste gesprochen, es wurde ein fröhliches Fest! Übrigens bekam ich von unseren Schweizern auch mein Maskottchen, den schneeweißen Plüschhund »Schnuffi« geschenkt, der mich fortan zu jedem Wettkampf begleitete, immer gleich hinter der Bande auf mich wartete ... Alle Eiskunstläufer sind ja leicht abergläubig, schleppen ihren Talisman mit sich herum. Ich bin nun weniger mystisch veranlagt aber: Hilft's vielleicht nichts, so schadet's auch nichts ... Beim Eiskunstlauf wird ja wie im Theater toi, toi, toi über die Schulter gespuckt. Und, das wird jedem Neuling eingeschärft, man darf sich dafür nicht bedanken. Wer Dankeschön sagt, hat irgendein Pech zu befürchten.

Diese Schweizer Familien, die wir da zufällig kennengelernt hatten, waren rundum eislaufbegeistert. Die Wyhlers führten große Schuh-Häuser in der Schweiz und beteiligten sich auch an der Ausrichtung von Schaulaufen, Herr Hänny und Herr Staufer waren ebenfalls gutbetuchte Schweizer Geschäftsleute. Sie und ihre Frauen fuhren, so oft es nur ging, zu internationalen Eiskunstlauf-Wettbewerben innerhalb und außerhalb der Schweiz. Seit wir nun miteinander bekannt waren, versäumten sie kaum einen meiner wichtigen Wettkämpfe, gratulierten, luden uns ein. Mutti und ich freundeten uns mit diesen sympathischen Leuten an, eine Freundschaft, die über viele Jahre Bestand haben sollte.

Von solchen Kontakten wären unsere Offiziellen überhaupt nicht erbaut gewesen. Also erzählten wir eben in Karl-Marx-Stadt nichts darüber. Meine Mutter hatte im Laufe ihres Trainerlebens zu allen diesen damals geltenden Regeln, Vorschriften, Verboten eine praktische Haltung entwickelt. Was als sinnvoll oder notwendig erschien, wurde getan. Ich denke, wir haben dem Staat DDR niemals unsere Loyalität versagt, standen zu Flagge und Hymne! Was dagegen kleinkariert und nicht notwendig war, das wurde beiseite gelassen, umgangen ... Ein Beispiel: Sportler, die zu internationalen Wettkämpfen ins Ausland fuhren, sollten ihre Kontakte zu etwa vorhandenen Verwandten im Westen zuvor abbrechen, das mußte man ganz offiziell tun. Ich weiß, daß Mutti und ich so etwas unterschrieben haben, eine Weigerung hätte nur endlose und nervige Debatten nach sich gezogen. Diese Unterschrift hinderte uns jedoch nicht daran, beispielsweise zu den Olympischen Spielen in Innsbruck 1964 unsere Westverwandtschaft zu treffen. Wir hatten keine intensiven familiären Bindungen zu diesen Cousins aus Lübeck. Aber nun waren sie einmal da, wir verbrachten in Innsbruck einen Nachmittag miteinander, machten ein paar Fotos, klebten die ins Familienalbum. Es war völlig bedeutungslos, warum sollte man so etwas zu einer Staatsaktion aufblasen. Meine Mutti sagte mir bei solchen und ähnlichen Gelegenheiten eher nebenbei: Gaby, das dürfen wir jetzt eigentlich nicht machen, aber wir machen es, und du behältst das für dich. Das war's dann. Wir führten uns nie so schrecklich ängstlich auf. Aber: Wir haben – im Gegensatz zu anderen bekannten Sportlern in jenen Jahren – immer wieder den Weg nach Hause genommen. Leider konnte man über solche Zusammenhänge in der DDR niemals offen diskutieren. Vieles Sinnlose, für die Betroffenen oft Tragische, hätte vermieden werden können. Denn eine verrückte Geschichte war das schon: Wir verdankten unsere wirklich langdauernden »Westkontakte« mit den Schweizern nicht zuletzt dem Umstand, daß sich die DDR-Offiziellen an jenem Abend von Davos wegen Ralph Borghardts »Republikflucht« die Köpfe heiß redeten und grübelten, wie man uns besser vor eben solchen »Westkontakten« »schützen« konnte. Und eben nicht mitfeierten.

Für den kommenden Sommer standen mehreren Schaulaufen in der Schweiz an. In Davos erwarteten uns schon unsere Freunde, die regelmäßig dort ihren Urlaub verbrachten. Neben meinen Schaulaufen und dem obligatorischen Sommertraining – das natürlich auch hier weiterlaufen mußte, wollte ich in der kommenden, so wichtigen Saison, nicht aus der Form sein – unternahmen wir viel zusammen. Wir fuhren nach St. Moritz, nach Bern, nach Liechtenstein. Ich schrieb auf einer Karte an Vati: *Wir fuhren mit einer Familie in einem großen amerikanischen Wagen die Pässe hoch und runter, es war einfach herrlich, wie im Karussell...* Der Höhepunkt unserer fröhlichen Zeit: ein Gala-Dinner, das anläßlich des Schweizer Nationalfeiertages am 1. August gegeben wurde. Das nächste Schaulaufen fand in Thun, im Schweizer Kanton Bern statt. Unser Herr Hänny, dem Vernehmen nach ein Millionär, besaß ein Privatflugzeug und lud uns ein, von Davos hinüber nach Thun mitzufliegen. Ich freute mich, weil der kurze Flug bequemer als eine lange Zugreise war. Daß es sich dann allerdings um so ein tolles Erlebnis handeln würde, hatte ich nicht erwartet. An das Fliegen war ich mittlerweile gewöhnt. Bei der üblichen Flughöhe von Verkehrsmaschinen entdeckte man aus der Vogel-Perspektive bestenfalls bei Start und Landung etwas mehr. Meistens bekam man dort oben, in mehreren Tausend Metern Höhe, nur einen Blick auf die silberglitzernde Wolkendecke: Sicher auch reizvoll, auf Dauer dann eintönig wirkend. Dieses Mal, bei der Reise mit der viel tiefer fliegenden Privatmaschine, nahm ich die Welt aus einer ganz neuen Perspektive wahr. Das kleine Flugzeug überflog die Alpen mit ihrem ewigen Eis praktisch auf Sichthhe. Zuweilen schien es mir so, als könnte ich den Schnee auf den Berghängen rechts oder links von den Tragflächen fast mit den Händen greifen. Ich weiß nicht, ob der Pilot nun besonders rasante Manöver unternahm, aber mir erschien dieser Flug nach Thun wie eine traumhaft leichte Wanderung durch das Gipfellabyrinth der Alpen. Beeindruckend.

VIII. »Natalie« und »Schwimm-WM« in Wien

Auftakt zur nächsten Saison, wieder einige Schaulaufen im Herbst, dann der DELV-Verbandspokal, Weihnachtsschaulaufen in Garmisch, Augsburg, Oberstorf, am 30. Dezember in Thun. Wieder die Meisterschaften zu Hause, zum siebten Mal gratuliert man der DDR-Meisterin Gabriele Seyfert, die ihre Kür wieder schwieriger, perfekter präsentiert ... Das alles klingt mir beim Erinnern ein wenig verhalten. Sicherlich: ich steuerte in diesem Herbst und Winter 1966/67 sehr bewußt auf den Europameistertitel zu, was mein Team, meine Mutti vor allem, tagtäglich an der Bande und mich auf dem Eis zu Höchstleistungen antrieb. Aber irgendwie war es auch nicht so besonders aufregend. Die Prognosen unserer Fachleute gingen davon aus, daß es nach dem Rücktritt von Regine Heitzer schon mit dem Teufel zugehen müßte, wenn ich in Ljubljana 1967 nicht erreichte, Europas beste Eiskunstläuferin nach Pflicht und Kür zu werden. Als meine gefährlichste Konkurrentin wurde nunmehr Hana Maskova aus Prag gehandelt. Wir lebten seit Jahren bei vielen Wettbewerben in dieser Konkurrenz, ohne daß ich mich dadurch verunsichert fühlte.

Und noch etwas bereitete ich in diesem Herbst vor, einen Schaulauf-Tanz, der immens und bis auf den Tag für meine Popularität sorgen sollte: »Natalie.« Wie oft, wenn ich heute zu Hause in Sachsen erkannt, angesprochen werde, mich mit irgend jemandem über meine Eis-Zeit unterhalte, auch im Ausland, werde ich gefragt: »Waren Sie das nicht mit dem blau-weiß karierten Kleidchen, mit dem Kopftuch? Liefen Sie nicht mal nach diesem französischen Chanson, und Sie hatten damals so einen langen blondem Zopf ...« Na gut, der Zopf war bloß angesteckt, aber sonst hatte ich es wohl in jeder Hinsicht getroffen: »Natalie« nach dem Chanson von Gilbert Becaud, bleibt offenbar mein berühmtester Tanz. – Ich hörte schon immer viel Musik, bevorzuge aber, damals wie heute, Lieder, Chansons mit Texten, die sinnvoll sind, mit denen ich mich beim Zuhören auseinandersetzen kann. Das habe ich schon immer gern gemacht: Liedertexte lernen und sie dann lauthals mitsingen, um mich in gute Stimmung zu bringen, zu entspannen. Wenn ich lange Strecken mit dem Auto zu fahren habe, dann lege ich meine ganz persönlichen Kassetten ein, Gitte Henning war es heute, da kenne ich jeden Titel auswendig. Ich mag Ute Freudenberg, Reinhard May, Jürgen Walter ...

Meine »Natalie« war damals, zum Ende der sechziger Jahre, ein international äußerst populäres Chanson. Einmal abgesehen von seiner musikalischen Qualität und Gilbert Becauds Interpretation wirkte es wohl gerade im östlichen Europa durch seine ganz unaufdringliche, aber verständliche Botschaft: Da fährt ein Franzose nach Moskau, verliebt sich dort in seine russische Dolmetscherin, sie bummeln über den Roten Platz und von »la révolution d'octobre« ist auch die Rede ... Die Ost/West-Problematik, das war hier also nicht das ewige Gegeneinander der Politiker, sondern eine Liebesgeschichte. Das wirkte alles so angenehm entspannt, so unideologisch. Ich glaube, das haben die Leute bei uns damals sehr gebraucht. Die ganzen Jahre, besonders nach 1961, hörten sie das harte Ost/West-Getöse, und jetzt diese charmante Art, mit dem »Klassenfeind« umzugehen.

Vielleicht habe ich die »Natalie« damals auch so überzeugend für alle getanzt, weil sich bei mir selbst eine charmante west-östliche Love-Story anbahnte. Wir fuhren also zur Europameisterschaft nach Ljubljana und da findet sich – »rein zufällig« – so ein Foto in meinem Album: Gaby Seyfert (DDR) und Emmerich Danzer (Österreich) strahlen sich, offensichtlich sehr begeistert voneinander, an. Wie hatte es angefangen? Vielleicht sollte ich erst einmal daran erinnern, daß die Akteure in unserer Eislauf-Familie allesamt junge Leute sind, so zwischen erstem Schwarm und Flirt und Erwachsenwerden, also genau in dem Alter, in dem man sich zum ersten Mal unsterblich verlieben möchte. Im Grunde ging es unter uns zwischen Trainingsbahn und Wettbewerbs-Auftritt oder Schaulauf-Gala nicht viel anders zu, als gewöhnlich in jeder Oberschulklasse, auf jedem Schulhof eines Gymnasiums, auf jedem Uni-Campus: Da finden sich Pärchen, da springt dem einen das Herz vor Sehnsucht oder Eifersucht, und die andere schwebt auf Wolke sieben ... Ich bekam in diesen Jahren auch schon zu Hause den einen oder anderen sehnsuchtsvollen Blick zugeworfen oder hoffende Liebesbriefe von Jungs, mit denen ich von Kindheit an auf denselben Bahnen trainierte. Auf einmal sahen wir uns mit völlig anderen Augen an, flogen die Botschaften hin und her ...

Fuhr ich dann zu den großen internationalen Wettkämpfen, lief das zwischen Eislauf-Stadion, Hotel, Pressekonferenz oder Tourneebus ganz ähnlich ab: Da wurde geschaut, geredet, getratscht: Wer geht gerade mit wem, sind die noch ein Paar oder hat er jetzt eine andere, mal sehen, ob die dieses Jahr wieder zusammen sind ... Die Partner, die man sich suchen konnte, oder von denen man träumte, waren immer aus diesem Umfeld, aus der Eislauf-Familie. Außerhalb des Eises lernte man ja niemanden kennen. Keine Zeit, keine Gelegenheit. Sicher, der große, schlaksige Emmerich Danzer gefiel mir schon lange, Berührungspunkte hatten sich schon in den Vorjahren ergeben. Jetzt waren wir etwa auf der gleichen Erfolgsebene, das hieß, daß wir oft irgendwo gemeinsam eingeladen oder interviewt wurden. Wir redeten mehr miteinander, irgendwie trafen wir uns rein zufällig immer wieder ... Da war dann schon ein heftiges Beben zu spüren. Meine Blicke fanden in seinen durchaus ein Echo, wir waren beide heftig ineinander verliebt. Aber eben eine Eislaufsport-Liebe. Motto: Wir sehen uns ja schon in drei Wochen wieder, im März zur Weltmeisterschaft in Wien.

Noch aber war Februar 1967, 24 Läuferinnen starteten bei dieser Europameisterschaft. Schon nach den ersten drei Pflicht-Figuren führte ich mit beruhigendem Vorsprung. Ernst Labin aus Österreich, Offizieller in der Internationalen Eislaufunion, sagte später im Interview über mich: *In der Harmonie des Bewegungsablaufes hat sie sich sehr vervollkommnet. Entscheidend für ihre Vormachtstellung in Europa sind ihre hervorragenden Pflicht-Leistungen geworden.* Ich war die Favoritin. Schon am zweiten Tag brauchte ich bei der Einlaßkontrolle in der Halle von Ljubljana nicht mehr meine Identitätskarte vorzuzeigen, selbst der Pförtner kannte nun meinen Namen und die Prognose: Das wird die Europameisterin. Ich bin's geworden. Das erste Mal für die DDR so ein bedeutender Sieg, das war schon beeindruckend.

Die Presse hatte sich auf ein Duell zwischen Hana Maskova und mir gefreut, da wurden in letzter Minute Gerüchte ausgestreut: Die Maskova bringt einen Dreifachen Salchow und ähnliches. Es wurde nichts daraus. Ich habe mich stets bemüht, um solche Gerüchteküchen- und köche einen großen Bogen zu schlagen. Ich schaute mir, wie gesagt, auch die Läufe meiner Konkurrentinnen und deren Wertungen ganz bewußt nicht an. Aber dieses Mal hatte mich das Mediengeflüster und Expertengerede irgendwie erreicht. Hana und ich starteten am Abend der Europameisterschaftskür beide in der gleichen Gruppe, mußten uns zusammen einlaufen. Da fand dann tatsächlich ein kleines Vor-Duell statt. Jede achtete genau auf die Aktionen der anderen: Sprang Hana einen Doppel-Axel antwortete ich mit einer provozierend schwierigen Sprungkombination und umgekehrt. Und das beim Einlaufen. Für das durch die Medien auf das »Duell der Eisprinzessinnen« eingestimmte Publikum war es höchst aufregend! Auch die anwesenden Fernseh-Journalisten kommentierten dieses Einlaufen, spekulierten. Etwas Besseres, als uns aus der Reserve herauszulocken, konnte den Reportern gar nicht passieren. Mit Hana Maskova sollte ich mir in den nachfolgenden Jahren noch manchen spannenden Zweikampf liefern. – An jenem Abend von Ljubljana mußte ich vor Hana aufs Eis. Gleich zu Beginn meiner Kür hatte ich in dieser Saison einen Doppel-Axel eingebaut. Für den Sprung nahm ich all meine Kraft, meine Erfahrung, meinen unbändigen Siegeswillen zusammen, es wurde ein wirklich klassischer Doppel-Axel, so hoch und technisch sauber gestanden wie aus dem Lehrbuch. Damit war es für mich im Grunde gelaufen. Mutters taktische Anweisung lautete ohnehin, ich solle keine unnötigen Risiken eingehen, bei dem großen Vorsprung aus der Pflicht ... So wurde es zwar eine solide, aber keine glanzvolle Kür. Natürlich habe ich mich über den »erwarteten« Sieg unbändig gefreut. Während ich vom Siegerpodest herunterstieg und mich den Fotografen stellte, genoß ich den Gedanken: Jetzt bist du es! Wie ausdauernd und hart hatte ich auf diesen Moment hingearbeitet.

Herr Juckel von BILD war auch wieder zur Stelle und kommentierte begeistert bis boshaft: *Gaby Seyfert, Super-Eiskünstlerin aus Chemnitz, zupfte die goldene Schärpe zurecht.* ›Bitte meine Herren‹, *sagte sie zu den Fotografen,* ›wie hätten Sie's denn gern.‹ *Sie benahm sich so, als wäre es für sie das Selbstverständlichste von der Welt, Europameisterin zu sein ... Eine Meisterin durch und durch: Sie bezaubert durch ihren sächsischen Sex, sie begeistert durch ihren sportlichen Charme, sie beeindruckt durch ihre kämpferische Kälte. Auch im Tivoli von Laibach war sie, als es darauf ankam, kalt wie eine Natter.* Über diesen Ausspruch haben sich alle bei uns zu Hause fürchterlich aufgeregt. Den »sächsischen Sex« fand ich eher belustigend, die »Natter« maßlos blöd. Aber im Prinzip hatte er es schon getroffen: im entscheidenden Moment konnte ich mich konzentrieren und blitzschnell genau das Richtige tun.

Da stand nun also das wunderschöne Blumenbukett für die Europameisterin in meinem Hotelzimmer, Medaille und Urkunde lagen daneben, trotzdem empfand ich mich ganz und gar nicht als eine besondere Persönlichkeit, womöglich irgendwie »erhabener« ... Das wunderte mich. Als kleines Mädchen, das in Westberlin auf den 21. Platz gekommen war und die Siegerehrung als eine ferne, blitzlichtumwitterte Zeremonie miterlebte, hatte ich mir die Zukunft ausgemalt: Wie unglaublich gut ich mich an dem Abend, an dem ich mich Europameisterin nennen durfte, fühlen würde. Nun war die Zukunft Gegenwart. Im Innern verändert und berührt hatte mich mein Triumph nicht so sehr. Aber der Trubel überschwemmte die Nachdenklichkeit. Später, bei den Weltmeister-Titeln, sollte sie mich gelegentlich einholen.

Jedenfalls saßen wir an diesem Abend zur Siegesfeier der DDR-Delegation in unserem Hotel »Lev«, und der Telegrammbote bekam mächtig zu tun. Auch der DDR-Staatsratsvorsitzende Walter Ulbricht gratulierte. Das freute mich besonders. Nicht nur, weil er eben der »Landesvater« war, sondern weil ich wußte, daß er sich wirklich für den Sport interessierte. Im Gegensatz zu seinem Nachfolger Erich Honecker ist Ulbricht auch selbst gelegentlich in Oberwiesenthal Ski gelaufen und versuchte sich in Berlin auf Schlittschuhen. Ministerratsvorsitzender Willi Stoph gratulierte, natürlich auch der Oberbürgermeister von Karl-Marx-Stadt. Ich habe mich immer über solche Telegramme gefreut. Ich finde es auch heute richtig, wenn sportliche Spitzenleistungen mit gesellschaftlicher Aufmerksamkeit und Anerkennung belohnt werden. Übrigens kamen auch Dutzende Telegramme von Eislauf-Fans, Menschen die ich überhaupt nicht kannte, deren Glückwünsche mich aber ebenso berührten wie die von Prominenten!

Bei der Ankunft aus Ljubljana gab es auf dem Flughafen in Berlin-Schönefeld einen großen Bahnhof. DTSB-Präsident Manfred Ewald begrüßte uns Eisläufer höchst persönlich, schließlich hatten wir einen Europameister-Titel mitgebracht, das war damals noch keineswegs alltäglich. Zu Hause wurde ich mindestens ebenso herzlich empfangen. Man muß dazu wissen, daß ich eben nicht nur das vielzitierte »Kind der DDR« war, sondern darüber hinaus ein Kind meiner Heimatstadt. Oberbürgermeister Dr. Kurt Müller, Rudi Scharrer, der Chef der SED-Stadtleitung, und vor allem dessen Stellvertreter Rudi Weise mochten mich wirklich. Sicher, als meine Eis-Zeit begonnen hatte, schickten sie ihre Pflicht-Telegramme und zum Empfang einen Stellvertreter mit dem obligatorischen Nelkenstrauß. Aber dann lernten sie mich kennen, der Kontakt wurde persönlicher. Ich fühlte sehr genau, daß da eben nicht nur eine Anstandspflicht erfüllt wurde, wenn sie mit mir auf meine Erfolge mit gutem russischen Sekt anstießen, sondern daß es ihnen wirklich gut gefiel, ihr Mädchen Gaby. Ich legte schließlich da draußen in der Welt Ehre ein für die Sachsen. Das dankten sie mir. Und außerdem mochte sie wohl meine fröhliche, unkomplizierte Art, meine kessen Sprüche. Alle waren um mich besorgt, daß ich mich wohlfühlte, daß ich meine Wurzeln nicht kappte und fortging.

Zu Hause fand ich wieder Briefe über Briefe vor. Ich konnte nur einige lesen. Am meisten freute mich der von meiner Lieblingslehrerin Christa Rudert, einer Deutschlehrerin mit Leib und Seele und viel Herz für ihre Schülerin Gaby. Sie schrieb mir so behutsam, so zartfühlend, daß sie mir auch gerne gratulieren und etwas schenken wolle und lud mich für irgendwann im Frühjahr, wenn die Anspannungen abgeklungen sein würden, ins Theater ein. Ihr Brief liegt bis auf den heutigen Tag in meinem »Korrespondenz-Schatzkästchen«. Mit den Anspannungen hatte sie vollkommen recht, als KJS-Lehrerin wußte sie: Vorrang hat das Eis. Ich verstaute die zusammengeschnürten Briefbündel in meinem Zimmer und ging zum Training. Drei Wochen bis zur Wiener Weltmeisterschaft. Mutter, die mit der Kür von Ljubljana nun im nachhinein doch sehr unzufrieden war, trieb mich an. Drei Wochen, bis dahin sollte ich mich zur Bestform steigern.

Dieses Mal richtete also der österreichische Eislaufverband die Weltmeisterschaften aus, Anfang März 1967 in Wien. Warum auch immer, die Organisatoren hatten die Anordnung getroffen, daß wir im modernen, überdachten Wiener »Donau-Eisstadion« nur die Pflicht-Wettbewerbe laufen sollten, die Kür jedoch auf offener Eisbahn trainiert und ausgetragen werden würde. Für diese Jahreszeit in Mitteleuropa gewiß nicht die glücklichste Idee. Als wir in Wien ankamen, goß es wie aus Kannen. Ich erinnere mich noch genau, wie Martina und ich, schon mit geschnürten Schlittschuhstiefeln an den Füßen, kopfschüttelnd vom Fenster des Hotels »Intercontinental« auf die direkt vor uns liegende Eisbahn am Wiener Heumarkt hinabsahen. Sollten wir uns überhaupt die Mühe machen, mit dem Lift hinunterzufahren? Die kurzen Wege vom Hotelzimmer zum Eis waren das einzige Gute an dieser Bahn. Seit ich vordere Plätze belegte, somit unser Eislaufverband dem Reglement gemäß zwei Starterinnen zu jeder der großen Championships entsenden durfte, teilte meine Freundin Martina mit mir Spannung, Freuden und Ärgernisse der Wettkämpfe. Zwar konnte sie sich höchstens in der Mitte des Feldes plazieren, trotzdem fuhr sie gerne mit. Und mir taten ihre unverdrossene Disziplin im Sport wie ihre Fröhlichkeit gut!

Wir Läufer witzelten in Wien, daß hier nun endlich einmal die besseren Schwimmer zum Zuge kommen würden. Oder daß es bestimmt hübsch aussähe, unsere Küren mit einem Regenschirm in der Hand zu zelebrieren, man stelle sich die Haltungsnoten vor ... Das Lachen verging uns allerdings nach den ersten Trainingsschritten: bei diesem miserablen Wetter war auf einer offenen

Fläche schlechte Eisqualität vorprogrammiert. Übrigens setzten sich Ludmilla und Oleg Protopopov, das berühmte sowjetische Sportpaar, dann auf ironische Art gegen diese Wettkampf-Zumutung zur Wehr. Als sie vom Stadionsprecher zu ihrem Kür-Vortrag aufgerufen wurden, goß es gerade einmal wieder in Strömen. Da griffen sich beide einen aufgespannten Schirm, liefen darunter auf die vollkommen unter Wasser stehende Eisfläche hinaus und verbeugten sich mit dem Schirm in der Hand. Das Publikum amüsierte sich! Der provozierten Jury mag der Atem gestockt sein, und der österreichische Eislaufverband hatte wohl diesen Wink mit dem Zaunspfahl recht gut verstanden. Natürlich ließen es die Protopopovs nicht vollends zum Eklat kommen, kurvten rasch an die Bande zurück, legten die Schirme weg und starteten noch einmal, formvollendet. Die mehrfachen Weltmeister und Olympiasieger konnten sich so etwas erlauben.

Einmal abgesehen vom Regen, es lief auch bei der Pflicht, im »Donau-Stadion« für mich nicht so gut. Mir machten überraschend die Nerven zu schaffen. Bei diesem Wettkampf galt nicht nur ich, sondern auch die von dem erfahrenen Carlo Fassi trainierte Amerikanerin Peggy Fleming als Favoritin. Wer von uns beiden würde dieses Mal den Thron besteigen? Die Presse orakelte munter über die Vorteile und Chancen der einen wie der anderen. Sportlich wie ästhetisch herausragende Küren liefen wir alle beide, beherrschten unsere Pflicht, hatten vergleichbare Wettkampferfahrungen ... Da würde letztlich die Tagesform entscheiden. Aber das gab für die Reportagen aus Wien nicht viel her. Also wurden unsere Charaktere, unsere Persönlichkeiten, sogar unser Verhältnis zur Mode verglichen. Peggy galt in den Medien als das grazile scheue Reh, die Fee, oft in strahlendes Weiß gehüllt, also als »wahrhafte Eisprinzessin«; ich als die handfestere Sportlerin, ein Kobold, ein Irrwisch, in kühlem Eisblau. Nun ja. Heute sehe ich die Inszenierung, oder vielleicht besser gesagt, die clevere Vermarktungsstrategie von Peggys Trainer und ihrem Team sehr viel deutlicher. Ich lernte Peggy damals bei unseren Schaulauf-Tourneen oder bei Feten auch von einer anderen Seite kennen.

Nun hatte aber nicht nur Peggy ihre Promotion, es fanden sich ebenso zahlreiche Stimmen pro Gaby Seyfert. Und das nicht nur bei uns zu Hause. In Österreich und auch in der Bundesrepublik standen viele Fans und Eislauf-Experten auf meiner Seite. Aus dem Westen kamen in jenen Jahren kaum Anwärter auf vordere Plätze. Also stürzte sich die dortige Presse auf die »erfolgreiche Chemnitzerin«. Unsere DDR-Offiziellen grämte der Jubel von BILD und anderen Zeitungen sicherlich mehr als einmal. Ich fand solche Stimmen aber gar nicht schlecht. Für die »Vor«-Urteile der Preisrichter war nämlich nicht unwesentlich, daß sich die Ostdeutsche selbst im Westen ihre Lobby erobert hatte.

Aber letzten Endes konnten sich sämtliche amerikanischen und europäischen Journalisten die Finger wundschreiben, über Peggys riesige Kür-Kleider-Kollektion oder ihre angegriffene Psyche oder über meine eventuellen Dreifachspünge mutmaßen, es blieb bei der schlichten Tatsache: Peggy und ich, wir wollten beide in Wien Weltmeisterin werden.

Eine Chance sahen Mutti und ich nur, wenn ich vom ersten Moment des Wettbewerbs an jede Pflicht-Figur lupenrein auf das Eisparkett zeichnete. Und eben das schaffte ich nicht. Die Anspannung war einfach zu groß. Nach den ersten drei Pflicht-Figuren lag ich nur auf Platz sechs. Aus der Traum! Seltsamerweise gewann ich daraufhin meine Gelassenheit zurück. Würde ich eben wieder Vize-Weltmeisterin. Immerhin, da war auch noch Hana Maskova im Wettbewerb ... Mutti, ganz Realistin, spornte mich an: Reg dich nicht weiter auf! Lauf du nur schön, mein Kind! Der alte Zauberspruch.

Dabei war meine Mutti in diesen Wiener Tagen selbst hochgradig nervös. Und so kam es am dritten Tag der Pflicht-Konkurrenz zu jener, später oft erinnerten, Beinahe-Katastrophe mit den vertauschten Schlittschuhen. Dazu muß ich vielleicht erst einmal erklären, daß Kür und Pflicht mit unterschiedlichen Stahlschienen gelaufen werden. Die Pflicht-Schienen besitzen vorn nicht so einen großen »Zacken«, der zum Springen notwendig, bei den komplizierten Pflicht-Figuren aber im Wege ist. Mutti, die wie immer auch den organisatorischen Part des Wettkampf-Ablaufes überwachte und die Taschen packte, hatte an diesem dritten

Pflicht-Tag in Wien die falschen Schlittschuhstiefel gegriffen. Erst in der Eishalle bemerkte ich den Irrtum und hatte noch dazu die Startnummer eins. Nun brach Hektik aus! Es blieb kaum eine Viertelstunde, bis ich aufs Eis mußte. Mutti stürzte zu einem der Mini-Busse, die zwischen dem »Donau-Stadion« und unserem Hotel für die Aktiven und Trainer pendelten. Der Chauffeur begriff wohl augenblicklich die Dramatik der Situation und raste los. Mutti hat sich später noch oft in fröhlicher Runde mit einigem Gruseln an diese rasante Tour durch Wien erinnert, bei der wohl mehrere rote Ampeln überfahren wurden, zum Glück aber niemand zu Schaden kam. Ich saß währenddessen wie auf glühenden Kohlen in der Halle. Eigentlich war dort alles startklar, in zwei, drei Minuten hätte ich antreten müssen. Wer nach seinem Aufruf nicht erscheint, wird laut Reglement disqualifiziert. Beim Wettkampf-Gericht würde es keine Ausnahme geben, die Sache lag klar auf der Hand: Für seine Ausrüstung ist jeder Läufer selbst verantwortlich. Mein Problem mußte sich bis zum Hallenmeister herumgesprochen haben. Plötzlich setzte der sich noch einmal auf die Eismaschine, fuhr seine Runden über die blanke Fläche und wischte, obwohl es gar nichts mehr zum Wischen gab, in aller Ruhe das Eis. Da konnte niemand etwas einwenden, die Jury wartete mit dem Zeichen für den Wettkampfbeginn, Mutti raste tatsächlich noch mit meinen Pflicht-Stiefeln herein. Gerettet!!

Ohne mich einzulaufen, bewältigte ich meine Wenden, wurde nach den letzten Figuren sogar noch Pflicht-Dritte. Trotzdem, Peggy Fleming lag klar in Führung. Sie hätte mit diesem Riesenvorsprung während ihrer Kür wohl dreimal hinfallen können, sagte ich später in einem Interview. Aber nicht nur Peggy machte das schlechte Eis auf der offenen Bahn zu schaffen, auch ich stürzte bei meiner Kür. Das war besonders ärgerlich, weil es nicht bei einem komplizierten Sprung passierte, sondern während einer banalen Auslauf-Bewegung. Ich blieb mit dem Schlittschuh in einem Loch im Eis hängen und saß auf dem Po. Für die A-Note bleibt so etwas ohne Auswirkung, denn es handelte sich ja nicht um einen verpatzten oder ausgelassenen Sprung. In der B-Note, mit der der künstlerische Wert beurteilt wird, fällt so etwas ins Gewicht.

So wurde ich zum zweiten Mal Vize-Weltmeisterin, stand auf dem Treppchen, lächelte für die Fotografen, winkte, bekam Blumen, Glückwunschtelegramme, gab Interviews. Unter anderem befragte mich der berühmte Eisläufer und amerikanische Nachkriegsweltmeister Richard (Dick) Button, nach dem sogar ein von ihm kreierter Sprung benannt ist. Button, galt zu seiner Zeit als »Sprung-Wunder«, 1948 brachte er erstmals in einer Konkurrenz den Doppelten Axel-Paulsen mit zweieinhalb Drehungen in der Luft. Dick Button und ich, deren Sprung-Kombinationen in der Fachwelt viel besprochen wurden, fachsimpelten als echte Gesprächs-Partner.

Ich genoß diesen Trubel nach dem Wettkampf und die anschließenden Tage, denn: Eislaufen war das eine, das andere meine heimliche Liaison mit Emmerich Danzer. Emmy hatte seinen

Eine vielberedete Fälschung: Gaby Seyfert und Emmerich Danzer als Hochzeitspaar, 1967

Weltmeistertitel verteidigt, und wir sahen uns nun auf etlichen offiziellen Weltmeister-Empfängen, beispielsweise beim österreichischen Bundesminister für Unterricht und beim Wiener Oberbürgermeister. Unsere Blicke trafen sich oft. Aber viel mehr als einen gemeinsamen Tanz wollten wir vor aller Augen nicht zugeben. Das wäre auch sehr unklug gewesen. Weder unsere Eislauf-Funktionäre noch meine Mutti-Trainerin hätten so eine Love-Story gern gesehen. Die einen aus politischen Gründen, die andere, weil sie alles mißbilligte, was mich auch nur andeutungsweise von meinen Eislauf-Zielen hätte ablenken können. Über Liebesdinge wurde zwischen meiner Mutti und mir zwar nie ausführlicher gesprochen, aber mir war vollkommen klar, daß sie eine solche Affäre nicht gutheißen würde. Daß Mutti und ich in jenen Jahren kaum über Gefühle, Liebe, gar Sexualität miteinander reden konnten, lag sicher an der Zeit, an der Erziehung der damaligen Mütter-Generation. Heute werden diese Themen viel freier diskutiert, auch wegen der Gefahren, die damit verbunden sind. Wenn ich mit meiner Tochter darüber spreche, dann wird nichts ausgelassen. Und das ist gut so, es hilft bei solchen ersten Lieben.

Trotzdem blieb es in Wien keine Geheimnis, daß da zwischen Seyfert und Danzer etwas lief. Ob wir nun Riesenrad im Prater fuhren, uns in einem Fiaker kutschieren ließen oder durch die prachtvolle Wiener Innenstadt bummelten, immer tauchte bald ein Reporter in der Nähe auf. Liebeleien unter Eiskunstlauf-Stars waren ja ein dankbares Thema für diese Blätter. Das interessierte die Leser, da wurde immer irgendwo getratscht. Den miesen Höhepunkt stellte jedoch ein »Hochzeitsfoto« von uns beiden in einer Boulevard-Zeitung dar, eine Fotomontage mit unseren hineinretuschierten Köpfen. Diese Fälschung, mit einer Bildunterschrift als »Nachricht aus Chemnitz« angeboten, sollte viele Nachfragen und für mich vielen »offiziellen« Ärger einbringen. Soweit meine Emmy Geschichte. Eine Heirat wurde nie daraus. Und bald hatte sich diese Sportliebelei erledigt.

Bei der Rückkehr aus Wien fand, zuerst in Berlin, dann noch einmal zu Hause in Sachsen, ein »Großer Bahnhof« statt. In der »Jungen Welt« und in der heimischen Bezirkszeitung Schlagzeilen: »Unsere Gaby«. Man identifizierte sich mit mir. Und ich war ja auch die Gaby, die dahingehörte, in dieses Land, in diese Region. Ich fand gut, daß die Leute sagten: »unsere«, ich fand das überhaupt nicht vereinnahmend, sondern völlig okay. Die NBI brachte mich groß auf der Titelseite und dazu eine ausführliche Reportage. Übrigens wurde ich in diesem Jahr in der populären Umfrage der »Jungen Welt« zur »Sportlerin des Jahres« gewählt. Darauf war jeder, der es geschafft hatte, mächtig stolz, ich auch, denn das war in der Tat ein absolut unverfälschter Maßstab für die Popularität eines Leistungssportlers in der DDR.

Wie geht man mit dieser Popularität um? Ich gab gerne Interviews, las auch gerne etwas über mich in der Zeitung. Man fragte mich nach meiner Meinung, und das fand ich schon irgendwie bedeutend. Nach den internationalen Wettkämpfen gefeiert zu werden, von allen begrüßt, das sah ich auch als den Lohn für meine Mühen an. Aber es fiel mir trotzdem nicht schwer, mich anschließend wieder in den ganz normalen Trainingsrhythmus oder Schulunterricht einzuordnen, zu fragen: Was ist denn als nächstes in Mathe oder Bio dran ...

Jetzt, beim Zurückerinnern und Schreiben, habe ich mich mit meiner Freundin Martina getroffen. Ich fragte sie, wie mich die Mitschüler damals eigentlich sahen, wenn ich mit meinen Lorbeeren aus Davos oder Wien zurückkehrte. Martina meint, diejenigen, die wirklich unmittelbar mit mir zu tun hatten, im Unterricht, in der Trainingsgruppe, die wußten, daß ich fröhlich, natürlich, eben ein »Kumpel« geblieben war. Andere, die zwar auch zum Leistungssport gehörten, mich aber eher von Weitem wahrnahmen, hätten sich dann schon einmal über angebliche Allüren, zum Beispiel über meinen Hang zu – ihrer Meinung nach – extravaganten Moden aufgeregt. Ja, die Allüren ... Ich kehrte also 1966/67 als Europa- und Vizeweltmeisterin nach Hause zurück, und fortan wurde vieles schwieriger: Ein simpler Einkauf beim Bäcker um die Ecke, ein Eis in irgendeiner Milchbar, eine Fahrt mit meinem Moped Schwalbe, alles wurde beachtet, nicht selten kommentiert, weitererzählt. Im großen und ganzen war mir das angenehm, besonders, wenn ich in Karl-Marx-Stadt durch die

Straßen ging und man sich hinter mir zuraunte: da ist sie, unsere Gaby. Ich empfand das als wohlwollenden Zuspruch. Aber ich übersah auch nicht die kritischen, manchmal neidischen Blicke. Ich dachte schon oft darüber nach, ob das, was ich gerade tat oder tun wollte, nach der Meinung der Leute in Ordnung war oder nicht. Ein Beispiel: Ich bestelle irgendwo rasch einen Kaffee, die Serviererin bringt aber nicht nur die Tasse, sondern dazu einen Cognac. Auf meinen fragenden Blick hin erklärt sie mir, das wäre von dem jungen Mann dahinten. Der »junge Mann dahinten« prostet mir zu und schaut abwartend. Was tun? Normalerweise würde ein junges Mädchen meines Alters den Alkohol und damit die plumpe Anmache zurückweisen. Aber wenn ich der Serviererin das Glas nicht abnehme, würde es vielleicht heißen, ich wäre zu überheblich, eine freundliche Geste zu würdigen. Vielleicht wollte mir der junge Mann wirklich nur eine Freude machen, hat es nur ungeschickt angestellt? Nehme ich jedoch das Glas an, heißt es womöglich morgen in der ganzen Stadt: Siehe da, unsere Spitzensportlerin trinkt am hellichten Tag im Stadtcafé mit fremden Männern Cognac. Während ich mit meinen Überlegungen soweit gekommen bin, schauen nun fast alle übrigen Gäste zu mir herüber. Ich hab einen roten Kopf, die Serviererin wird ungeduldig. Also nehme ich das Glas, nippe daran, trinke meinen Kaffee nicht in Ruhe, sondern verlasse fast fluchtartig das Café. Sicher, so etwas passiert eher selten, trotzdem ... Diese kleinen stechenden Blicke manchmal, die taten mir recht weh. Mich hat dieser Neid beschäftigt. Ich meine, direkt wurde mir so etwas selten mitgeteilt, ich bekam es eher durch zufällige Bemerkungen mit. Das war dann unangenehm, ich spürte kurzzeitig so einen Knoten im Hals und vergrub mich zur Selbstbestätigung meistens möglichst rasch in die nächste Aufgabe, in die nächste Pflicht. Und versuchte oft, »everybodys Darling« zu sein. Obwohl man das natürlich nicht sein kann. Andererseits setzte ich mich über solche Vorbehalte auch wieder hinweg: Wenn ich ein Kleid tragen wollte, das außerhalb der üblichen DDR-Norm war, dann habe ich das angezogen. Trotzdem wollte ich allgemein anerkannt werden, besonders von den Menschen in meiner näheren Umgebung. Damals hatte ich noch nicht die Souveränität, die ich heute habe. Es stimmt schon: Neid muß man sich erarbeiten, Mitleid bekommt man geschenkt. Das wußte ich damals noch nicht. Heute würde mich Neid nicht mehr belasten, ich würde sagen: Die Leute haben recht, ich leiste mehr und mir mehr. Sollen sie es doch ebenso machen wie ich, sollen sie ebenso hart arbeiten ... Damals berührte es mich unangenehm, ich hatte ein starkes Konsensbedürfnis, fühlte mich manchmal hin- und hergerissen.

Weiter ging es mit unserer Schaulauf-Tournee im Frühjahr 1967. Eine entspannte Atmosphäre, wobei bei so einer Tour kaum Zeit für persönliche Dinge bleibt, zu rasch geht der Wechsel zwischen Flugzeug-Hotel-Auftritt-Hotel-Bus oder wieder Flugzeug ... Und das meist binnen weniger Wochen über mindestens zwei Dutzend Stationen. Da wird jeden Abend aus dem Koffer nur das Nötigste herausgenommen, meist fällt man todmüde ins Bett. Aber selbstverständlich veranstalteten wir unterwegs auch unsere kleinen Zimmer-Partys, heimlich, nur wir jungen Läufer. Diese Partys, so harmlos sie zumeist vonstatten gingen, wurden von sämtlichen Betreuern und Trainern, gleichgültig ob Ost oder West, in schöner Übereinstimmung gehaßt: Nachtschlaf war wichtig für die Kondition ihrer Schützlinge.

Wir tobten also hektisch-fröhlich durch Europa. Ich schickte während meiner Eis-Zeit aus so vielen Städten Ansichtskarten an Vater, Oma und Opa zu Hause. Kannte ich London, Paris, Kopenhagen deswegen? Ich kannte ein Hotelzimmer, den Flughafen oder Bahnhof und ein paar Sehenswürdigkeiten, flüchtig, von einer gelegentlichen Stadtrundfahrt. Am genauesten kannte ich noch die Eislauf-Stadien, Abmessungen der Eisfläche, auf die man sich ja immer wieder neu einstellen mußte, und vielleicht den einen oder anderen Hallenmeister. Das war's dann.

In Moskau hatten wir bei dieser Tournee ausnahmsweise etwas mehr Zeit, und unsere Gastgeber erfüllten mir einen Herzenswunsch: Ich durfte eines Vormittags bei Maja Plissezkaja in die Probe. Die berühmte Primaballerina des Bolschoi Theaters hautnah zu erleben, toll. Die Plissezkaja war damals bereits über Vierzig, und dabei so unglaublich vital, und äußerst elegant. Regelrecht euphorisch saß ich da im Probensaal des Bolschoi: Was für eine Ausstrahlung. Wir redeten miteinander, sie sehr aufmerksam, unprätentiös. Abends waren wir noch zu einer Carmen-Aufführung mit ihr in der Hauptrolle eingeladen. Für das klassische Ballett konnte ich mich immer begeistern, es gab da so viele Berührungspunkte. Das Ballett-Training, das Mutti für uns Eiskunstläuferinnen einführte, richtig an der Stange und vor wandhohen Spiegeln, die jede Haltungsschwäche offenbarten, hat mir viel gegeben. Unter anderem meinen aufrechten Gang. Den hat man dann ein Leben lang, nicht das schlechteste Erbe endloser verschwitzter Stunden.

Wir tourten weiter, quer durch Europa. Eine ulkige bis peinliche Szene ist mir aus diesem Jahr noch in Erinnerung: Schaulaufen in Liechtenstein, anschließend Einladung zu einem Gala-Dinner mit der Fürstenfamilie auf Schloß Vaduz. Irgendwer kam darauf, daß wir doch die herrlichen Blumen, die wir nach unserem Auftritt überreicht bekommen hatten, der Fürstin verehren sollten. Uns würden sie auf der Fahrt zum nächsten Auftrittsort ohnehin verwelken. Solche Repräsentation-Aufgaben fielen oft mir zu, ich galt als unkompliziert, als der freche Spatz, immer noch. Ich hatte kein Problem damit, einer leibhaftigen Fürstin gegenüberzutreten, und sagte: »Ich möchte mich im Namen aller Eisläufer bei Ihnen für den schönen Abend bedanken und Ihnen diese Blumen überreichen. Wir können sie sowieso nicht mehr gebrauchen.« Himmel, kaum war es heraus, wurde ich knallrot. Was hatte ich da nur wieder angerichtet. Die anderen Läufer amüsierten sich über meinen Fauxpas. Die Fürstin allerdings blieb ganz Fürstin und zuckte mit keiner Wimper. Alle Achtung, von dieser Selbstbeherrschung konnte man nur lernen!

Sommer. Ausgleichstraining, Fritz Brenne brachte mir zu Hause das Tennisspielen bei. Tennis blieb meine lebenslange Leidenschaft. Herr Brennefritz lebt übrigens heute noch im selben Haus, in dem auch meine Eltern wohnen. 97 ist er und immer noch spielt er Tennis. – Außerdem saß ich in diesem Frühjahr/Frühsommer besonders lange über meinen Schulbüchern: für Ende Juni standen die Abschlußprüfungen nach der zehnten Klasse im

Kalender. Sie waren seinerzeit obligatorisch, als Testrunde sozusagen, auch wenn man, wie ich, vorhatte, bis zum Abitur zur Schule zu gehen und anschließend zu studieren. Ich bestand meine Prüfungen mit »Gut«. Wobei es mich ausgerechnet bei der wenig geliebten Mathematik neben der schriftlichen noch eine mündliche Prüfungsrunde kostete, bis die Zwei geschafft war. In Russisch erreichte ich dafür locker mein »Sehr gut«.

Und noch eine Prüfung war zu bestehen: ich machte meine Fahrerlaubnis. Da ich zuvor gelegentlich mit Mutti auf irgendwelchen abgelegenen Parkplätzen das Anfahren, Einparken usw. geübt hatte, gingen die praktischen Fahrstunden mit meinem herrlich verlegenen jungen Fahrlehrer locker über die Bühne. Ich höre heute noch seine Ermahnungen, wenn ich mal wieder viel zu rasant durch die Stadt kurvte: *Fräulein Seyfert, mir als Fahrschule müssen uns doch an die Geschwindigkeitsbegrenzung halten.* Der Arme. Wenn's nach ihm gegangen wäre, dann hatte das angehimmelte Fräulein Seyfert wahrscheinlich mit 200 kmh quer durchs Sachsenland brausen dürfen ...

Dann waren endlich Ferien.

In diesem wie im darauffolgenden Sommer flog ich mit meiner Mutti an die jugoslawische Adriaküste nach Dubrovnik. Damals galt das bei uns als ein absoluter Luxus-Urlaub, für normale DDR-Bürger schwer zu erlangen. Man mußte da schon über besondere Beziehungen zum DDR-Reisebüro verfügen; oder eben ein international erfolgreicher Künstler oder Sportler sein. Privilegien? Ich höre das Reizwort. Über solche »Privilegien« wurde schon an DDR-Stammtischen viel spekuliert, gemeckert, das Vorurteil gepflegt, uns Spitzensportlern würden Autos, Siegprämien, Reisen »hinterhergeworfen«. Alles nur, damit wir nicht in den Westen abhauten, wie das damals so hieß. Was ein ziemlicher Unfug war. Wäre es mir vordergründig um Materielles gegangen, hätte ich im Westen unendlich viel bessere Möglichkeiten vorgefunden, mein Talent zu vermarkten. Von den Holiday-on-Ice-Millionen und Ähnlichem wird noch zu reden sein. – Ja sicher, ich war mir durchaus darüber im klaren, daß bei anderen Neunzehnjährigen bestenfalls eine »Trabant«-Anmeldung in der Schublade lag, kein

»Wartburg-Coupé« in der Garage stand. Aber während meine Altersgenossen entweder gerade ihre Facharbeiterprüfung bestanden oder ein Studium begannen, erbrachte ich seit einigen Jahren international anerkannte überdurchschnittliche Leistungen. Im Sport waren wir eine Leistungsgesellschaft. So brauchte ich nicht die üblichen zwölf Jahre zu warten, bis ich mit der »Wartburg«-Anmeldung »dran« war. Meine Eltern konnte mir das Auto ohne Umwege kaufen und sich so ein Geschenk für ihre »Große« auch leisten. Schließlich war meine Mutti eine der bestverdienenden Trainerinnen der DDR. Auch ich wurde vom DTSB materiell unterstützt. Mein Auto »Napoleon«, weiß der Himmel, warum ich es so taufte, und das Zimmer im schönen Adria-Hotel »Excelsior« von Dubrovnik sah ich als Belohnung für die Europameisterin an.

Auf einem ganz anderen Blatt steht der Fakt, daß die DDR der absoluten Mehrzahl ihrer Bürger überhaupt verwehrte, in westliche Länder zu reisen. Das war nicht nur ein Devisenproblem.

Dubrovnik: Tags sonnte ich mich, schwamm, lief Wasserski. Abends schlenderten wir durch die berühmte Altstadt voller Baudenkmäler. Außerdem spielte ich mit Mutti so recht und schlecht Tennis. Die Tennisplätze waren in einem Hain voller Zitronenbäume angelegt, es roch wunderbar frisch dort. Einmal besuchten uns Heidi Steiner und Ulli Walther, die über das Jugendreisebüro in eine Bungalow-Siedlung irgendwo nahe Dubrovnik gekommen waren. Es wurde ein lustiger Nachmittag. Etwas anderes war weniger lustig: Trotz der vielen Bewegung zeigte mir die Waage bald 124 Pfund, und das bei einer Größe von 161 Zentimetern. Warum auch immer, so viel wie in diesem Sommer hatte ich noch nie gewogen und fand mich schrecklich fett. Gräßlich, ich brauchte das Essen nur anzusehen und wurde davon dick. Damit ich gar nicht erst das verlockende Morgen-Büffet des »Excelsior« zu Gesicht bekam, wurde auf dem Zimmer-Balkon gefrühstückt: Kaffee, zwei Scheiben Knäckebrot, Quark und Obst. Mittags aß ich eine Kaltschale mit Zitronenstücken und fast null Kalorien. Wenn ich mal nachmittags einen Eiskaffee trinken durfte, war ich glücklich. Furchtbar, ich nahm und nahm nicht ab.

Also suchte ich mir einen Ort zum Schwitzen und noch mehr Bewegen: In der Hotelschwimmhalle war bei dem herrlichen Sommerwetter kein Mensch, alle lagen am Strand. Durch die riesigen Fensterscheiben knallte die Adriasonne herein, es war bullig heiß. Dorthin verzog ich mich und trotzte mir selbst jeden Tag zwei Stunden Seilspringen ab. Ich schwitzte wie verrückt, es nützte kaum. Wahrscheinlich gibt es so Zeiten, da kann man als junge Frau gegen die Pfunde einfach nichts machen. Ich ackerte wirklich wie wild. Zu Hause, als das Training wieder einsetzte, bekam ich mageres Fleisch und Gemüse auf den Teller, eben das, was ich unter den Hochleistungsbedingungen unbedingt brauchte. Aber offensichtlich verarbeitete mein Körper jedes Faserchen so effektiv ... Es dauerte noch eine ganze Weile in den Herbst hinein, bis sich endlich der Zeiger auf meiner Waage hinunter bewegte.

IX. Liebe, »Preisis«, Olympische Spiele

Die neue Saison setzte im Herbst 1967 wieder mit einigen Schaulaufen ein. An eine hübsche Episode erinnere ich mich besonders gern: Unterwegs nach Göteborg traf ich Liselotte Pulver auf dem Flughafen. In dieser Situation war nun ich der Fan, der von einem großen Star ein Autogramm erbat. Jüngere Leser mögen sich wundern, weil sie Lilo Pulver vielleicht nur aus der Sesam-Straße kennen, obwohl ihr »Wirtshaus im Spessart« inzwischen Film-Legende ist. Die Pulver drehte mit Gérard Philipe, Jean Marais, Jean Gabin; auch in Hollywood bei Billy Wilder. Und nun standen wir uns unversehens auf diesem Flughafen gegenüber. Sie erkannte mich offenbar, lächelte ... Solche Situationen fand ich immer wieder umwerfend. Ich war weiß Gott nicht so abgehoben, daß ich mich selbst als prominent empfand. Da stand ich also, voller Verehrung für die berühmte Schauspielerin, und konnte mir nur schlecht vorstellen, daß auch Lilo Pulver ihre Zeitung las, sofort wußte, mit wem sie es zu tun hatte. Womöglich drückte sie mir sogar vor dem Fernseher die Daumen ... Ich war ganz aufgeregt über ihre guten Wünsche für meine kommende Saison, für die Kür bei Olympia. Aufgekratzt stieg ich anschließend in mein Flugzeug.

Schaulaufen also, in Göteborg, Karl-Marx-Stadt, Berlin. Ich probierte einen neuen Tanz aus: »Puppet on the strings« und 6 000 Berliner gerieten in der Werner-Seelenbinder-Halle schier aus dem Häuschen. Die Presse berichtete über die mehrfachen Da capos und merkte meine *bereits erstaunlich gute Form* an. Ansonsten befaßte ich mich intensiv mit meiner neuen Kür, einer ausgeklügelten Kombination schwieriger Sprünge, die in vollendeter Harmonie, tänzerisch überzeugend präsentiert werden mußten. Als deren Krönung sollte mein, schon seit längerem im Trainingsprogramm stehender, Dreifacher Rittberger publikumsreif werden. Also üben, üben und nochmals üben. Mutti war selten zufrieden. Ich zuweilen ziemlich geschafft. Eine harte Zeit. Den anderen Spitzenläufern ging es nicht besser: die Saison würde im Olympia-Jahr besonders lang sein, Konsequenz und präzise Vorarbeit taten not. Aber die sonst so ganz fraglos-selbstverständliche Zusammenarbeit zwischen meiner Mutti und mir, ein fast wortloses gegenseitiges Verstehen, funktionierte in diesem Winter nicht mehr ganz so selbstverständlich. Spannungen kamen auf, Mißstimmungen. Die Ursache: Ich hatte mich zum ersten Mal in meinem Leben ernsthaft verliebt. In den Karl-Marx-Städter Eistänzer Eberhard Rüger. Meine Mutti, die mich logischerweise genau kannte und die meisten meiner früheren Flirts eher geflissentlich übersehen als ernstgenommen hatte, bemerkte die Veränderungen an mir sehr wohl. Sie befürchtete, eine ernsthafte Liebesgeschichte würde meine Konzentration stören. Ich dagegen freute mich an meinem Gefühl, an einem überraschend neuen Stück Leben. Wollte nichts reglementiert wissen oder gar wegen des Eislaufs verzichten.

Ich kannte Eberhard schon seit Ewigkeiten. All die Jahre hatte er neben mir auf dem Eis der Küchwald-Halle trainiert. Ich wußte, daß er mit seiner Eistanz-Partnerin Annerose Baier auch privat befreundet, eine Zeitlang sogar verlobt war. Plötzlich fiel er mir auf. Irgendwann im Spätherbst 1967 änderte sich in ein paar Augenblicken auf dem Eis alles zwischen uns. Das war mehr als ein kleiner Flirt. Wir hatten uns entdeckt.

Und unsere Schwierigkeiten nahmen ihren Lauf. Natürlich wäre es Unfug gewesen, uns vorzuhalten, wir wären zu jung für die Liebe. Ich war neunzehn, Eberhard vier Jahre älter. Aber wir waren als erfolgreiche und disziplinierte Leistungssportler beide daran gewöhnt, alles in unserem Leben auf den Eiskunstlauf hin zu denken und einzurichten. Nun sagte mir meine Mutti und Trainerin: so eine Beziehungsgeschichte ist nicht gut für dich, lenkt dich vom Eiskunstlaufen zu sehr ab. Ich habe ihre Meinung nicht einfach beiseite gewischt. Ich machte mir durchaus Gedanken, verwickelte Eberhard in die quälendsten Gespräche über unsere Situation, über die Haltung meiner Mutter. Sie und mich hatten gemeinsame Ziele über Jahre hinweg ganz eng zusammengeschmiedet. Jetzt standen wir kurz vor den großen Erfolgen, vielleicht dem Weltmeistertitel, einer Olympia-Medaille. Stellte da dieses Neue, Dritte, diese Liebe, die in mir aufkeimte, tatsächlich eine Gefahr dar? Ich erinnerte mich durchaus an Paare unter den Eisläufern. Und natürlich konnte man bei diesen gemeinsam eislaufenden Liebespaaren gelegentlich beobachten, daß privater Ärger, intime Spannungen durchaus negativ auf das Eis ausstrahlten.

Während ich noch solchen Zweifeln nachging, stand für meine Mutter fest, daß sich Liebe und Eis bei mir nicht vertrugen. Jedes Mal wenn ich im Training eine schlechte Kür lief, kommentierte sie entsprechend: »Siehst du, du bist nicht mit den Gedanken dabei, kannst dich nicht konzentrieren ...« Nicht immer, fand ich, hatte sie damit recht.

Nun waren wir es aber gewöhnt, den Ratschlägen der Eltern, der Trainerin zu folgen. Martina erzählt mir heute, auch sie habe sehr lange, bis Mitte Zwanzig, auf ihre Eltern gehört. Das hat mit dem Selbstverständnis heutiger Jugendlicher um die Zwanzig wenig zu tun. Die Zeit war damals so, und wir Sportler lebten dazu in unserer eigenen kleinen, vielleicht auch sehr heilen Welt ... Schwierig wurde meine Situation auch, weil Eberhard durchaus ein komplizierter Mensch mit sehr eigenen Vorstellungen war, arrogant oder vielleicht besser gesagt aufmüpfig gegen Autoritäten oder ihm zu eng gesetzte Grenzen. Es gab also viel Streit mit meinem Liebsten, unsere Beziehung verlief himmelhoch-jauchzend-zu-Tode-betrübt ... In diesen Wirrnissen des Herzens fand ich den Autor Saint-Exupéry. Der läßt seinen »Kleinen Prinzen« feststellen: »Man sieht nur mit dem Herzen gut. Das Wesentliche ist für die Augen unsichtbar.« Daran wollte ich mich halten. Und Eberhard behalten. Es ging ja nicht nur um Gefühl und Zärtlichkeit. Es war mir auch wichtig, mit jemandem reden zu können, der genauso alt war wie ich, der die gleichen Probleme hatte. Ihm als Leistungssportler wäre es nie eingefallen, sich darüber zu beklagen, wenn ich keine Zeit hatte, wenn ich zu Wettkämpfen fuhr, wochenlang auf Schaulauf-Tournee blieb. Das begriff Eberhard vollständig. Wir nahmen uns ein Wort von Saint-Exupéry für unsere Beziehung zum Motto: »Liebe besteht nicht daraus, daß man einander anblickt, sondern daß man gemeinsam in die gleiche Richtung schaut.«

Zur Entspannung fuhren alle Läufer der Eiskunstlauf-Nationalmannschaft kurz vor Weihnachten gemeinsam nach Oberwiesenthal. Solche »Ruhe-vor-dem-Sturm-Woche« veranstaltete unser Deutscher Eislaufverband zum Auftakt der »UVW«, der unmittelbaren Wettkampfvorbereitung. Das tat uns gut: Ein paar Tage lang kein Pflicht- und Kürtraining, sondern solche »Disziplinen« wie Rodeln, Spazierengehen, Schneeballschlachten, Kegel schieben, Fahrten mit Pferdeschlitten. Wir saßen an den Abenden zusammen, alle, die in der kommenden Saison auf wichtige Wettkämpfe zusteuerten, schwatzten entspannt, gingen gemeinsam tanzen. Neben den Trainern waren auch Sportfunktionäre und Ärzte eingeladen, selbst meine Oma war mitgekommen, wie ich gerade in meinem Fotoalbum sehe. Wir sollten uns vergnügen. Trotzdem fühlten wir schon alle die Spannung der kommenden Wettkämpfe.

Und noch einmal sollte ich in diesem Winter vergnügt tanzen: Mutter und ich waren zum Neujahrsball des Staatsratsvorsitzenden Walter Ulbricht eingeladen. Warum sollte ich heute geringschätzig darüber reden, dieser Ball beeindruckte mich durchaus: Die hellerleuchteten Säle im Berliner Staatsratsgebäude, so viele Gesichter, die ich bislang nur aus dem Fernsehen oder von Pressefotos kannte, jetzt live. Freundliches Interesse an meiner Person und meinen Plänen, kleine Gespräche, Lächeln, Musik, bewundernde Blicke – schließlich war ich eines der sehr wenigen jungen Mädchen dort. Den berühmten Autorennfahrer und späteren Präsidenten der Olympia-Gesellschaft der DDR, Manfred von Brauchitsch, lernte ich an diesem Abend kennen, den Schauspieler Wolf Kaiser, den Kammersänger Gerhard Prey, die Chansonsängerin Martha Rafael; und Politiker natürlich. – Mag mich mancher Leser vielleicht als naiv oder »ostalgisch« schelten, ich stehe dazu, daß ich diese Ball-Einladung zum neuen Jahr 1968 seinerzeit mit Herzklopfen entgegennahm und den Abend sehr genossen habe, auch wenn nun einmal der Hausherr Walter Ulbricht hieß. Politiker umgaben und umgeben sich zu den entsprechenden Anlässen überall auf der Welt gerne mit Künstlern, Sportlern, Medienprominenz. Und die wenigsten Prominenten verzichten gänzlich darauf, solche repräsentativen Gelegenheiten wahrzunehmen. Liselotte Pulver, mein Kino-Star, freute sich beispielsweise riesig, als sie 1966 im Kanzleramt von Konrad Adenauer eine Audienz erhielt. Und sie fand ein Foto vom Tanz mit BRD-Außenminister Hans-Dietrich Genscher so wichtig, daß sie es in ihrer Autobiographie veröffentlichte. Meine Welt aber bestand nun einmal vier Jahrzehnte lang in der anderen deutschen Republik.

Zurück in die Eislaufsaison: Anfang Januar 1968 fanden entsprechend dem üblichen Turnus zuerst unsere Landes-Meisterschaften statt. Ich kam sehr gut mit meiner neuen Kür zurecht. Den Dreifacher Rittberger konnte ich dort allerdings noch nicht stehen. Was der Begeisterung über meine phantastische Kür keinen Abbruch tat. Es ist selten, daß die Preisrichter einmal nach der Note Sechs greifen, viermal bekam ich sie hier, wurde zum achten Mal DDR-Meisterin. Unsere heimischen Journalisten bescheinigten mir *hervorstechenden Mut zum Risiko*.

Wenn sich bei unserer Landes-Meisterschaft oben auf dem Eislauf-Treppchen bei den Damen auch seit Jahren nichts änderte, auf den Plätzen zwei und drei tat sich dieses Mal etwas. So war meine Freundin Martina, sonst die Vizemeisterin, nur als Zuschauerin im Eisstadion, sie hatte ihre aktive Eis-Zeit beendet. Martina nahm mir die »ewige Zweite« niemals übel. Ich habe sie danach gefragt. Weil sie mich ja täglich im Training erlebte, hätte sie immer gewußt, daß sie es gegen mich nie schaffen würde, sagte sie mir. An Sieg war nicht zu denken. Hauptsache, sie trug in den Wettkämpfen ihre Pflicht und Kür anständig vor, ich würde sowieso immer besser laufen. Das war eben so, wir blieben trotzdem dicke Freunde. – In diesem Jahr kam also die nächste Eislauf-Generation zum Zuge: Zweiter Platz für Sonja Morgenstern aus Karl-Marx-Stadt, dritter Platz für Christine Errath aus Berlin. Die beiden sollten nach den Plänen der Trainer in meine

Fußstapfen treten. Bei Sonja lief es nach anfänglichen Erfolgen, einer Bronze-Medaille bei der Europameisterschaft 1972 in Göteborg, nicht ganz so gut weiter. Christine wurde später Europa- und Weltmeisterin.

Ende Januar fuhr ich zum ersten wichtigen Wettbewerb von 1968, den Europameisterschaften im schwedischen Västeras. Eigentlich war zu erwarten, daß ich dort meinen Europameister-Titel verteidigen würde. Was nicht gelang. Die alte schwedische Königsstadt brachte mir kein Glück, im Gegenteil, es wurde eine ziemlich traurige Europameisterschaft. Sicher, auch durch eine Verquickung unglücklicher Umstände, aber danach fragte die Jury nicht ...
Es ging damit los, daß ich zum Start der Pflicht-Wettkämpfe in die »Rocklundahallen« kam und verwirrt hören mußte, daß unsere Preisrichterin Walburga Grimm, die mich über viele Jahre begleitete, ausgerechnet an diesem Morgen verschlafen hatte. Sie wurde von der Jury durch eine Preisrichterin aus einem anderen Land ersetzt. Walburga war todunglücklich. Natürlich hatte sie mir damit ein Handicap beschert. Für jeden Läufer war wichtig, wenigstens einen Preisrichter, von den neun, die da saßen, hinter sich zu wissen. Und nun fiel unsere Frau in Västeras aus ...
»Auch Preisrichter sind nur Menschen«, hat mir gerade eben mein Sportfreund Reinhard Mirmsecker durchs Telefon seinen Standpunkt verteidigt. Reinhard lebt heute als Journalist in Magdeburg und wirkt seit vielen Jahren ehrenamtlich in nationalen und internationalen Wettkämpfen als Preisrichter. Ich erzählte ihm von meinen Erinnerungen an Västeras, Walburga und die Folgen. Wir beide haben uns lange über die »Preisis«, wie wir sie als junge Sportler respektlos nannten, und deren Ruf unterhalten. Wenn in unserer Sportart jemand im Laufe der Jahre immer wieder einmal in die Schlagzeilen geraten ist, dann waren es die Preisrichter. Und das, so lange es dieses Wertungssystem gibt. Da ist dann rasch von Betrug, Absprachen und Schiebung die Rede ... Bei einem etwas gründlicheren Blick hinter die Kulissen stellt sich allerdings heraus, daß jene Fälle, bei denen tatsächlich und vorsätzlich betrogen wurde, die absolute Ausnahme darstellen.

Auf so etwas pflegt die Internationale Eislaufunion dann auch mit drastischen Sperren zu reagieren. Die Mehrzahl der »Preisis« sind wohl – so wie mein alter Freund Reinhard, unheimlich engagierte Eislauf-Fans, die viel Zeit und Kraft für ihren Sport aufwenden. Und das nicht nur während der Wettkampf-Saison. Ein guter Preisrichter schaut auch im Frühjahr/Sommer bei Läufern und Trainern vorbei, hilft mit seinem Wissen beispielsweise beim regelgerechten Aufbau der Programme. Aber bis es soweit ist ... Ein Eiskunstlauf-Preisrichter muß unbedingt selbst ein aktiver Läufer gewesen sein. Nach einem Lehrgang darf er in den ersten drei Jahren kleine nationale Wettkämpfe bewerten. Danach entscheidet der Landesverband darüber, ob er nunmehr Landesmeisterschaften bewerten darf. Hat er dies über drei weitere Jahre hinweg erfolgreich getan und mindestens noch zwei nationale Preisrichter-Lehrgänge besucht, darf er erst dann von seinem Verband bei der ISU für internationale Wettbewerbe vorgeschlagen werden.

Dort wird er quasi als Volontär eingesetzt, muß bei jeder größeren Abweichung seiner Bewertungen von denen seiner internationalen Kollegen dem Schiedsrichter gegenüber Rechenschaft ablegen. Erst nach weiteren drei Jahren kann der Preisrichter nun an einer Prüfung teilnehmen, um von der Internationalen Eislaufunion die Qualifikation als Meisterschafts-Preisrichter für Europa- und Weltmeisterschaften sowie für Olympische Spiele zu erreichen. Aber selbst dann noch muß jeder Preisrichter über jede Fehlwertung Rechenschaft ablegen und mindestens alle drei Jahre ein Qualifikationsseminar besuchen. Ein elend langer Weg. Man muß das Eiskunstlaufen schon sehr mögen, um ihn immer weiter zu gehen. So wie unsere Walburga Grimm, die zwar wegen Västeras zu Hause ziemlich viel Ärger bekam, aber trotzdem nicht aufsteckte. Seit vielen Jahren ist sie nun Mitglied der Technischen Kommission der ISU. – Zurück zu den Vorwürfen gegen die Preisrichter-Zunft: Jeder muß nahezu 80 Regeln kennen und die vorgeschriebenen Punktabzüge für Fehler, früher in Pflicht und Kür, heute in Kurzprogramm und Kür, im Schlaf parat haben. Während eines Wettkampfes ist jeder Preisrichter absolut auf sich allein gestellt und muß sich innerhalb von Sekunden nach jedem Lauf auf dessen Bewertung festlegen: Fehler des Läufers, sportlicher Wert, künstlerischer Schwierigkeitsgrad ... Das ist schon Schwerstarbeit. Dabei fehlt dem Preisrichter jegliche Chance, sich zu beraten, so wie man das im Publikum tun kann, unter Trainern, unter Journalisten ... Auch wenn alle Regeln korrekt berücksichtigt werden, bleibt verständlicherweise ein subjektiver Rest. Eben deswegen gibt es meistens sieben oder sogar neun Preisrichter, und immer entscheidet die Majorität, denn mit der Summe der Note vergibt jeder Preisrichter gleichzeitig einen Platz. Und wer die Mehrzahl der besseren Plätze auf sich vereint, der hat am Ende gewonnen. Aber dieses Wertungssystem detailliert zu erörtern, das wäre schon wieder ein Buch für sich. Gerade als Mirmi und ich uns im Gewirr der vielen Regeln fast zu verirren drohten, da einigten wir uns darauf, daß die Preisrichter einfach zur Eislauf-Familie dazugehören. »Ja, und in welcher Familie gibt es nicht auch mal ein schwarzes Schaf?« Lassen wir es bei diesem salomonischen Satz.

Jedenfalls lagen 1968 in Västeras meine Nerven, die wegen des Erfolgsdruckes ohnehin gespannter als gewohnt waren, ziemlich blank. Als ich dann noch beim Einlaufen von irgend jemandem einen tüchtigen Stoß in den Rücken bekam, natürlich nicht mit Absicht, und unglücklich mit dem Kopf aufs Eis schlug, geriet ich ziemlich aus meinem inneren Gleichgewicht. Die Erregung kroch förmlich in mir hoch. Mit schmerzendem Kopf und reichlich zittrigen Knien legte ich die erste Pflicht-Figur an. Die Wertungen fielen dementsprechend mager aus. Plötzlich schien alles vorbei zu sein, bevor es noch richtig begonnen hatte. Nach den Pflicht-Tagen fand ich mich auf dem dritten Platz wieder, mit 43 Punkten Rückstand zur führenden Hana Maskova. Das war das Aus.

Sicher, erst einmal weinte ich mir diese riesengroße Enttäuschung von der Seele. Dann jedoch passierte etwas in mir, der nächste Impuls fiel eher stolz, trotzig aus: Den Titel kannst du nicht mehr schaffen, also laufe ganz unbeschwert und zeige aller Welt in der Kür, was du wirklich drauf hast. Kein Selbstmitleid, im Gegenteil: Volles Risiko! Ich fand mich mit der unabänderlichen Tatsache ab, schüttelte mir die traurigen Gefühle von der Seele und sah nach vorn. Diese Gabe hat sicher nicht jeder. Mir sollte sie in meinem Leben oft helfen.

So störte es mich am Abend der Kür von Västeras überhaupt nicht, daß ich eine recht niedrige Startnummer gezogen, also noch vor sämtlichen ernsthaften Konkurrentinnen anzutreten hatte: Euch werd ich's zeigen!

Furioser Start, sämtliche schwierigen Kombinationen gelangen formvollendet. Und: Ich sprang den Dreifachen Rittberger. Den ich übrigens später nie wieder in einem Wettkampf gezeigt habe. Ich hörte während der gesamten Kür freundlichen Beifall, nach meinem Dreifachen Rittberger stieg in der Halle von Västeras ein einziger Jubelschrei empor. Der trug mich weiter, federleicht schnellte ich bei den nächsten Sprüngen in die Luft. Nachdem die Konkurrenz gelaufen war, erwies sich, daß ich, wieder einmal, die beste Kür Europas präsentiert hatte. Bei der Siegerehrung, als Zweite, konnte ich schon wieder lächeln, zwar ein wenig verkrampft, aber immerhin... Mein Kampfgeist, meine Haltung imponierten wohl jedermann. Und, ganz wichtig für die Zukunft, die Pressestimmen kamen nicht mit dem Tenor *Hana Maskova schlug Gaby Seyfert* sondern *Gaby bestach mit blendender Kür und sprang als erste Frau der Welt den Dreifachen Rittberger.* In Expertenkreisen hörte sich das ähnlich an: Den Titel mußte sie zwar abgeben, verloren hat sie in Västeras nicht ganz so viel. Warten wir den Fortgang der Saison ab. Alles schaute nach Grenoble, wo vom 6. bis zum 18. Feburar 1968 die Olympischen Winterspiele stattfanden.

Unsere Delegation war schon am 1. Februar 1968 in die französischen Alpen aufgebrochen, wir flogen bis Genf, von dort aus ging es mit dem Bus weiter. Wir akklimatisierten uns. Ich war auf die Amerikaner neugierig, besser gesagt auf meine stärkste Konkurrentin Peggy Fleming. Leider waren diese olympischen Tage insgesamt etwas anstrengend, weil ich mir einen hartnäckigen Infekt eingefangen hatte, herumhustete und schnupfte, daß es unserem Mannschaftsarzt himmelangst wurde und er mir regelmäßig Vitamin-Cocktails verordnete. So konnte ich mich halb-

Die erste gedruckte Fan-Postkarte, 1964

Weltmeisterschaften in Colorado Springs, USA, 1965: Seite aus meinem Album, von Vater Binges gezeichnet

Weltmeisterschaften in Colorado Springs, USA, 1965: Auto-Corso zur Eröffnungsfeier

Zurück von der Weltmeisterschaft 1965: Vater Binges Müller holt sein erfolgreiches Mädchen vom Flughafen ab

Europameisterschaften 1966 in Bratislava, bei einer Pflicht-Figur.

Weltmeisterschaften 1966 in Davos: Vizeweltmeisterin Gaby Seyfert

Weltmeisterschaften 1966 in Davos: Siegerehrung für Gaby Seyfert (DDR), Peggy Fleming (USA; Platz 1), Petra Burka (Kanada, Platz 3) (von links)

Die DDR-Meister 1966: Das Tanzpaar Baier/Rüger, Gaby Seyfert, Ralph Borghardt, das Sportpaar Steiner/Walther

Titelseite der Zeitschrift NBI, 4. Februarheft 1966

»Natalie«, der berühmteste Schaulauftanz

Europameisterschaft in Ljubljana, 1967: Heidi Steiner und Ulli Walther freuen sich mit der neuen Europameisterin Gaby Seyfert

Weltmeisterschaften in Wien, 1967: Blumen von Emmerich Danzer

Weltmeisterschaften in Wien, 1967: Gespräch mit Dick Button

Während der Schaulauf-Tournee 1967, zu Gast bei Maja Plissezkaja, der berühmten Primaballerina des Moskauer »Bolschoi Theaters«

Mit Solotänzer Wassiljew

Siegerehrung bei den Olympischen Winterspielen in Grenoble, 1968 für: Hana Maskova (Platz 3), Peggy Fleming (Platz 1) und Gaby Seyfert (Platz 2; von links)

Weltmeisterschaften in Genf 1968: Siegerehrung für Gaby Seyfert (Platz 2), Peggy Fleming (Platz 1) und Hana Maskova (Platz 3; von links)

Gaby Seyfert und Eberhard Rüger auf einem Fan-Poster des DDR-Jugendmagazins »neues leben«

Teilnehmerausweis und Eintrittskarte für die Eröffnungszeremonie der Olympischen Winterspiele in Grenoble, 1968

wegs aufrappeln und lief im Training auch sehr gut. Blieb aber doch ein bißchen angeschlagen.

Apropos Pillen und Spritzen, ich will bei dieser Gelegenheit eine etwas allgemeinere Bemerkung anbringen: Wenn heutzutage über den DDR-Sport geredet wird, dann drängt sich ein Wort vor: Doping. Eine einseitige Perspektive, meine ich. Warum bestimmte Kreise und Medien alles Geschehen auf diese Weise beleuchten, dafür finde ich eine – vielleicht sehr persönliche – Deutung. Gerade weil ich in den sechziger Jahren eine der Ersten war, die Medaillen und Titel in die DDR holte und damit diesem damals noch (und inzwischen wieder) vielgeschmähten Staat in der internationalen Wahrnehmung eine freundlichere Nuance hinzufügte. Der Ost-West-Wettbewerb fand eben auch in den Sportstadien der Welt statt. (Sicher, längerfristig entschied nicht der Olympia- Medaillenspiegel, sondern die wirtschaftliche Effizienz über den Erfolg des Systems.) Unweigerlich sah man die deutsche Flagge mit dem DDR-Emblem häufiger auf den Fernsehschirmen, hörte man bei Siegerehrungen unsere Hymne ... Keine Frage, daß diejenigen, die damals politisch davon wenig erbaut waren, im nachhinein DDR-Erfolge zu schmälern suchen. Wobei ich jetzt auf gar keinen Fall so verstanden werden möchte, als würde ich auch nur ansatzweise Doping-Praktiken verteidigen. Nur: Leistungen aus Jahrzehnten auf blaue und grüne Pillen zu reduzieren, das finde ich doch ziemlich schwarz-weiß geurteilt! Was in anderen Sportarten zu diesem Thema zu sagen wäre, entzieht sich meiner Kenntnis. Auch wenn ich heute weiß, daß das Doping um den einen oder anderen DDR-Sportler – wie leider überall auf der Welt - keinen Bogen gemacht hat. Für meine eigene Sportart kann ich jedenfalls mit dem Thema Doping ganz gelassen umgehen, die Natur der Sache schließt Pharma-Manipulationen schlichtweg aus: Sprünge und Pirouetten muß man technisch beherrschen, einen ästhetisch überzeugenden Laufstil kann man nicht als rosa Pille einnehmen. Mein Gleichgewicht kam aus dem Kopf, mein Lächeln aus dem Herzen und nicht aus einer Spritzkanüle.

Wobei ich nicht verhehle, daß unvermeidlich jeder Leistungssport in irgendeiner Weise den Körper des Sportlers extrem belastet. Einmal abgesehen von den Tausenden blauen Flecken, die sich selbst der allerbeste Läufer während seiner Karriere einhandelt, oder gelegentlichen kleinen Abschürfungen, hatte ich viel Glück. Nur einmal, noch als ganz junges Talent, hackte ich mir während eines wichtigen Kür-Vortrages mit der einen Eislauf-Schiene durch das Stiefelleder des anderen Fußes hindurch. Gemerkt habe ich mir diese Geschichte allerdings nur wegen der besonderen Umstände: In meinem Wettbewerbseifer fiel mir nämlich damals diese Verletzung überhaupt nicht auf, ich weiß also gar nicht, wobei genau es passierte, lief ungerührt meine Kür. Erst als ich auf die Wertungen wartete, sah jemand, daß über meinen schneeweißen Eislaufstiefel eine rote Blutspur tropfte. Und erhob tüchtiges Geschrei. Da spürte ich plötzlich den Schmerz. Es war eine Lappalie, nur eine winzige Schnittnarbe blieb auf dem Fuß zurück. Aber nicht immer gehen Verletzungen im Eiskunstlaufen so glimpflich ab. Nie werde ich die Verzweiflung von Anette Kanzy vergessen, als sie bei den Weltmeisterschaften in Ljubljana 1970 so schwer verletzt wurde, daß sie und ihr Paarlauf-Partner Axel Salzmann (mein Spielkamerad aus Kindertagen) den Wettkampf aufgeben mußten. Kanzy/Salzmann galten damals als ein aussichtsreiches junges Paar. Während des Einlaufens vor ihrer Weltmeisterschafts-Kür stießen sie mit dem amerikanischen Paar Militano/Militano zusammen. Dabei schnitt eine Eislaufschiene derart massiv in Anettes Bein, daß sie sofort zur Unfallklinik gefahren und die tiefe Fleischwunde genäht werden mußte. Für Anette und Axel war damit die Eislauf-Saison, auf die sie sich ein langes Trainingsjahr hindurch hart vorbereitet hatten, sofort zu Ende. Und so sehr wir alle aus der Mannschaft sie zu trösten versuchten, Anette machte sich Vorwürfe, war so unendlich traurig. Niemand konnte ihr richtig helfen. Ich blieb glücklicherweise während meiner gesamten Karriere von solchen folgenschweren Verletzungen verschont.

Doch zurück zu den Olympischen Winterspielen von Grenoble. Für mich begannen sie unter ganz anderen Vorzeichen als die von Innsbruck 1964. Beim ersten Mal hatte ich die Atmosphäre unbefangen genossen, von Medaillen war überhaupt keine Rede gewesen. Natürlich faszinierte mich auch in Grenoble, im Tal der Isere, wieder das quirlige Leben im olympischen Dorf, dieses ungezwungene Zusammensein, aber jetzt, vier Jahre später, zählte ich zu den Favoriten ...

Die Eröffnungszeremonie berührte mich sehr. Mein alter Freund Alain Calmat trug – als berühmtester Wintersportler des Gastgeberlandes – das olympische Feuer auf der letzten Etappe, also die Treppe zur Feuerschale über dem Olympiastadion von Grenoble hinauf. Man hatte an Calmats Brustkorb ein Mikrofon angebracht, das während dieses Laufes seinen Herzschlag, der immer heftiger wurde, laut über die Stadionlautsprecher sendete. Als Alain oben die Flamme der Winterspiele anzündete, pochte mein Herz mindestens ebenso rasch wie seines: Meine Olympiade würde das werden.

65 000 Zuschauer nahmen an dieser Zeremonie teil, der französische Staatspräsident Charles de Gaulle saß in der Ehrenloge. Dieses Mal marschierten zwei verschiedene deutsche Mannschaften in das Olympiastadion ein. Bei beiden trug jeweils ein Rodler die schwarz-rot-goldene Flagge mit den olympischen Ringen darin, für den Westen Hans Plenk, für den Osten Thomas Köhler. Aufmerksam hörte ich den Wortlaut des olympischen Eides: Gleichberechtigung, friedlicher Wettstreit. Ich nahm das ernst. Vor allem aber stieg meine Spannung unter dem Olympia-Feuer, weil ich mir fest vornahm, dieses Mal dort zu stehen, wo die Medaillen vergeben wurden. 31 Läuferinnen würden in der Damen-Konkurrenz an den Start gehen. Ich stellte mir das Gold vor, das Silber, die Bronze – was würde ich davon erreichen? Peggy Fleming war da, Hana Maskova ... Es würde spannend werden.

Trainiert wurde in Grenoble teils auf offener Bahn, teils im »Stade de Glace«, dem nagelneuen Eis-Palast von Grenoble, der mit seiner hypermodernen Architektur für sich einnahm. Alles lief reibungslos, wenig Wetterprobleme, wir konnten genug trainieren. Übrigens eines Tages unter prominenten Blicken: Da lief plötzlich Audrey Hepburn durch unser Olympia-Dörfchen, die von mir so sehr verehrte Eliza aus dem Musical-Film »My fair Lady«. Ich ließ mir ein Autogramm geben, wir unterhielten uns eine Weile, am nächsten Tag kam sie bei herrlichem Sonnenschein auf die offene Eisbahn, um uns beim Training zuzuschauen.

Eine kleine Anmerkung zur technischen Historie unseres Sports: In Grenoble wurde modernisiert. Bis 1968 saßen die Eiskunstlauf-Preisrichter direkt auf der Eisfläche und zogen die Noten manuell aus dem »Bauchladen«, einem Kasten mit Pappziffern. Seitdem sitzen sie an Steuerpulten hinter der Bande und schicken ihre Wertungen elektronisch auf die Anzeigetafeln. Heute amüsiert man sich, wenn man auf alten Fotos die dick eingewickelten Wertungsrichter in Filzstiefeln mit ihren »Bauchläden« auf der Eisfläche sieht.

Der Wettkampf: Am 8. Februar hatte ich die Pflicht für meine Begriffe sehr gut hinter mich gebracht, war aber von den Preisrichtern wieder recht stiefmütterlich behandelt worden. Zwei Tage später lief ich meine Kür ebenfalls super: zwei Doppel-Axel, zwei Doppel-Lutz, niemand sonst zeigt das in Grenoble. Peggy Fleming hatte überhaupt keinen Doppel-Lutz in ihrem Kür-Programm. Allerdings fühlte ich mich für meinen Dreifachsprung nicht fit genug. Zu meiner Kür gab es eine mir treffend erscheinende Reportage: *Gabriele Seyfert, selbstbewußt betritt sie die Eisfläche ... Dann springt sie, und wie sie springt. Sicherlich springt sie so hoch wie Peggy Fleming, vielleicht sogar höher. Aber was bei der Fleming ein einfaches Abheben vom Eis ist, ein Loslösen offenbar unter Ausschaltung aller bislang bekannten physikalischen Gegebenheiten, das ist bei der Seyfert eindeutig und unverkennbar ein athletischer Akt. Voller Harmonie, aber auch voller Schwung und nicht zuletzt voller gebändigter, gezielt angewandter Kraft. Am schönsten ist das, wenn sie wie im ersten Teil ihrer Kür eine Sprungkombination hat. Gleich hinter einem doppelten Sprung, der Zuschauer hat gerade ausgeschnauft und hebt die Hände zum Applaus, folgt ein zweiter Sprung, das fließt einfach so ineinander über. Dazu hat ihr die Mutter und Trainerin Jutta Müller viele graziöse tänzerische Schritte in das Programm kombiniert, dazu Handbewegungen mit solchem Ausdruck, wie sie dem Ballett entlehnt sein können. Das alles fügt sich in erstaunlicher Vielfalt zu einem harmonischen Ganzen. Gabriele Seyfert ist in ihrem Vortrag alles in einem: Eiskunstläuferin, Ballerina, Kunstturnerin und Athletin.*

Mit der Kür wurde es eng zwischen den drei Eisprinzessinnen. Neben Prinzessin Peggy sah die Presse mittlerweile auch Hana und mich im weißen Eis-Adel. Am Ende überreichte die Jury das olympische Gold an Peggy, das Silber an mich, Hana bekam die Bronze-Medaille. Immerhin, Revanche für Västeras hatte ich nehmen können.

Die internationale Presse kritisierte die Preisrichter einhellig und ziemlich harsch, Tenor: »Falschspiel um Peggys Kurven«. Wolfgang Juckel von »BILD« sah es so: *Nur eigenartig, allen hat man bisher honoriert, daß sie Welt- oder Europameisterin sind, nur bei der blonden Gaby aus Sachsen scheint man die Fehler mit der Lupe zu suchen. ... Peggy Fleming war sich von vornherein des Wohlwollens des Kampfgerichtes sicher. Die Mehrzahl der neun punkteverteilenden Damen und Herren übersah die Patzer, die auch sie in ihrem Vortrag hatte.* Was soll ich heute, mehr als dreißig Jahre später, dazu sagen? Sicherlich, in dem Moment, wo man unter Wert beurteilt wird, tut es schon weh. Aber solche, sagen wir es vorsichtig, schiefen Sichten gehören nun einmal zum Eiskunstlaufen. Ich lebte damit. Wenn ich heute in meinem Album die Seiten mit den Olympia-Pressestimmen umblättere, finde ich zwei kleine Bildunterschriften, unter Peggys Porträt lese ich: *Die ehrgeizigste Teilnehmerin war zugleich die schönste: Amerikas Peggy Fleming, die sich in brennendem Ehrgeiz verbissen auf den Eiskunstlauf vorbereitete und gewann. Man sah sie niemals lächeln.* Unter meinem Foto steht: *Das lustigste Mädchen der Winterolympiade war Silbermedaillengewinnerin Gaby Seyfert. Sie tröstete ihren erst zwölfjährigen Eislaufkollegen Jan Hoffmann über seine Niederlage hinweg.* Unser Jan war in Grenoble auf den 26. Platz gekommen, kein Problem für unsere Mannschaftsleitung, die den begabten Zwölfjährigen mit nach Grenoble genommen hatte, damit ihm der internationale Wind um die Nase wehte. Trotzdem, ich wußte, wie einem da zumute ist. Was wirklich in ihm steckte, konnte Jan später so erfolgreich beweisen: 1980 brachte er von den Olympischen Spielen in Lake Placid die Silbermedaille mit, viermal wurde er Europa-, zweimal Weltmeister.

Und auch ich war stolz auf meine olympische Silbermedaille! 171 Telegramme gingen an die »silberne« Gaby in Grenoble. Sie kamen aus dem ganzen Land, auch von Manfred von Brauchitsch, meinem charmanten Tänzer vom Neujahrsball. Die Konditorei Kalt aus Bischhofswerda schickte mir ein Telegramm mit dem Wortlaut »Gabilein, Du Silberstern, wir haben Dich zum Fressen gern«. Was habe ich mich darüber gefreut! Ich glaube nicht, daß ich jemals in Bischofswerda war; und schon gar nicht in der Konditorei Kalt, da war nun wirklich Mutters Diät-Plan vor!!! Aber sie hatten mich dort zum Fressen gern. Herrlich.

Schön war auch, daß ich mich im Olympia-TV-Studio für meine Silbermedaille von Heinz Florian Oertel mächtig loben lassen konnte. Ich lächelte glücklich für alle, die mir zu Hause die Daumen gedrückt hatten, besonders aber natürlich für den einen. Und zupfte mir – anscheinend gedankenverloren – am Ohrläppchen. Das war das mit Eberhard verabredete Geheimzeichen: Ich denke an dich, ich liebe dich. Da das Eistanzen keine olympische Disziplin war, mußte er zu Hause mit den Fernsehübertragungen und meinen langen Briefen vorlieb nehmen.

Fast zwei Jahrzehnte später, Katarina Witt war nun der Star auf dem Eis und Peggy Fleming saß als Fernseh-Kommentatorin hinter der Bande, las ich in einem Interview der »Jungen Welt«, wie sich Prinzessin Peggy an unsere Duelle von 1968 erinnerte: *Es war ein richtig spannender, schöner Kampf zwischen mir und Gaby Seyfert aus Ihrem Land. Damals gab es noch kein Kurzprogramm, und obwohl ich die Pflicht gern gelaufen bin, gab die Kür den Ausschlag über meinen Sieg. Zum Glück für mich ging die Kür damals mit 60 Prozent in die Gesamtwertung ein. Ich weiß noch wie heute, daß Gaby Seyfert nicht nur ein hübsches Mädchen war, sie stand mir in der Kür auch nicht nach. Sie lief wunderbar, und ich bin ihr bis heute für ihr Können dankbar, denn sie trieb mich zu einer Leistung und damit zu einem sportlichen Glanz, den ich ohne sie niemals erreicht hätte.*

So eine olympische Saison war nicht nur nervenaufreibend, sondern auch kräftezehrend. Man mußte über eine lange Zeit, vier Monate, seine Bestform erhalten. Noch standen die Weltmeisterschaften aus. Dazu fuhren wir direkt von Grenoble nach Genf. Unsere Schweizer Familien waren dort schon vollzählig versammelt, drückten die Daumen und brachten wunderschöne Rosensträuße. Und auch bei diesen internationalen Wettkämpfen zollte man mir für das sportlich stärkste Programm höchstes Lob, kürte aber wiederum Peggy Fleming zur Weltmeisterin. Alles wiederholte sich, der Beifall beflügelte Peggy übrigens. Hier war sie wirklich Spitze. Und das letzte Mal dabei, sie verkündete ihren Abschied und unterschrieb bei »Ice Capades«.

Auf die Genfer Weltmeisterschaft folgte die traditionelle Schaulauf-Tournee, 4. März Lyon, 6. März Davos, 7. Feldkirch 8. Graz, 10. Prag, 11. Karl-Marx-Stadt, 13. Berlin, 14. Berlin-West, 16. Moskau, 18. Leningrad 21. Ljubljana 22. Paris, 24. Dortmund ... und jedes Mal die Koffer aus- und einpacken. Obwohl ich es hierbei inzwischen zum absoluten Profi gebracht hatte! Da wurde nicht mehr viel ausgeräumt: Schlittschuhe, Tanzkleider, Zahnbürste... Nur schnell mußte es gehen. Diese Aufzählung von Auftrittsorten und Auftrittsterminen verrät schon die Hast, in der alles geschah. Es hört sich wunderbar an, eine Tour durch ganz Europa. Im Grunde sahen wir wieder einmal nichts ... Auf einer Karte an meinen Vater lese ich: Gestern in Lyon 18.00 Uhr angekommen, 20.00 Auftritt, morgen sehr früh weiterfahren, denn am nächsten Tag war in Davos um elf Uhr schon wieder der nächste Schaulauf-Termin. Trotz alledem machten diese Tourneen viel Spaß. Wir saßen locker in den Bussen zusammen, schwätzten, alberten. Abends veranstalteten wir wieder unsere heimlichen Zimmerpartys. Ich wohnte ja jetzt in den Hotels meistens mit Heidi Steiner zusammen, nicht mehr, wie in den frühen Jahren, mit meiner Mutti. Unter Muttis strenger Obhut konnte ich natürlich nicht ausbüxen, mußte brav ins Bett. Mit Heidi wurde es lustiger.

Die Saisonpause 1968, Ausgleichstraining, Ende Juli brachen wir aber bereits wieder zu einer ziemlich umfangreichen Sommer-Schaulauf-Tournee auf. Heidi Steiner und Ulli Walther waren mit von der Partie: Davos, Oberstorf, Füssen, Cortina d'Ampezzo, Innsbruck, Garmisch-Partenkirchen. Unterwegs erlebten wir Mailand, später konnten wir noch einen kleinen Abstecher nach Venedig einbauen. Auch wenn es nur für einen Tag war, Venedig war umwerfend: Wir liefen über den Markus-Platz, durch die alten Straßen, über die berühmte Rialto-Brücke. Ein Hauch von Geschichte wehte mich an. In Cortina d'Ampezzo gab es zwischen den Schaulaufen einen kurzen Trainingsaufenthalt. Wir zogen in eine kleine Pension, denn in diesem italienischen Nobel-Ferienparadies war alles reichlich teuer. Wir konnten uns wenig leisten und hatten außerhalb des Trainings viel Zeit. Training setzte Mutti von 7.00 bis 10.30 und 14.00 bis 15.30 an. Manchmal war ich in diesen Sommerwochen reichlich deprimiert. Bei den Auftritten lief nicht alles nach Wunsch, prompt bekam ich Krach mit meiner Mutter. Und schrieb lange traurige Briefe an Eberhard, der nicht mitreisen durfte, weil das Eistanzpaar Annerose Baier/Eberhard Rüger nicht zur Weltspitze gehörte.

Das Thema Eberhard schwelte weiter zwischen Mutter und mir. Sie argumentierte nach wie vor gegen diese Beziehung. In erster Linie deshalb, weil sie für mein Eiskunstlaufen Nachteile befürchtete. Aber Muttis Skepsis hatte noch einen anderen, tieferen Grund: Sie glaubte, daß sich Eberhard nur mit mir zusammentun wollte, weil ihm meine sportlichen Erfolge, meine Popularität schmeichelten, nicht, weil er mich ehrlich liebte. Die beiden mochten sich nun einmal nicht sonderlich. Eberhard bot meiner Mutter in Gesprächen gern Paroli. Er stand damals schon mitten in seinem Fernstudium an der Sektion Journalistik der Leipziger Universität, glaubte vieles besser zu wissen als andere Leute und hielt mit seinen Meinungen nicht hinter dem Berg. Ob wir uns über irgendeinen Vorfall in unserer Stadt oder im Sport oder nur um einen Film, den wir gerade gesehen hatten, unterhielten, egal, wir stritten. Eberhard war immer gut für stundenlange Diskussionen, auch mit Freunden. Er dachte nicht daran, von seiner Meinung abzugehen, war schon ganz schön stur, mein Eberhard. Andererseits, einen stillen Duckmäuser hätte ich auch nicht haben wollen. Wir versuchten, uns in diesen Monaten so viel wie nur irgend möglich nahe zu sein: im Kino, zum Spazierengehen, zum Kaffeetrinken, mal ein Eis essen. Meine Persönlichkeit veränderte sich, ich blühte auf. Was, meiner Meinung nach, für meine Psyche, meine Ausstrahlung auf dem Eis ganz wesentlich war. Ich hatte das große Gefühl gesucht, gebraucht. Die kleinen Flirts,

Liebeleien am Rande, das war es nicht gewesen. Meine Liebe war für das Laufen wichtig. Mutter sah nur, daß ich gelegentlich gedankenverloren wirkte. Und nicht unablässig die Phasen meines Dreifachen mit ihr besprach. Störten die Träume den Sprung, die Schritte?

Ich mußte den Preisrichtern mit einer traumhaft eleganten Kür kommen, wenn ich Weltmeisterin werden wollte. Und das wollte ich! Ich wollte es ebenso heftig, wie meine Mutti mich auf dem Weltmeisterthron zu sehen wünschte: Ihre kleine Gaby aus dem einst in Davos oder Colorado Springs so vollkommen unbekannten sächsischen Chemnitz, die sollte ganz oben ankommen. Mutter störte dabei dieses »Dritte«, daß sich nach ihrer Meinung sehr zur Unzeit in unsere verschworene Mutter/Trainerin-Tochter/Läuferin Beziehung drängte. Heute denke ich: Hätte Mutti es einfach doch laufen lassen, es wäre vielleicht besser, auf jeden Fall aber reibungsloser gewesen. Denn ich empfand diese ständigen, manchmal unterschwellig, manchmal laut und heftig ausgetragenen Streitigkeiten als sehr belastend. Aber ich wollte und ich mußte sie aushalten.

Anfang August ging es wieder einmal in die USA, zum Schaulaufen in Colorado Springs. Die Auftritte dort sollten nicht zuletzt der Vorbereitung auf die nächste Weltmeisterschaft dienen. Heidi und Ulli freuten sich besonders über den Amerika-Abstecher, sie flogen zum ersten Mal hinüber. Immerhin, wir landeten auf dem Flughafen von Colorado nicht mehr als Unbekannte. Carlo Fassi begrüßte uns, Journalisten drängelten, mein Foto war auf der Titelseite des Programmheftes abgedruckt. Als die Silbermedaillen-Gewinnerin der Olympischen Spiele galt ich als der Star jener Schaulauf-Abende von Colorado 1968.

Dieses Mal kam ich mit der Rocky-Mountain-Höhe, mit der Wärme und der »dünnen« Luft sehr viel schwerer zurecht als seinerzeit zur Weltmeisterschaft, als ich erst sechzehn war. Nachts konnte ich nicht schlafen, tagsüber kämpfte ich mit bleierner Müdigkeit. Den anderen ging es auch nicht umwerfend gut. Mutti registrierte das aufmerksam.

Das Sommer-Schaulaufen in den USA stellte sich als eine wirkliche Show heraus. Wir mußten uns sehr umstellen. Beispielsweise hielt der Regisseur in der »Broadmoor-World-Arena« die Halle völlig im Dunkeln und setzte nur zwei, drei grelle Spot-Scheinwerfer auf den jeweiligen Läufer. Das ist sehr gewöhnungsbedürftig. Der Scheinwerfer blendet beim Lauf, man nimmt nichts von der Umgebung war und springt quasi ins Dunkle hinein. Aber es ging dann ganz gut, vor allem kam ich beim Publikum von Colorado gut an. Hoffentlich konnte es sich meinen Namen merken! Colorado Springs, im kommenden Februar würde es dort für mich ernst werden.

X. Viermal 6,0 – das ist Amerika
... und »Silver-Pit«

Vor den Erfolg haben die Götter den Schweiß gesetzt. Wie wahr! Es folgte ein Herbst, der es in sich hatte: Feilen an der Pflicht, feilen an der Kür, an noch besserer Technik, höheren Sprüngen, fließenderen Übergängen ... Daß ich sehr gut eislaufen konnte, brauchte ich niemandem mehr zu beweisen. Aber darum ging es ja nicht allein. Es ging um meine Haltung, meine Ausstrahlung, auch um meine innere Haltung zum Eislaufen. Um den aufrechten Gang, die Grazie, das Lächeln trotz der täglichen Mühen. »Wer ein Wozu im Leben hat, kann fast jedes Wie lösen.« Diesen Nietzsche-Satz kannte ich als Zwanzigjährige zwar noch nicht, aber ich sagte mir in diesem Winter 1968/69, daß da noch etwas sein müsse: Wozu die Stunden in der Kälte, die blauen Flecken, die bleierne Müdigkeit am Abend jedes langen Trainingstages; wozu dieses lange, kräftezehrende Finish zum Weltmeistertitel?

Für meine Mutter, meine Trainerin? Ja sicher. Für mein treues Publikum? Das Publikum wollte mich gewinnen sehen, damit es sich selbst als Gewinner fühlen konnte: Unsere Gaby ganz oben auf dem Treppchen, WIR ganz oben auf dem Treppchen. Ja, auch für das Publikum. Oder galt es zu siegen, damit die Staatsflagge hochgezogen, die Hymne gespielt werden konnte? So abstrakt habe ich es nicht gerne, ich bin ein praktischer Mensch. Es stimmt, der Staat finanzierte meine Ausbildung, besorgte bestmögliche Trainingsbedingungen ... Für mich waren »der Staat« vor allem die Eislauf-Fans im Club, im Rathaus meiner Heimatstadt, in unserem Eislaufverband, Menschen, die mich begleiteten, manchen Stein aus dem Weg räumten. Ja, auch für die! Und? Den Höhepunkt meiner Eis-Zeit vor Augen, wollte ich wohl vor allem eins beweisen: meine Konsequenz. Ich wollte mich selbst beweisen.

Langsam lief die Saison an: Am 26. Dezember 1968 Weihnachts-Schaulaufen im Olympia-Eisstadion von Garmisch-Partenkirchen. Von wegen weihnachtlicher Feiertags-Frieden! Den erlebte ich während meiner Eis-Zeit bestenfalls als Minimalprogramm am Heiligen Abend. Anschließend wurden stets die Koffer gepackt, irgendwo wartete zum Jahresende immer ein Schaulauf-Publikum. Das war auch gut so, denn jeweils im Dezember hatte ich mich für die im Januar anstehenden Wettbewerbe in Bestform zu bringen und benötigte auch Live-Prüfungen vor Publikum. Da ich mich über den Herbst 1968 bewußt etwas zurückgezogen, also ohne größere Auftritte trainiert hatte, interessierte mich dieser Weihnachts-Test besonders. Hinzu kam, daß das Schaulaufen von Garmisch-Partenkirchen einerseits eine traditionsreiche Veranstaltung mit recht fachkundigem Publikum war und andererseits in genau der gleichen Halle im Februar 1969 die nächsten Europameisterschaften über die Bühne gehen würden.

Zunächst einmal hatte ich im Januar bei unseren einheimischen Meisterschaften anzutreten und brachte es auf meinen neunten DDR-Meistertitel. Für mich stellte dieser Wettkampf mittlerweile eher eine abschließende Überprüfung als eine echte Herausforderung dar. Für die Nachwuchs-Mädchen war es natürlich hervorragend, sich bereits zu Hause an der Weltspitze messen zu können.

Vor Garmisch prophezeiten die Journalisten wieder einmal: *Gaby und Hana, das schönste Duell auf dem Eis.* Meinetwegen. Nicht nur ich, auch Hana wußte wohl, was von solchen Presse-Kampagnen zu halten war. Daß manche westlichen Blätter den »Nervenkrieg« herbeischrieben und uns beide zu erbitterten Kontrahentinnen hochstilisierten – die wir auch im Privaten überhaupt nicht waren –, hatte vermutlich einen völlig außer-sportlichen Aspekt. 1968, das war eben nicht nur das Jahr der Pariser und Westberliner Studenten-Unruhen, sondern auch das Jahr des »Prager Frühlings«. Daß eine Pragerin über eine »Ostdeutsche« gesiegt hatte, paßte manchem Blatt schon bei der vorangegangenen Europameisterschaft gut in den ideologischen Kram.

Nach der letzten Pflicht-Figur sah es auf der Anzeigetafel von Garmisch allerdings verblüffend anders aus. Während alle nach Hana und mir ausschauten, zog die junge Österreicherin Beatrix

Schuba seelenruhig ihre Bogen und lag am Ende ganz vorn. Nanu? Ich auf dem zweiten Rang, Hana – ziemlich abgeschlagen – auf Platz drei. Die Fachwelt hatte Trixi schon im Jahr zuvor als ein ausgesprochenes Pflicht-Talent ausgemacht. Nun war sie rascher an die europäische Spitze herangelaufen, als alle es für möglich gehalten hatten. Angst machte mir das nicht, mein Abstand war gering, und ich wußte, was mein Kür-Programm wert war. Kampfeslustig und zugleich siegessicher streifte ich mir am entscheidenden Abend mein feines hellgrünes Kür-Kleid über. Das Losglück war mir auch hold gewesen, ich startete als Letzte der Konkurrenz. Und gewann: *Eine Traumkür wird mit Traumnoten bedacht. Viermal die 6,0, dreizehnmal die 5,9 / Jetzt will Gaby auch Weltmeisterin werden.* Und der Daily Telegraph schrieb: *Miss Seyferts allseitige Stärke in schwierigen Sprüngen und Drehungen setzte die Akzente in einem fachmännisch ersonnenen Programm, daß ihr für den künstlerischen Eindruck von vier der neun Preisrichter die Höchstnote Sechs einbrachte. Das war ohne Beispiel bei bisherigen Titelkämpfen der Damen.*

Tatsächlich, diese meine vier Sechsen kamen in der B-Note. Das war nun für mich eine ungeheure Genugtuung, galt ich doch lange Zeit hindurch als die fröhlich-kesse oder – je nach Geschmack des jeweiligen Experten – als die coole Supersportlerin, als das Sprungtalent, weniger als die grazile Tänzerin. Dementsprechend wurden meistens in der A-Note die höheren Werte gezogen. Nun endlich gelang mir auch die künstlerisch-ästhetisch überzeugende Präsentation.

Dieser Entwicklungssprung hat mich besonders gefreut. *Eine der anmutigsten sportlichen Leistungen, die es jemals beim Eiskunstlauf der Damen gegeben hat*, bestätigte mir die Londoner TIMES, und im »Kurier« aus Österreich stand: *Europas Eiskönigin zeigte im Garmischer Stadion eine Kür, die zum Besten gehört, was jemals von einer Eisdame geboten worden war.* Und das bei klirrendem Februar-Frost, denn bei dieser Europameisterschaft 1969 hatte der Winter Läufer wie Preisrichter und die hinter der Bande klappernden Trainer so richtig im Griff. In meinem Tagebuch lese ich, daß es so kalt war, daß mir bei der Pflicht ständig die Tränen übers Gesicht kullerten, obwohl ich eigentlich ganz vergnügt war. Die Kür absolvierte ich mit Handschuhen, damit mir nicht die Finger erstarrten ...

Um so lieber ließ ich mir das warme Journalisten-Lob gefallen. In meinen eigenen Kommentaren blieb ich bei der Pressekonferenz lieber zurückhaltend. So hatte Mutti es mir beigebracht: Bescheidenheit, alles ein bißchen kleiner lassen. Allerdings stimmte es auch, ich konnte wirklich noch mehr als das, was ich in Garmisch-Partenkirchen gezeigt hatte. Zum Schluß der Kür hin hatte ich in einigen Passagen etwas ausgelassen. Auch den Dreifachen Rittberger sollte ich nach Muttis Anweisung bei dieser Europameisterschaft nicht springen. Es ist beim Eiskunstlauf wie in jeder anderen Sportart: Vor dem Wettkampf vereinbaren Aktiver und Trainer die jeweilige Taktik. Auf jeden Fall hatte ich so mein Ziel erreicht, den Europameister-Titel, den mir Hana Maskova im Jahr zuvor abgenommen hatte, zurückerobert.

Da sprühte ich bei dieser Garmischer Pressekonferenz natürlich vor guter Laune und ließ ein paar kesse Sprüche los. Mein erstes »Opfer« wurde unser guter Manfred Hönel von der »Jungen Welt«. Nach den letzten DDR-Meisterschaften hatte er seinen Zeitungsbericht überschwenglich mit »Ein Traum« getitelt. Als er mir nun in Garmisch gratulieren wollte, rief ich ihm frech entgegen: »Na, was schreibst du jetzt? Zwei Träume?« Alles amüsierte sich. – Unsere Journalisten behandelten uns immer freundlich, natürlich kamen von ihnen auch bei solchen internationalen Pressekonferenzen keine Fangfragen. Ein bißchen schwieriger war es, mit der West-Presse umzugehen, die einem gelegentlich ganz schön auf die Nerven fiel. Bei dieser Europameisterschaft kam ich auch in der Klatschpresse glimpflich davon, nämlich als »Babysitterin« von Marika Kilius' süßer kleiner Tochter Melanie. Marika und Hans-Jürgen, die inzwischen bei der Eisrevue liefen, waren zum Zuschauen nach Garmisch-Partenkirchen gekommen. Wir freuten uns über das Wiedersehen und schwatzten unbefangen eine Weile miteinander. Da klickten die Verschlüsse der Fotoapparate ... Harmlose Promotion, na gut. Glücklicherweise hatten die Klatschpostillen Eberhard und mich noch nicht ins Visier genommen. Obwohl er in Garmisch-Partenkirchen mit Annerose Baier im Eistanz an den Start ging, und wir die eine oder andere Gelegenheit zu einem privaten Bummel nutzten, fielen wir nicht weiter auf. Wir gaben uns Mühe, daß das so blieb, denn ich war seit jener »Emmy-Story« ein gebranntes Kind.

Also, von bestimmten Unverschämtheiten abgesehen, gefiel mir dieser Öffentlichkeits-Rummel. Belustigt lese ich heute so manche Schlagzeile in meinem Album, oder einen Report wie diesen: *Als einzige Dame der Welt springt sie den Dreifachen Rittberger, tanzt leidenschaftlich gerne. Und wenn sie kokettiert, schmilzt der Schnee von den Dächern. Täglich wechselt sie ihre Kopfbedeckung: mal Tiroler Hut, mal russischer Pelz, mal breitkrempiges Leder, immer passend zur Frisur. Mal Schnecken wie die Zenzi, mal züchtig hochgesteckt wie Natalie, mal lang wie die Bardot. Sie ist Gaby, die Wandelbare.* Du meine Güte!!! Vergleicht man das mit dem heutigen Stil der Boulevard-Blätter, dann erscheint die damalige Skandalpresse fast harmlos.

Das Dirndl-Kostüm schaffte ich mir in Garmisch übrigens wegen eines offiziellen Termins bei Franz Josef Strauß an. Der bayrische Ministerpräsident hatte nämlich mittlerweile keine Probleme mehr damit, auch die DDR-Delegation zu seinem Empfang für die Europameisterschaften zu bitten. Bekleidung: Straßenanzug, Sportbekleidung, Trachtenanzug, schrieb die gedruckte Einladung dezent vor. Also stieg ich ins Dirndl. Sollten sie doch alle schaun! In der »Jungen Welt« wurde über solche Sachen natürlich nichts geschrieben.

Beim Empfang von Ministerpräsident Franz Josef Strauß nach der Europameisterschaft in Garmisch-Partenkirchen, 1969

Selbstverständlich freute sich auch meine heimatliche Polit-Prominenz über den zweiten Europameister-Titel! Ihre Telegramme ließen nicht auf sich warten. Ganz begeistert telegrafierte mir auch der Komponist Guido Masanetz und bedankte sich dafür, daß ich

```
=LIEBE GABY SEYFERT ZU IHREM HERVORRAGENDEN ERFOLG
DER ERRINGUNG DES TITELS EUROPAMEISTER IM
EISKUNSTLAUF 1969 UEBERMITTLE ICH IHNEN IM NAMEN
DES RATES DER STADT UND UNSERER BUERGER HERZLICHE
GRUESSE UND GLUECKWUENSCHE WIR SIND STOLZ AUF IHRE
LEISTUNGEN UND WUENSCHEN IHNEN WEITERHIN ALLES GUTE UND
VIEL ERFOLG BITTE GRUESSEN SIE GLEICHFALLS IHRE MUTTER
UND TRAINERIN JUTTA MUELLER RECHT HERZLICHT =
        KURT MUELLER OBERBUERGERMEISTER ===
```

Telegramm für die Europameisterin von Garmisch-Partenkirchen, 1969

eine Kür-Passage nach seiner Musik lief. – Die Auswahl der Kür-Musiken war alljährlich ein ganz besonderes Kapitel. Wir arbeiteten lange daran, schließlich hatte ich diese Kür jeweils fünfzig- oder sechzigmal pro Saison zu laufen, da sollten die Melodien mir und dem Publikum gefallen. Ständig hielten Mutti und ich die Ohren offen. Wir wurden der »Schrecken« – nicht nur der Karl-Marx-Städter – Schallplatten-Verkäuferinnen, ließen uns von Rundfunkstationen Tonbänder schicken, wenn wir irgendwo in einer Radiosendung etwas gehört hatten. Wir notierten dann die Anhaltspunkte: Sender, Sendezeit, Titel der Sendung, riefen an, und die Musikredakteure unterstützten uns hilfreich bei der Suche. Bestimmte Kompositionen, von Tschaikowski beispielsweise, eignen sich unheimlich gut für das Eiskunstlaufen. Deshalb war damals bei einer Meisterschaft Musik von Tschaikowski stets in etlichen Varianten zu hören. Überhaupt wurde Klassisches gern genommen. Leider gab es noch nicht so viele Musicals, nach deren Melodien sich wunderbar eislaufen läßt. Meine Kür-Musik von 1969 setzte sich aus Kompositions-Passagen von Franz von Suppé, Balfè, Pablo de Sarasate, Sullivan und unserem DDR-Komponisten Guido Masanetz zusammen. Der freute sich riesig.

Wieviel da an Freude und öffentlichem Trubel überhaupt zu

Hause losging, bekam ich gar nicht mit, denn die DDR-Delegation zog sofort in Richtung Colorado Springs weiter. Erst später, nach dem Ende der Saison, konnte ich in Ruhe sämtliche Illustrierten-Artikel nachlesen, die Unmengen Fan-Post anschauen und: an mein Auto ein neues Nummernschild schrauben. Unsere Karl-Marx-Städter Verkehrspolizei hatte sich nämlich eine charmante Überraschung ausgedacht, man überreichte mir das Autokennzeichen XM 66-66. Viermal die Sechs für unsere Gaby. (Was sie übrigens später nicht daran hinderte, mir gegebenenfalls »Stempel« und Strafzettel zukommen zu lassen.)

Zu den Weltmeisterschaften von Colorado Springs schickte unser Eislaufverband seine aussichtsreichsten Starter, also das Paar Steiner/Walther und mich, anderthalb Wochen früher auf die Reise, damit wir uns in Ruhe akklimatisieren konnten. Die Zeit-

Ein neues Nummernschild für mein Auto: Viermal die Sechs

verschiebung durch den Atlantik-Flug, kombiniert mit der Rocky-Mountain-Höhe war jedes Mal aufs Neue gewöhnungsbedürftig. Wollte ich dort Weltmeisterin werden, konnte ich es nicht riskieren, wegen Sauerstoffmangel am Ende meiner Vier-Minuten-Kür zu patzen.

Zunächst wohnten wir natürlich nicht im teuren »Broadmoor-Hotel«, sondern in einer Pension des Eislaufclubs von Colorado Springs und fuhren nur zum Training in die »Broadmoor-World-Arena« hinauf. Wie schon im vergangenen Sommer machte mir die Höhenluft zu schaffen. Um so besser, daß sich zunächst niemand weiter für meine Trainingsrunden interessierte. Das würde sich sofort ändern, wenn die übrige Eislauf-Familie samt Trainern, Offiziellen, Experten und nicht zuletzt den Journalisten hier anrückte. Ich war die Favoritin. Jeder meiner Schritte auf dem Eis würde mit Argusaugen beobachtet werden: War das die neue Eis-Königin, sprang und lief sie auch alles weltmeisterlich ... Noch genoß ich die Ruhe und machte ein paar nette Bekanntschaften. Der Deutsche Club von Colorado Springs bat uns zu einem kleinen Empfang. Solche von Auswanderern gegründeten Vereine existieren in etlichen amerikanischen und kanadischen Städten. Es sind Deutsche, die sehr zusammenhalten, die Sprache pflegen, nach heimatlichem Brauch feiern, nach deutschen Rezepten kochen. Während meiner drei Nordamerika-Reisen lernte ich verschiedene solcher gastfreundlichen Clubs kennen, in Philadelphia gab es sogar einen speziellen »Erzgebirgs-Club«. In Colorado Springs lud uns manche Familie in ihr Privathaus ein, wir sahen Alltagsleben »außerhalb des offiziellen Programms«, hochinteressant. Der Chef des Clubs von Colorado, Eric Gundel, Besitzer eines gutgehenden Restaurants, war mir sehr zugetan und lieh uns sogar ein Auto. Damit waren wir beweglicher, denn der Ort Colorado Springs zieht sich, wie gesagt, breit an den Hängen der Rocky Mountains entlang. Und mit öffentlichem Nahverkehr war – wie fast überall in den USA – nicht viel zu erreichen; dort fährt jede Familie mehrere Autos. Mit der Gundelschen Leihgabe konnten wir nach unserem Training, das unmittelbar vor einem großen Wettkampf nicht so intensiv gehalten wird, auch einmal ein Stück ins Gebirge. Wir schauten uns die berühmte Royal-George-Bridge an, bestaunten die bizarren Felsen, fotografierten uns gegenseitig, für ein paar Stunden verwandelten sich Heidi, Ulli und ich in neugierige Touristen, die lediglich rote Sandstein-Canyons bewunderten und sich an die Indianer-Filme ihrer Kinderjahre erinnerten. Eine herrliche Entspannung.

Eric Gundel erklärte mir übrigens, er wolle mich vom Fleck weg heiraten. Da hatte er ganz konkrete Vorstellungen: er würde noch ein Restaurant aufmachen, in die Ausstattung eine Eisfläche integrieren, auf der ich Abend für Abend die Attraktion sein sollte. So etwas würde viel Publikum anziehen. Das ist Amerika: sofort geht es um Ideen, wie man irgendwas vermarkten könnte ...

Natürlich nahm ich Gundels Wagen, als unsere restliche DDR-Delegation am Flughafen eintraf, um meinen Eberhard abzuholen. Verdutzt stieg er mit mir in den breiten amerikanischen Schlitten, die anderen fuhren mit dem Hotel-Bus. Eberhard fand eher mein Organisationstalent beeindruckend, als daß er auf diesen Deutsch-Amerikaner eifersüchtig gewesen wäre. Er war sich meiner Liebe schon sehr sicher.

Mit Eric Gundel stand ich übrigens noch lange in Korrespondenz, später lud er Eberhard und mich zu sich ein, aber Privatbesuche in den USA waren nach meinem Rücktritt vom Leistungssport leider nicht mehr möglich. Also schliefen die Kontakte irgendwann ein. Anfang der Achtziger hörte ich von ihm, daß er inzwischen nach Deutschland zurückgegangen sei, mit Frau und zwei Kindern am Bodensee lebe. Als ich im vergangen Jahr meinen Sommerurlaub am Bodensee verbrachte, kam mir Eric wieder in den Sinn. Himmel und Hölle setzte ich in Bewegung, um seine aktuelle Adresse herauszufinden, es klappte tatsächlich. Wir hatten ausreichend Gesprächsstoff, so vieles war in der Zwischenzeit passiert, was keiner von uns je für möglich gehalten hätte.

Doch zurück zu den Weltmeisterschaften von Colorado Springs 1969: Dreimal zuvor hatte ich mir die Silbermedaille erkämpft, die Zeit war reif, den Weltmeister-Thron zu erobern. Alles hatte ich dafür getan, mich unglaublich intensiv auf diese letzten Schritte die Stufen hinauf vorbereitet. Jetzt galt es! Die Pflicht ging problemlos über die Bühne. Beatrix Schubas kleiner 19 Punkte-Vorsprung überraschte mich nicht weiter, ich würde ihn mit meiner anspruchsvollen Kür leicht ausgleichen. Trotzdem. Vor jedem Start bleibt ein Quentchen Unsicherheit, kommt so eine schwarzer Moment. Mit dem heißt es fertig zu werden. Doch, ich war schon ziemlich angespannt in den Stunden vor der World-Championchip. Mit Eberhard neben mir umrundete ich den kleinen Park hinter der Arena. Drinnen liefen die Konkurrentinnen, ich wollte – wie immer – nichts hören, nichts sehen. Mich einfach auf mich selbst besinnen.

Sieg auf der ganzen Linie. Es schmälerte den Eindruck nicht, als ich bei einem meiner Doppel-Axel kurz mit der Hand über das Eis wischte, kostete mich allerdings die Sechs-Komma-Null. Geschafft: Fast komplett zogen die Preisrichter 5,9. Amerikas Star-Trainer Carlo Fassi kommentierte: *Mit Gaby Seyfert hat die absolut beste Läuferin gewonnen. Vorher zeigte sie nur gute Sprünge, jetzt ist sie auch künstlerisch hervorragend.*

Noch ein bißchen Statistik gefällig? Es handelte sich in Colorado Springs um die 49. Damen-Weltmeisterschaft. Die Herren hatten schon 1896 in Sankt Petersburg ihr erstes World-Championat veranstaltet, die Damen gingen seit 1906 in dieses Turnier. Ich war nunmehr die 18. Eiskönigin auf dem Weltmeisterthron. Fünfzehn Jahre lag es zurück, daß eine Deutsche dort gestanden hatte, 1954 hatte Gundi Busch im italienischen Bolzano ihr Weltmeister-Gold geholt. So fanden mich auch die meisten West-Zeitungen großartig: *Daß sich die blonde Sächsin so überlegen durchsetzen würde, übertraf alle Erwartungen. Gaby konnte sich bei ihrer temperamentvollen und berauschenden Kür sogar einen Sturz erlauben. Ihre beiden schärfsten Rivalinnen, Beatrix Schuba und Zsuzsa Almassy kamen gegen die entfesselte Gaby nicht an.*

Dick Button, dessen sportliche Sympathie ich bei früheren Gesprächen gespürt hatte, schnappte mich unmittelbar nach meiner Weltmeister-Kür allen Gratulanten und den anderen Reportern vor der Nase weg und machte mit mir ein Live-Interview fürs amerikanische Fernsehen, in Englisch natürlich. *Für mich war klar, daß Gaby gewinnen wird, sie war wundervoll und ist eine würdige Weltmeisterin,* sagte Dick Button; eine Art Ritterschlag vom Altmeister. Der freute mich wahnsinnig. Übrigens war ich bei diesem und den vielen nachfolgenden Presseterminen während der Schaulauf-Tournee durch die USA und Kanada nicht nur stolz darauf, meine Weltmeister-Kür mit Bravour bestanden zu haben, sondern auch froh, in passablem Englisch antworten zu können.

Quasi ein Nebeneffekt der vielen Reisen. Einige Jahre später würde ich bei meinem Sprachen-Studium an der Leipziger Uni auf diesem etwas unorthodox gefügten Fundament doch recht solide weiterbauen können.

Jetzt knisterte es in den Übersee-Telegrammkabeln: Walter Ulbricht, Willi Stoph, Manfred Ewald, unser Oberbürgermeister Müller, alle, alle gratulierten. Und auch mein großes treues Publikum schickte ganz private Telegramme. Manches hat mich da stark berührt: »Gratulation und Glückwunsch von der Neufundland-Küste, Besatzung des Rostocker Hecktrawlers Silver-Pit. Meine Seebären mit dem großen Herzen! Ich möchte mich noch heute bei jedem Einzelnen von ihnen bedanken! Zu diesem Telegramm gehörte nämlich eine der schönsten Anekdoten meiner ganzen Karriere: Beim Rostocker Fischfangkombinat wurde die »Silver-Pit« offiziell als der Trawler ROS 508 geführt. Dessen Schiffsbesatzung, eine phantasievolle und begeisterungsfähige Truppe, gehörte zu meinen treuesten Verehrern. Irgendwann stand nach einem Schaulaufen in Garmisch ein Seemann in so einer dunkelblauen Ausgeh-Uniform mit einem größeren Paket in den Händen vor mir und erklärte, er sei vom Schiff »Silver-Pit«, das gerade in der Nordsee auf Reede läge. Sie liebten mich, verfolgten meine sämtlichen Wettkämpfe über Television und wollten mir jetzt einfach einmal eine Freude machen. Seine Besatzung schicke mir dieses Paket, ich solle es aber erst im Hotel öffnen. Sprach's und verschwand. Im Paket lagen ein edel schimmerndes Brokat-Abendkleid und ein von der gesamten Schiffsbesatzung unterschriebener Brief. In dem stand, wie sehr mich die Männer von der »Silver-Pit« mochten, daß ich ihnen mit meinem Sport viel Freude machen würde. Jetzt hätte es eine günstige Gelegenheit gegeben, da legten sie alle zusammen, kauften das Kleid in einer Boutique und schickten ihren Abgesandten Richtung Alpen los. Am schwierigsten wäre es gewesen, sich über meine Konfektionsgröße zu einigen, sie hätten sich meine Figur am Bildschirm angesehen ... – Ich muß sagen, die Seemänner hatten ein gutes Augenmaß. Mein Abendkleid paßte haargenau! Und ich trug es viele Male. Irgendwie rührt mich diese Geschichte bis auf den heutigen Tag an: Da saßen solche bestimmt nicht zimperlichen Seebären irgendwo im Norden auf ihrem Schiff und kamen auf diese zärtliche Idee. Jeder knappste etwas von seinem – kaum üppigen – Westgeld ab. Für ein Kleid! Und dann mußte einer der Jungs mit dem Zug von der Nordsee bis nach Garmisch, quer durch die ganze Bundesrepublik, um mir mit mehr als einem Brief oder Telegramm zu zeigen, wie sehr sie mich verehrten. Das waren so Lebens-Momente, die bleiben ganz besonders haften.

Anfang März zerstreute sich die Eislauf-Familie von Colorado Springs. Die Mehrzahl der Läufer, Betreuer, Journalisten flog nach Europa zurück, die Sieger und Plazierten zogen als kleiner Schaulauf-Troß auf eine der anstrengendsten Tourneen, die ich je erlebt habe. Wir verspürten am eigenen Leibe, daß die USA ein ebenso riesiges wie geschäftstüchtiges Land sind: weite Flüge, fast täglich Auftritte in einer anderen Stadt.: Portland, Oakland mit einer Wahnsinns-Eishalle auf der einen und Slums auf der anderen Seite. San Diego, Beverly Hills. Irgendwann ein Abstecher nach Disneyland. Das war nun etwas für mich, wo ich doch das Karussellfahren so liebe. San Franzisco. Wir waren ständig müde, warteten in irgendwelchen Abfertigungshallen auf den nächsten Flug, den nächsten Bus. Los Angeles, Minneapolis. Wir kamen während dieser Tournee selten in attraktive Hotels, gelegentlich waren die Zimmer richtig primitiv, sogar unsauber. Mutti erzählte mir später, zu Anett Pötzschs und Kati Witts Zeiten, daß sie in den USA in ganz tollen Hotels gewohnt hatten, die Tourneen hervorragend organisiert abliefen, elegante Empfänge gegeben wurden. 1969 jedenfalls sparte der Tour-Manager, wo er konnte. Ungewohnt war auch, daß wir ständig zu irgendwelchen Präsentationen in regionalen TV-Studios oder Clubs gebeten wurden. »Publicity« hieß das Zauberwort, dem sich alle Beteiligten widerspruchslos zu fügen hatten. Es fand da schon eine ziemlich umfassende Vermarktung statt. Heute ist mir klar wie es lief. Damals war es ungewohnt und ärgerlich. In Europa begegnete man uns Eisprinzessinnen doch etwas ehrfurchtsvoller, wollte nicht um jeden Preis Kapital aus uns schlagen ...

Andererseits passierten unterwegs auch spannende Sachen. Am 10. März 1969 ging vor unserem Schaulaufen in Los Angeles das

Gerücht um, Sonja Henie wolle abends zuschauen: Die große alte Dame meines Sports aus Norwegen, dreifache Olympiasiegerin, zwischen 1927 und 1936 zehnfache Weltmeisterin. Schon diese Bilanz ist einfach unglaublich. Nach ihrer Amateur-Karriere blieb sie in den USA, gründete ein eigenes Revue-Unternehmen, als dessen umjubelter Star sie noch über zwanzig Jahre lang auf dem Eis stand. Als Solistin prachtvoll ausgestatteter und originell arrangierter Eis-Musicals feierte sie mit dem eigenen Unternehmen nicht nur in den USA, sondern rund um den Erdball Triumphe. Das Grundmodell des von ihr kreierten Show-Typs wird bis auf den heutigen Tag erfolgreich kopiert. Erfolge mit der Eisrevue müssen nicht selbstverständlich sein. Ende der siebziger Jahre ging beispielsweise die Nachricht von Toller Cranstons geschäftlichem Mißerfolg durch die Presse: Der bei den Olympischen Spielen von Innsbruck 1976 die Bronzemedaille erringende Kanadier gründete eine eigene Revue-Firma. Dort wollte er sowohl Manager als auch der Star in der Show sein. Ihn drückten die Schulden bei Mäzenen, die ihm seine internationale Amateur-Karriere vorfinanziert hatten und auf lukrative Einnahmen hofften. Toller Cranston ließ sich bei den Banken zu teuren Zinsen Kredite geben, lieh eine transportable Eisfläche, bestellte großzügige Bühnenbilder und Kostüme; er engagierte Techniker, Hilfskräfte und natürlich gute Eiskunstläufer ... Bei alledem verlor er den finanziellen Überblick. Nach knapp einem Jahr war die Eis-Show des kanadischen Champions hoffnungslos verschuldet. So konnte es gehen. Als ich Toller und seinen sympathischen Freund 1990 in Toronto besuchte, konnte er darüber lachen. Toller, den das Publikum auf dem Eis für seine originellen Darbietungen liebte, ist sich treu und der kreative Künstler geblieben. Ein Geschäftsmann wurde vermutlich nie aus ihm. Bei Sonja Henie dagegen bündelte sich alles, sie war tolle Sportlerin, phantasievolle Regisseurin und hervorragend kalkulierende Managerin, eine starke Frau!

Sonja Henie kam an diesem Abend tatsächlich zu unserem Schaulaufen, und ich, die frischgebackene Weltmeisterin von 1969, durfte ihr einen Blumenstrauß überreichen. So etwas vergißt man nie.

Vieles mischte sich bei dieser Tour: Eben waren wir mit unserem Bus in New York noch durch schlimmste Elendsviertel gerollt, bei denen man gar nicht genau hinschauen mochte, so deprimierend wirkte alles, da stand als nächstes ein »Publicity«-

Schaulauftournee nach der Weltmeisterschaft 1969: Begegnung mit Sonja Henie

Besuch bei einer am Central Park wohnenden Millionärin auf dem Plan. Der war nun wieder höchst amüsant. Weniger wegen der Small-Talks, sondern wegen einer lustigen Entdeckung: Die Ausstattung der Salons fand ich schon überladen bis kitschig, aber als ich später zur Toilette ging, da konnte ich mal sehen, auf was für Ideen die Millionäre kamen: Das WC aus prachtvollem Marmor stand nämlich etwas erhöht. Es sah wie ein goldverzierter Thron aus einem Märchenfilm aus. Wollte man das goldene Ding tatsächlich benutzen, mußte man einige Stufen hinaufsteigen, wirklich: sehr beeindruckend. Kichernd riet ich allen, doch auch mal die Toilette zu besuchen.

Wir hatten auch sonst unseren Spaß. Bei allen Reisestrapazen erinnere ich mich doch sehr gern an meine Tourneen nach den World-Championships: Die Saison geht ihrem Ende entgegen, alle sind gelöst, freuen sich an errungenen Medaillen. Dieses Mal, im Frühjahr 1969, harmonierten alle Beteiligten besonders gut.

Über die Wochen wuchsen wir zu einem richtig guten Team zusammen. Wir sangen viel. Der musikalische Alexej Ulanov (er und seine Partnerin Irina Rodnina waren eines der berühmtesten sowjetischen Eiskunstlaufpaare, Olympiasieger, mehrfache Weltmeister) hatte sogar sein Akkordeon über den »großen Teich« mitgeschleppt. Alexej spielte, dirigierte unsere Rundgesänge und sang zuweilen allein herzzerreißend traurige Lieder mit viel russischer Seele. – Für das Schaulauf-Publikum dachten wir uns immer neue Gags aus. Beispielsweise taten Alexej Ulanov und ich uns zusammen. Bei den Da Capos wechselte er rasch die Partnerin, und wir improvisierten aus dem Stegreif als Tanzpaar. Oder wir Läufer stachelten uns gegenseitig zu allen möglichen Extras an, wetteten, wer abends die meisten Doppel-Axel im Da Capo springen würde. Dieser Ulk kam nicht nur beim amerikanischen Publikum gut an, sondern war gleichzeitig für uns ein amüsantes Training.

Die Tour führte weiter nach Kanada: Toronto am 17. März, Montreal am 20. Montreal, Kitchener am 21. In Kanada bemühten sich dort ansässige Deutsche intensiv um Kontakte zu uns deutschen Eiskunstläufern. Heidi, Ulli, Mutti und ich waren wieder Gäste bei einem Club, der den schönen Namen »Harmonie« führte. Diese Deutsch-Kanadier unterhielten nicht nur extra Bäckereien und Wurstfabriken, sondern auch eine eigene Presse. »Kontakt«, die deutschsprachige Zeitschrift für

Schaulauftournee nach der Weltmeisterschaft 1969: Alexej Ulanov und ich improvisieren als Tanzpaar

Nordamerika, die sich interessanterweise damals schon um die Anerkennung der Eigenstaatlichkeit der DDR durch die kanadische Regierung bemühte, brachte ein Rieseninterview mit Heidi, Ulli und mir. Und dann war da noch Heinz Kühn mit seiner Frau Ida, absolute Eislauf-Fans und außerdem sächsische Landsleute: Kühn war in der Nähe von Chemnitz geboren und in den fünfziger Jahren nach Kanada ausgewandert. Dort zog er mit Geschick eine Firma für Auto-Recycling und wurde damit steinreich. Heinz Kühn aus Toronto sollte einer der wenigen Bekannten werden, der mir über all die Jahre treu blieb. Er hing sehr an seiner sächsischen Heimat, am Erzgebirge, und reiste gelegentlich zu Verwandten in die DDR. Bei solcher Gelegenheit besuchte er mich 1974 in Karl-Marx-Stadt, später in Berlin. Und lud mich immer wieder ein: Besucht mich doch mal wieder in Kanada. Nun haben mich ja viele Leute aus der westlichen Welt eingeladen, wohl wissend, daß wir beim Reisen stark eingeschränkt waren. Als es im November 1989 möglich wurde, in alle Himmelsrichtungen zu fliegen, fielen derartige Einladungen sehr viel spärlicher aus. Anders bei unserem Heinz Kühn: Kaum hatte sich die Grenze geöffnet, meldete er sich und ordnete an: Aber jetzt kommst du! Anfang 1990 flog ich mit meiner Tochter Sheila für vier Wochen nach Toronto. Und war gespannt. Wir kamen, auch nach so langer Zeit, wunderbar miteinander aus. Heinz war ein spontaner, geselliger Mensch, der gerne deutsche Gäste hatte, deutsche Feste feierte. Er lieh Sheila und mir eins seiner Autos, finanzierte unseren gesamten Aufenthalt. Es wurden wunderschöne Wochen. Gut, es hat ihm bei seinem Reichtum sicherlich nicht weh getan, aber andere gehen mit ihren Dollars sehr viel sparsamer um.

Zurück ins Jahr 1969, von Toronto aus ging es noch einmal nach New York, dann ein Tag Syracus, am 1. April flogen wir nach Europa und setzten unsere World-Tournee fort, schließlich wollten die Europäer auch noch etwas von uns haben: Dortmund, Oberstorf, Mannheim, Augsburg. Dann weiter mit dem Zug, hinüber zu uns, Karl-Marx-Stadt, dann Flug nach Moskau, Leningrad ... Auf vielen meiner Fotos aus jenen Wochen steht Alexej Ulanov neben mir. Seine Lieder klangen mittlerweile immer schwermütiger, er machte mir während dieser Reise mit viel russischer Seele den Hof. Schenkte mir Rosen, suchte meine Nähe. Prickelnd war das schon, ich genoß es.

Aber ich wartete auf den Tag, an dem ich endlich wieder zu Hause sein würde.

Ruhe hatte ich da allerdings nicht. Mir kam es in den nachfolgenden Frühlingswochen vor, als wollte die halbe DDR gratulieren, mit mir reden, mit mir feiern. Ich wurde von überall, aus Betrieben, Schulen zu Gesprächsrunden, zu Foren eingeladen. Ich fuhr wie immer gerne dorthin. Es war ja mein Publikum, hautnah! Meine Popularität war kaum mehr zu steigern. Eines Tages hielt ich dann doch einmal den Atem an: Der Maler Professor Bert Heller aus Berlin war am Telefon und wollte mit mir Termine verabreden, zu denen ich ihm Modell sitzen sollte. Der DTSB-Bundesvorstand hatte bei Professor Heller ein großes Ölgemälde von mir in Auftrag gegeben. Bert Heller, einer der bedeutendsten Porträtmaler der DDR, sein Brecht-Gemälde war in meinem Schulbuch abgedruckt, ihm hatte der Komponist Hanns Eisler gesessen, Präsident Wilhelm Pieck. Nun stand ich in seinem Atelier und fühlte mich unter den forschenden Blicken des Malers kaum wie eine Berühmtheit, eher wie ein ernstes, ein wenig stolzes Schulmädchen. So hat er mich dann auch gemalt. Wenn wir in der Malpause beim Schwarzen Tee miteinander schwatzten, zeigte er sich als ein sehr freundlicher alter Herr. Ich hatte den Mut, ihn zu bitten, mir nach dem Auftrags-Gemälde noch ein kleines Porträt für mich selbst zu machen. Vielleicht etwas weicher, romantischer. Er versprach es mir, starb dann aber schon im April 1970. So habe ich mein romantisches Bild nie bekommen.

Bei all dem Trubel dieses Frühsommers durfte allerdings eins nicht vergessen werden: die Schule. Nach dem Ende der Eislauf-Saison trat sie, wie in jedem Jahr, an die erste Stelle. Im Kalender ebenso wie in meinem Denken. Jetzt war auch hier ein Finale in Sicht: Im Juli 1969 stand das Abitur an. Gemeinsam mit einigen Schwimmern und Leichtathleten, bei denen es ähnlich ablief, war ich nun also zur Reifeprüfung »dran«. Ich paukte Formeln, Geschichtszahlen, Vokabeln, stellte utopische Arbeitspläne auf: Alles wird wiederholt. Ich las bis in die Nächte hinein, steigerte den Kaffee-Verbrauch, strapazierte die Nerven meiner Mitmenschen beim Orakeln über mögliche und unmögliche Prüfungsfragen, kurz, ich benahm mich wie wohl jeder andere Abiturient auch. Jahre später, als sich meine Tochter vorm Abitur ähnlich strapazierte, versuchte ich sie zu beruhigen: Kind, mach dich nicht fertig ... Später hat man gut lächeln. Steckt man mittendrin, ist das Abitur die wichtigste Sache der Welt. Ende Juli schritt ich dann – je nach Fach – mit mehr oder weniger bangem Herzen in die Reifeprüfungen. Erfolg auf der ganzen Linie: Mit Gut bestanden.

Da war nun ein Lebensabschnitt zu Ende. Im Kalender stand bereits der Termin für das Aufnahmegespräch an Leipzigs Sporthochschule DHfK: 8. August 1969. Im Herbst würde mein Studium dort beginnen, Ziel: Diplom-Sportlehrer. Darauf freute ich mich schon. Aber da ich recht gerne zur Schule gegangen bin, mischte sich in diesen Abschied auch Wehmut. Um so zünftiger wurde unser Abi-Ball, das heißt, wir Abiturienten veranstalteten gemeinsam mit einigen Mitschülern, die gerade ihre 10. Klasse-Prüfungen bestanden hatten, eine umwerfende Fete. Meine Freundin Martina war auch dabei. Unsere früheren Lehrer meinen heute noch, es sei überhaupt eine der schönsten Schulabschlußfeiern gewesen, die sie an der KJS erlebten. Wir haben uns viel einfallen lassen, jeder beteiligte sich an der Organisation. Ich zog mich wie ein kleines Schulmädchen mit Ranzen und Schiefertafel an, malte mir dicke Sommersprossen ins Gesicht, flocht mir solche Pippi-Langstrumpf-Zöpfchen mit Blumendraht ... Nach der Melodie von »Mariechen saß weinend im Garten« habe ich dann ein Lied gedichtet und vorgetragen, bei dem jeder Lehrer eine Strophe bekam. Alle waren ganz happy. Ein schöner Abschied.

Anschließend fuhren Eberhard und ich im Sommer 1969 zum ersten Mal allein in den Urlaub, nach Ahlbeck. Es hatte mich noch einige Debatten mit meiner Mutti gekostet, aber dann ließ sie uns ziehen. Ich strahlte mit der Sonne um die Wette, es waren herrliche Tage, mit zurückgeklapptem Verdeck ging es los in Richtung Ostsee. Ich hatte ja mein Auto, das ich viel zu selten und schon gar nicht als Kabriolett benutzen konnte.

Ich freute mich meines Lebens: Weltmeisterin war ich, das Abitur hatte ich in der Tasche, das Studium war klar. Ich sinnierte so vor mich hin: Die nächsten Saisonen noch Eislaufen, in Leipzig mein Trainer-Diplom ablegen, den Schlittschuh-Nachwuchs betreuen ... alles könnte sich glücklich fügen. Im August 1969 heirateten Heidi Steiner und Ulli Walther. Ich war beim Polterabend in Berlin dabei. Mitten in der fröhlichen Runde flogen mich so wehmütige Gedanken an: eine eigene Familie haben, vielleicht ein Baby ... Plötzlich fühlte ich mich unendlich eismüde, konnte mir durchaus vorstellen, meine Schlittschuhe umgehend an den berühmten Nagel zu hängen. Ich fing an, über den Abschied vom Spitzensport nachzudenken und meine Gedanken auch kundzutun. Das schreckte nun im Deutschen Eislaufverband und im DTSB so manchen Sportfunktionär auf. Manfred Ewald besuchte mich und Mutti, wir redeten darüber, wie es weitergehen sollte, wie sich die Sportfunktionäre das dachten, wie ich mir das dachte. Klar war: die nächste Saison laufe ich mit voller Power durch. Ich wollte mindestens noch einmal Europa- und Weltmeisterin werden. Und Sapporo, die Olympischen Winterspiele? Mal sehen.

Im September 1969 fuhr ich zur feierlichen Immatrikulation in der riesengroßen Aula der DHfK, wir waren bestimmt 300 Studenten, ich eine von vielen. Nach der sich aber viele umdrehten. Nun war ich Studentin, an meinem Alltag änderte sich allerdings wenig. Obenan stand das Training, Pflicht, Kür, die Stunden im Ballettsaal, mit dem Konditions-Springseil, alles wie gehabt. Mutter und ich saßen über Kürelementen, besprachen Musiken, das neue Kür-Kleid, überhaupt meine persönliche Ausstrahlung. Eine Weltmeisterin muß auch wie eine Weltmeisterin aussehen: Mutter kam mir mit einem ihrer unumstößlichen Grundsätze und ordnete einen Termin – heute würde man sagen für eine Stil-Beratung – bei ihrer Berliner Bekannten Regina Kochendörffer an. Die Kochendörffers, Regina und ihr Mann Rudi, der früher ein-

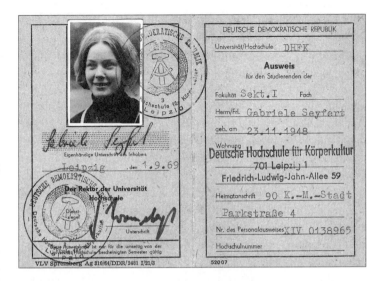

Studentenausweis von der Deutschen Hochschule für Körperkultur und Sport, Leipzig, 1969

mal ein bekannter Eishockeyspieler gewesen war, zählten zu Muttis ältesten Freunden. Regina führte einen Frisiersalon, in den meine Mutti – angefangen bei mir über die Anett bis hin zur Kati – alle ihre Schützlinge schickte. Die stilsichere Regina Kochendörffer zauberte uns dann jeweils eine neue, im modischen Trend liegende, aber typ-gerechte Frisur. Mutti hielt da von Reginas Urteil sehr viel. Also saß ich eines schönen Herbsttages in ihrem Salon vorm Frisierspiegel und schaute wortlos zu, wie mir meine langen Haare abgeschnitten wurden und ich dann etwas »erblondete«. Die beiden Damen hatten es so beschlossen, ich gewöhnte mich daran. Es war wirklich ein verblüffend gewandeltes Bild von mir entstanden. Später, nach der Eis-Zeit, ließ ich mein Haar wieder wachsen ... Ansonsten ging in diesem Herbst 1969 alles seinen Gang. Mein Studium lief extern, zumeist an der DHFK-Außenstelle in Karl-Marx-Stadt, für bestimmte zentrale Vorlesungen pendelte ich gelegentlich nach Leipzig hinüber, fuhr dann aber jeden Abend zurück. Geschenkt wurde mir nichts. Und von fröhlichem Studentenleben konnte keine Rede sein.

XI. Wenn es am schönsten ist ...
... und adieu, Holiday on Ice

Am 16. Januar 1970 wurde ich zum zehnten Mal DDR-Meisterin, danach packte ich meine Koffer für die Europameisterschaften in Leningrad. Wir wohnten dort im berühmten Hotel »Ewropejskaja« am Newski-Prospekt und waren rechtzeitig angereist, um uns in Ruhe einzugewöhnen. Ich nutzte die Gelegenheit und sah mir im berühmten Kirow-Theater, der einstigen Zaren-Oper, eine »Schwanensee«-Aufführung an: Makellose Schönheit, absolute Harmonie. Es war herrlich, einfach unten im Parkett zu sitzen, die Kunst der anderen zu genießen. Mit Eberhard bummelte ich durch Leningrad, von Sehenswürdigkeit zu Sehenswürdigkeit, immer nur kurz. Ich lebte ja wieder einmal in der Ruhe vor dem Sturm: etwas Training, vor allem aber Ausruhen, die Kräfte auf den Wettkampf konzentrieren.

Start. In der Pflicht lief ich sehr konzentriert und dieses Mal in einer besonderen Atmosphäre: Für gewöhnlich schaute bei den internationalen Meisterschaften während der für das Publikum nun nicht sonderlich attraktiven Pflicht-Konkurrenz selten jemand zu.

Als ich im eisverrückten Leningrad den ersten Pflicht-Bogen lief, saßen fünftausend Zuschauer auf den Rängen. Am Abend des 6. Februar 1970 präsentierte ich wieder einmal Europas beste Kür. Wie später alle sagten, so schön wie selten zuvor. Ich spürte es in jenen vier Minuten von Leningrad selbst, dieser Lauf war kein Wettkampf mehr, eher wie eine Gala. Traumhaft. Die 8 000 Zuschauer und ich, wir waren durch ein unglaublich starkes Gefühl miteinander verbunden. Schöner konnte es fast nicht mehr werden. Am Ende bekam ich von drei Kampfrichtern die Sechs-Komma-Null.

Beatrix Schuba und Zsuzsa Almassy erreichten, mit sichtlichem Abstand, Rang zwei und drei, die Journalisten sahen mich *auf einsamer Höhe, der absolute Star.*

Leningrad 1970, das war für den DDR-Eiskunstlauf insgesamt eine Ernte-Zeit. Man muß sich einmal vor Augen halten: ein Jahrzehnt zurück galten wir im internationalen Eislauf überhaupt nichts, rangierten ganz am Ende des Feldes. Und nun, 1970: Gold für mich, Bronze für Steiner/Walther im Paarlauf, Bronze für Günter Zöller in der Herren-Konkurrenz. Eberhard erreichte mit seiner Partnerin Annerose Baier den vierten Rang im Eistanz. Somit war die DDR zu einer der größten Eiskunstlauf-Nationen der Welt herangewachsen. Bezeichnungen wie »Sportclub Karl-Marx-Stadt« und »Sportclub Dynamo Berlin«, gingen mittlerweile selbst westeuropäischen Berichterstattern locker über die Lippen. Und wir hatten eine Reihe junger, talentierter Läufer dabei: Sonja Morgenstern, Simone Gräfe, Jan Hoffmann, Anette Kanzy, Axel Salzmann. Die nächste Generation meldete Ansprüche an. Und ich, ich war eine Traum-Kür gelaufen. Manfred Hönel von der »Jungen Welt« hat diesen Freitagabend so erlebt: *Gaby empfing schon beim Einlaufen herzlicher Beifall. Dann war sie dran. Der erste Anlaufbogen, Gaby war sofort in Schwung. Der Doppel-Axel zum Aufgalopp prima! Gaby Seyfert lief auf dem Leningrader Eis die reifste Kür ihrer Laufbahn, ein Orkan herzlichen Jubels dankte ihr dafür. Blumensträuße, von den Leningradern liebevoll verpackt, segelten auf das Eis. Wo sich das Mädchen aus unserer Republik sehen ließ, dort streckten sich ihr Hände zur Gratulation entgegen. Der Bus zum Hotel mußte warten. Bleistifte, Bilder, Autogramme und immer wieder Händeschütteln, Umarmungen: ›Nascha Gaby‹ sagten die Leningrader, unsere Gaby. ›Soviel Freude erlebte ich nur zu Hause‹, so die Europameisterin. – Stunden vorher stand ich im eisigen Februarwind auf dem Heldenfriedhof in Leningrad, Tausende haben hier die letzte Ruhestätte gefunden, und ihre Totengräber waren die deutschen Faschisten, die Leningrad, vom August 1941 bis Januar 1944, neunhundert Tage lang belagerten. Die Stadt aber konnten sie nicht nehmen. ›Nascha Gaby‹, das Mädchen aus Karl-Marx-Stadt, kann dennoch sagen, ich fühle mich hier wie zu Hause. Bedarf es da noch weiterer Worte über das Verhältnis der Menschen in der UdSSR und der DDR.*

Mein Erfolg in Leningrad und bei den Leningradern überwältigte mich: Diese Atmosphäre, das Beliebtsein, die offen gezeigte Freude der Leute, die Unmengen von Fotografen und Autogrammjägern ... Vielleicht gerade wegen des Triumphes hing ich dort so manches Mal meinen Rücktritts-Gedanken nach. Die alten Sprichwörter haben etwas für sich: Wenn es am schönsten ist, soll man aufhören.

Und noch etwas beschäftigte, ja bedrückte mich mehr, als ich mir anmerken lassen durfte: die wechelseitigen privaten Spannungen zwischen meiner Mutter, mir und Eberhard. Es ging so weit, daß gelegentlich sogar »Funkstille« zwischen uns herrschte, wir außerhalb der Eisfläche nicht mehr miteinander redeten. Eine äußerst schwierige Situation. Ich sollte mich entscheiden.

Damals sah ich nur zwei Möglichkeiten: entweder weiter laufen und auf mein Privatleben verzichten. Oder meine Vorstellungen von privater Zukunft gegen alle und alles durchsetzen und auf das Eis verzichten.

Wurde ich öffentlich nach einem möglichen Rücktritt gefragt, äußerte ich mich eher nebulös. Im Innern überlegte ich, wie es weitergehen sollte: Da muß noch was sein.

Herr Juckel konnte ganz gut zwischen den Zeilen hören und berichtete für seine BILD- Leser: *Gaby darf nicht aufhören! Die Europameisterin spricht vom Rücktritt, sie würde Olympia-Gold verschenken. Es ist, als schaute ich gelangweilt vom Mont Blanc herab und beobachtete Ameisen, die mühevoll den Brocken beklettern, so turmhoch ist der Abstand, den die Eiskunstlauf-Europameisterin Gaby Seyfert zwischen sich und allen anderen gelasssen hat. Mit traumhafter Sicherheit, mit gewagten Sprungkombinationen erobert sich Gaby die Große auch die Stadt Peters des Großen. Ihr furioser Schluß ertrank schon im stürmischen Beifall, die Musik ›In Frisco ist der Teufel los‹ war kaum noch zu hören. In Leningrad war er es auch. Und abends im Hotel Europa gab es nur ein Thema: Gaby darf nicht aufhören, es wäre ein Verbrechen am Eiskunstlauf. Gabys autogrammmüde Hände trommeln auf dem Tisch: ›Ja, meinen Sie. Da ist was dran. Ich muß es mir tatsächlich überlegen.‹ Da gibt es nichts zu überlegen. Dreimal die Sechs für sächsischen Sex. Der Rest ist Schweigen.*

Ach ja, der Herr Juckel. Er meinte es wohl wirklich so. Viele würden enttäuscht sein.

Im gewohnten Saison-Rhythmus folgte die Weltmeisterschaft, dieses Mal in Ljubljana. Ich erhielt dort die Startnummer 15. Seit 15 Jahren trainierte ich nun auf dem Eis, ein Omen? Über Ljubljana 1970 ist nicht viel zu sagen. Alles wiederholte sich irgendwie. Ich zeigte die überragendsten Leistungen, war am Ende der Damen-Wettbewerbe die unumstrittene Weltbeste. Carlo Fassi schrieb: *Sie zählt zu den zwei oder drei ganz Großen des Eiskunstlaufs der letzten Jahrzehnte.* Zwölf Jahre war ich alt, als ich 1961 zum ersten Mal die Meisterschaften der DDR gewann, insgesamt hatte ich das zehnmal in Folge geschafft. Europameisterin wurde ich 1967, 1969, 1970; Weltmeisterin 1969 und 1970. Im Prinzip war alles, was ich mir einst vorgenommen hatte, erreicht. Sollte ich weiter- und weiterlaufen? Mich erst dann zurückziehen, wenn ich bei großen Wettbewerben nur Zweite oder Dritte geworden wäre. Man muß aufhören, wenn man auf dem Gipfel steht. Also Rücktritt. Jetzt? Ich wollte etwas Neues beginnen. Da standen, redeten nun aber alle gegen mich: Mutter, der Club, der Verband, der DTSB. Du willst aufhören? Jetzt? Man versuchte, meinen Ehrgeiz anzustacheln, hielt mir vor Augen, daß mir noch eine Gold-Medaille fehlte, die Olympische. Aber die Winterspiele in Sapporo würden erst 1972 stattfinden. Ich blieb unschlüssig. Es gab unendlich viele Gespräche. Man appellierte auch an mein staatsbürgerliches Bewußtsein: nach Meinung sämtlicher Experten würde ich in Sapporo Olympia-Gold für die DDR erringen. Ich hörte mir alles und alle in Ruhe an. Und wurde irgendwie immer sturer: Ich will das jetzt nicht mehr. Einige Experten erklärten später meinen Rücktritt für übereilt. Ich hätte in Zürich 1971 noch mit Klassenunterschied Europameisterin werden können, auch in Lyon wäre mir der Weltmeistertitel sicher gewesen ... Es fragt sich eben, ob ich wirklich irgend etwas versäumt habe. Der Eiskunstlauf entwickelte sich sehr schnell. Neue Talente zeigten sich, die Schwierigkeiten steigerten sich ungemein, auch bei den Damen gehörten für diejenigen, die aufs Treppchen strebten, Dreifachsprünge schon bald zur Normalität ... Soweit das Sportliche. Blieben noch meine privaten Spannungen. Auch den Medienrummel ums Private wollte ich nicht mehr. In Ljubljana hatten Eberhard und ich uns viel ins Hotelzimmer zurückgezogen, um jedem Gerede aus dem Weg zu gehen. Die Reporter kamen natürlich doch an die eine oder andere Information. Jetzt mußten sich selbst Jochen Grünwald, der Generalsekretär des Deutschen Eislaufverbandes der DDR, und meine Mutti zum Thema Eberhard interviewen lassen: *Gaby läßt sich nicht mehr überreden, die hängt die Schlittschuhe an den Nagel. Eberhard ist stärker als wir, sagte Eislauffunktionär Grünwald. Und Jutta Müller, Mutter und Trainerin der Weltmeisterin, fühlt sich zum ersten Mal machtlos. Heiraten kann sie doch immer noch. Aber sie muß selbst entscheiden, schließlich ist es ihr Leben.* Natürlich blieben die internen Debatten über meine Rücktrittspläne der Presse letztlich nicht verborgen. In den West-Zeitungen wetzte man mittlerweile die Federn: *Ob das Aushängeschild des sowjetzonalen Sports aber so einfach abtreten darf?* Endloses Gerede. Ich war es müde.

Jetzt kam aber erst einmal die letzte Schaulauf-Tournee meines Lebens: Moskau, Berlin, Karl-Marx-Stadt, Prag, Kopenhagen, London, Genf, Grenoble, Lyon, Garmisch, Oberstorf, Feldkirch, Innsbruck. Unterwegs fühlte ich mich niedergeschlagen: eine Eisprinzessin, die abdankte. Überall lief ich zum letzten Mal, mit Wehmut. Überall großer Bahnhof, Presse, Einladungen zu irgendwelchen Honoratioren. In Genf durfte ich bei einem Empfang vor Königin Margret von Dänemark und Prinz Henrik in einem Hofknicks versinken. Blumen, Grüße, Autogramme. Ich war doch oft nachdenklich, deprimiert. Aber auch sicher, daß ich wirklich aufhören wollte. Schmerzen würde mich dieser Abschied in jedem Falle, auch wenn ich erst in zwei oder drei Jahren zurücktrat. Aber ich wollte die Eis-Szene als Weltmeisterin verlassen.

Und noch etwas kam ins Spiel: viel Geld und eine neue berufliche Perspektive. Schon im Vorjahr hatte es nach Colorado Springs westliche Zeitungsberichte über meine Verhandlungen mit »Holiday on Ice« gegeben. Spektakulär wurde aufgemacht, daß diese, den Weltmarkt beherrschende Revue mir einen Zwei-Jahres-Vertrag für eine Million Mark jährlich angeboten hatte. Nun besuchten »Holiday on Ice«-Agenten völlig normal jede Europa- und Weltmeisterschaft, halten dort Ausschau, wer von den Amateuren möglicherweise für eine Profilaufbahn in Frage kam. Sie unterhalten sich selbstverständlich mit Trainern und erfolgreichen Läufern und hatten damals, 1969, eben auch mich angesprochen. Als eine Spitzenläuferin, die auf den Zenit ihres Könnens zusteuerte. In Colorado Springs war es in meinem Fall der falsche Zeitpunkt. Als sie ihre Angebote 1970 wiederholten, hätte ich gerne das, was ich am besten konnte, nämlich Eiskunstlaufen, weiter betrieben. Den Zwängen, manchmal Strapazen des Spitzensports wollte ich mich nicht länger aussetzen. Zur Eisrevue wäre ich gerne gegangen. Schaulaufen hatte mir immer gelegen, ich habe gerne tänzerisch gezeigt, was ich sportlich beherrsche, ich habe mich gerne verwandelt, kostümiert, und genau das ist es ja: Show auf dem Eis. Als ich mich 1970 endgültig entschieden hatte, meine Leistungssport-Karriere zu beenden, redete ich mit meiner Mutti über die Eisrevue. Sie war nun auch dafür. Also meldeten Mutter und ich uns bei Manfred Ewald an und fragten, ob es nicht möglich wäre, mit Genehmigung der entsprechenden staatlichen Stellen, für eine bestimmte Zeit so einen Vertrag mit »Holiday on Ice« oder mit der »Wiener Eisrevue«, die inzwischen auch ihr Interesse bekundet hatte, zu unterschreiben und im Ausland zu arbeiten. Natürlich sollte der DTSB einen Teil meiner Gage erhalten. Wir würden uns freuen, wenn diese Dollars für den Eissport verwendet würden. Soweit beschreibt Manfred Ewald in seinem Interview-Buch »Ich war der Sport« den Vorgang schon richtig. Er fährt fort: *Es wäre ein Präzedenzfall gewesen: Wir hätten unsere grundsätzliche Haltung zum Profisport ändern, unsere Grundsätze, die wir für unverrückbar hielten, aufgeben müssen. Das kam nicht in Frage, und deshalb lehnten wir den Vorschlag ab.* Unverrückbar, sicher. Fragt sich nur, wer hier das »Wir« war und von wem diese Grundsätze stammten? Marx schrieb nun wirklich nicht vor, daß man Eisrevuen für unmoralisch zu halten hatte. Hana Maskova, aus dem sozialistischen Nachbarland ČSSR, ging nach Colorado Springs 1969 zu »Holiday in Ice«, lief ein paar Jahre unter ähnlichen Konditionen, wie wir sie dem DTSB vorschlugen. Und in Leningrad hatten sie sogar eine eigene sowjetische Eisrevue. Es wäre also nur innerhalb der DDR ein Präzedenzfall gewesen. Manfred Ewald ganz persönlich war da wohl »unverrückbar«. Er schreibt es ja heute noch klipp und klar: *Es sei nicht Sache einer DDR-Sportlerin, vor Kapitalisten mit dem halbnackten Hintern zu wackeln, auch nicht für Millionenbeträge.* Ich weiß nicht so recht, vielleicht verabscheute er die Eisrevue tatsächlich von Herzen. Vielleicht fürchtete er damals auch nur die zu erwartenden boshaften Kommentare der West-Zeitungen, falls er mich den Vertrag unterschreiben ließ ... Dabei hätten meine Revue-Dollars dem DDR-Sport wirklich helfen können. Aber wenn es um die Moral ging ... »Kein Verrat für Millionen« überschrieb damals die »Junge Welt« ihren Bericht darüber, daß ich nicht zur Eisrevue gehen würde. Mittlerweile liefen nämlich im Lande die verrücktesten Gerüchte über meine »Holiday on Ice«-Millionen um, so daß sich die für Agitation Verantwortlichen zu so einer öffentlichen Stellungnahme entschlossen.

Erst 1988 gab es auch im DDR-Sport Kursänderungen. Katarina Witt durfte Profi werden. Wenn ich heute in Ewalds Buch lese, er mache sich jetzt den Vorwurf, mit dieser Freizügigkeit zu lange gewartet zu haben, kann ich über diese »Reue« eigentlich nur den Kopf schütteln. Heute sind die Übergänge vom Amateursport, der aber auch nicht mehr auf Sponsoring verzichten kann, zum Profisport recht fließend, und niemand moralisiert deswegen. Es ist in der Marktwirtschaft eben so.

Ich nahm Ewalds endgültige Absage damals zur Kenntnis und reagierte entsprechend meinem Grundsatz, über Dinge, die unabänderlich sind, nicht länger nachzugrübeln.

Später wurde ich oft gefragt, ob ich in diesem Moment nicht überlegt hätte, aus der DDR wegzugehen. Möglichkeiten gab es genug, auch noch nach meinem Rücktritt vom aktiven Sport reiste ich – allerdings allein – einige Male in westliche Länder. Sicher. Drei Gründe hierzubleiben gab es: Da war Eberhard, wir wollten heiraten. Dann: Meine Mutter. Sie hätte ganz sicherlich Einschränkungen in ihrer Trainerkarriere hinnehmen müssen. Und dann: mein Publikum, die vielen Menschen, deren Hoffnung und Freude ich war, eben »unsere Gaby«, ein positiver Teil dieses Landes. Die hätte ich alle enttäuscht. Also blieb ich, arrangierte mich.

Ein ordentlicher, offizieller Abschied mußte schon sein. Auf dem 4. Verbandstag des Deutschen Eislaufverbandes der DDR am 10. Mai 1970 wurden wir alle gleichzeitig vom aktiven Sport verabschiedet: das Sportpaar Heidemarie Steiner/Heinz-Ullrich Walther, das Eistanz-Paar Annerose Baier/Eberhard Rüger und ich. Blumen, Händeschütteln, Herzlichkeit gegenüber den anderen, traurige Höflichkeit mir gegenüber. Letzten Endes wurde meine Entscheidung akzeptiert.

Die »Junge Welt« bat mich um ein großes Interview. Ich bedankte mich bei dieser Gelegentheit sowohl artig bei SED- und Staatsführung als auch *bei allen Werktätigen, die in unserer Republik alle Voraussetzungen schaffen, damit wir Sportler Weltklasse-Leistungen erreichen können. Meine Aufgabe als Trainerin betrachte ich deshalb als ebenso verantwortungsvoll und zugleich als Verpflichtung, die Jugend zu bewußten Staatsbürgern zu erziehen.* Das meinte ich auch so. Also, das hat mir nun nicht der Redakteur in den Text geschrieben, weil es politisch opportun war. Ich war dankbar, daß mir diese Sportlerkarriere ermöglicht und finanziert wurde. Letztlich durch die Menschen, die das Geld erarbeitet haben. Das muß festgehalten bleiben. Und dann lese ich heute in diesem Abschieds-Interview: »Ich möchte keine Stunde meiner Laufbahn missen, nicht die sonnigen, auch nicht die mit Enttäuschung verbundenen. Der Sport hat mir viel gegeben, ich habe gelernt, beharrlich ein einmal gestecktes Ziel zu verfolgen. Und glaube, daß der Leistungssport ganz entschieden dazu beiträgt, die Persönlichkeitsentwicklung zu fördern.« Auch das kann ich heute nur unterstreichen.

XII. Neue Aufgaben
»Adam und Eva«

Ende einer Traum-Karriere. War das nun ein schmerzvoller Moment im Frühjahr 1970 oder eher ein heiterer? Spürte ich einen bohrenden Stachel in der Seele oder fühlte ich tiefe Erleichterung? Wenn ich es mir recht überlege: Nichts von alledem. Noch nahm ich ja nicht endgültig Abschied vom Eis. Im Gegenteil, ich wurde fest in den Eiskunstlauf-Betrieb integriert. Hatten sich verschiedene Funktionäre in der DTSB-Verbands-Hierarchie zwar über mich und meinen Rücktritt einhellig geärgert, sollte mein Ausstieg aus der Traum-Karriere dann doch in einen »geordneten Rückzug« münden. Sie wollten mich schon gerne im Eiskunstlauf behalten. Es lief auf die Überlegung hinaus, nicht erst den Abschluß meines Studiums an der Leipziger Sporthochschule abzuwarten, sondern mich sofort in der Nachwuchsarbeit des Clubs einzusetzen. Das Studium würde, wie gehabt, extern weiterlaufen. Zwar brachten es die fachlichen Anforderungen in den höheren Studienjahren mit sich, daß ich häufiger zu Vorlesungen und Konsultationen in Leipzig anwesend sein mußte, jedoch wurde im Großen und Ganzen die bisherige Betreuung durch die Karl-Marx-Städter DHFK-Außenstelle beibehalten.

So kam es, daß ich seit dem 1. Juli 1970 meine eigene Trainingsgruppe, vier Mädchen und einen Jungen, vollständig in eigener Regie betreute: Trainerin für die nächste Generation von Eislauf-Küken. Ich stand weiterhin jeden Morgen um sechs Uhr auf und fuhr in den Küchwald, ging aufs Eis ...

Also fehlte der Situation jede Dramatik. Und meine Schlittschuhe wurden keineswegs in die Vitrine eines Sportmuseums – wo heute in Chemnitz einige Kür-Kleider von mir ausgestellt sind –, sondern in den Schrank vom Küchwald-Trainerzimmer gehängt. Dieser Umzug aus der Garderobe der aktiven Läuferinnen hinüber zu den Trainern muß für mich selbst so vollständig unspektakulär vonstatten gegangen sein, daß ich mich heute par-

Titelbild der Illustrierten »stern«, März 1969

Eine Grafik für die Welt- und Europameisterin von 1969

Schaulauftournee nach der Weltmeisterschaft 1969: Gruppenbild im Rockefeller-Center New York

Schaulauf-Team, 1969

Weltmeisterin Gabriele Seyfert, Porträt von Bert Heller, 1969, Öl

Europameisterschaften in Leningrad, 1970: Konzentration vor der Pflicht

Europameisterschaften in Leningrad, 1970: Auswertung einer Pflicht-Figur mit Mutti und Jochen Grünwald

Europameisterschaften in Leningrad, 1970: Blumen, Autogramme, Publikum

Weltmeisterschaften in Ljubljana, 1970: Goldmedaille für Gaby Seyfert (DDR, Platz 1), Silber und Bronze für Beatrix Schuba (Österreich, Platz 2) und Julie Lynn Holmes (USA, Platz 3) (links und rechts von G. S.)

Porträt mit Schlittschuhen, Leningrad 1970

Die letzten Autogramme der Weltmeisterin während der Schaulauf-Tournee 1970

Titelseite der Illustrierten NBI, 1. Aprilwoche 1970

Walter Ulbricht empfängt im Staatsrat verdiente DDR-Sportler, 1970

Abschied beim DTSB im Mai 1970, rechts Heidemarie Steiner

Start in den Trainingsalltag mit den Kindern

Petra, Birgit, Pitti, Anett, 1970

22. Juli 1972, Hochzeit mit Eberhard Rüger, vor dem Rathaus von Karl-Marx-Stadt

Baby Sheila, 1974

Die junge Familie Rüger-Seyfert, 1975

Meine Familie, Weihnachten 1975

Berthold Beissert mit meiner Tochter Sheila, 1977

Mit Sheila , 1977

tout nicht mehr daran erinnern kann. Genau erinnern kann ich mich hingegen an meinen Stolz, »meine« ehrgeizigen Pläne, als »meine« Kinder Petra, Birgit, Pitti, Anett und Gerd zum ersten Mal vor mir auf dem Eis standen und so begeistert, so erwartungs- und vertrauensvoll zu mir aufsahen. Zur berühmten Weltmeisterin Gaby, der sie allesamt nacheifern wollten. Freundlich, aber ganz Respektsperson, stellte ich mich ihnen vor. Das Mädchen Anett, das war übrigens Anett Pötzsch, die sich vielleicht am Ende der siebziger Jahre, während sie nun ihrerseits die Europa- und Weltmeister-Treppchen eroberte, an jenen ersten Moment im Sommer 1970 gelegentlich erinnerte.

Von Seiten unseres Eislaufverbandes gesehen, stellte meine sofortige Berufung zur Trainerin durchaus einen Vertrauensbeweis dar. Noch studierte ich schließlich, konnte kein Abschluß-Diplom vorweisen. Andererseits verfügte ich über anderthalb Jahrzehnte Praxis, beherrschte mein Fach und hatte schließlich den damals im Eiskunstlauf-Training erreichten Stand mit meiner Mutter gemeinsam erarbeitet. Mutter legte in vielerlei Hinsicht den Grundstein der DDR-Eiskunstlaufentwicklung. Als wir 1955 begannen, existierten keine Trainingspläne. Die exakten Aufzeichnungen und Auswertungen meiner Trainingsarbeit und der Wettkämpfe, die Mutti stets genauestens notiert hatte, bildeten später den Grundstock für wissenschaftlich untersetzte Trainingsprozesse. Ebenso existierte noch kein erprobtes Konzept für das Abtrainieren. Die über viele Jahre hinweg täglich gewohnten körperlichen Anstrengungen durfte ich ja nicht von heute auf morgen wegfallen lassen.

Der fließende Übergang von der Läuferin zur Trainerin erwies sich da als günstig. Für meine Kinder konnte es nur von Vorteil sein, daß ich ihnen sämtliche Sprünge, sämtliche Pirouetten selbst vorführte. Was andere Übungsleiter nicht konnten. Also zog ich noch lange Zeit zu jeder Stunde mit Anett, Pitti und den anderen meine Schlittschuhe an.

Nicht nur das Eis, auch die Popularität, die Einladungen zu öffentlichen Auftritten, blieben in meinem Alltag. Eigentlich wollte ich lieber meine Ruhe haben. Aber völlig konnte ich mich nicht zurückziehen. So saß ich Ende Mai 1970 beim IV. Deutschen Turn- und Sporttag im Präsidium neben Rennschlitten-Olympiasieger Thomas Köhler, neben Manfred Ewald und Erich Honecker, der damals noch nicht SED-Chef, wohl aber im Politbüro für den Sport zuständig war. Ich bin oft gefragt worden, wie man sich bei solchen Gelegenheiten, also im »Kreise der Macht« vorkommt. Daß ich als eine erfolgreiche Sportlerin im Präsidium saß, fand ich normal. Tiefgehende Kontakte entstanden daraus nicht. So gesehen kannte ich weder Erich Honecker noch Manfred Ewald wirklich.

Ich wurde bei jenem Turn- und Sporttag 1970 sogar zum Mitglied des DTSB-Bundesvorstandes für eine Wahlperiode gewählt. Neben dem DTSB meldete vor allem die FDJ ihre Termine an. Im Juni 1970 erhielt ich die Arthur-Becker-Medaille in Gold, die höchste Auszeichnung des Jugendverbandes, später – bis hin zu den X. Weltfestspielen der Jugend und Studenten 1973 in Berlin – wurde ich immer wieder zu FDJ-Veranstaltungen eingeladen. Meine Erinnerungen daran sind zwiespältig. Zum einen traf ich hier natürlich Jugend, mein Publikum, Fans, die mich bei Gelegenheit gerne ausfragten, sich Autogramme holten, sich freuten, daß ich als eine von ihnen hautnah dabeisaß. Zum anderen empfand ich derartige Meetings oft als völlig überorganisierte, ideologisierte Öffentlichkeit.

Noch schreiben wir aber Sommer 1970, und ich freute mich auf den Urlaub mit Eberhard in Sellin, einem kleinen, aber feinen Badeort auf der Insel Rügen. Für die Zeit danach hatten wir Hochzeitspläne. Die Sonne schien, die Ostseewellen rauschten, der Himmel hing voller Geigen. Wunderbar, die Liebe genießen, die Seele baumeln lassen, sämtliche Schwierigkeiten sollten endgültig der Vergangenheit angehören!

Nach unseren gemeinsamen Urlaubswochen kehrte Eberhard, der mittlerweile an der Leipziger Universität seine Staatsexamensprüfungen bestanden hatte und nunmehr als Journalist in der Redaktion der »Freien Presse« Karl-Marx-Stadt arbeitete, an seinen Redaktionsschreibtisch zurück. Ich blieb an der Ostseeküste, nahm als Nachwuchs-Trainerin an einem Camp zukünftiger

Olympiakader in Zinnowitz teil. Tagsüber volles Programm – mir bekannt –, jetzt mit meinen Schützlingen: Training, Waldlauf, Seilspringen, viel Athletik eben. Am Abend ging nun auch ich mit den Trainerkollegen aus. Ich tanze für mein Leben gern, habe es damals richtig oft getan. Heute komme ich nur selten dazu, aus Zeitmangel und weil ich noch nicht die richtige Lokalität mit der Atmosphäre und der Musik, die ich mag, gefunden habe. – Auf jeden Fall swingten und rockten wir in jenem Zinnowitzer Sommer unbeschwert fröhlich über die Tanzflächen. »In the summertime« hieß der Hit des Sommers, ein heißer Jamaica-Reggae. In the summertime wurde natürlich hingeschaut, wenn Weltmeisterin Gaby Seyfert auftauchte. Großes Hallo, wenn sich für die feiernden Wismut-Urlauber die am Nebentisch sitzende junge Frau tatsächlich als jene TV-ferne Eislauf-Prinzessin entpuppte. Eines schönen Sommerabends lernte ich drei nette Jungs aus Leipzig kennen, Studenten. Wir verabredeten uns gelegentlich auch tagsüber zum Eisessen und Strandbummeln und Flirten. Einen von ihnen traf ich immer häufiger, wir kamen uns näher, zu nah, als daß ich es anschließend hätte ignorieren können. Diese Sache gab mir ziemlich zu denken: Eigentlich wollte ich Eberhard heiraten, jetzt küßte ich eine zufällige Urlaubsbekanntschaft. Und diese leidenschaftlichen Meeres-Küsse schmeckten mir nach Mehr. Daß da auf einmal heftige Gefühle für jemand anderen ins Spiel kamen, flößte mir regelrechte Angst ein. Um Himmels willen, dachte ich, da machst du erst einen Riesen-Terror, um endlich deinen Eberhard zu heiraten, alles scheint völlig klar zu sein ... Und nun kommt dieser verrückte Typ Richard daher, Medizinstudent aus Leipzig, und bringt mit seinen Blicken alles in heillose Unordnung ... Ist man in den einen Mann richtiggehend verliebt, dann hat man doch keine Sehnsucht nach einem anderen? – Mir kamen da an meinem Zinnowitzer Strand handfeste Bedenken. War es überhaupt richtig, jetzt schon zu heiraten? Hatte ich nicht noch so viel unbeschwertes Jungsein nachzuholen? War ich reif für diese Ehe mit Eberhard?

Völlig durcheinander fuhr ich am Ende unseres Trainings-Aufenthaltes aus Zinnowitz ab. Dabei, das irritierte mich nun zusätzlich, freute ich mich unheimlich auf Eberhard. Unser Wiedersehen zu Hause verlief leidenschaftlich und wunderschön. Aber ich wurde einfach meine Unsicherheit, mein schlechtes Gewissen nicht los. Eberhard merkte das logischerweise bald. Also erklärte ich ihm meine Seelenlage, gelangte während schwieriger, schmerzhafter Gespräche über unsere gesamte Beziehung zu dem Fazit, daß ich für eine Ehe mit ihm jetzt noch nicht reif sei. Für Eberhard brach offensichtlich eine Welt zusammen.

Aber wie das meistens in solchen Situationen ist, der Alltag fordert seine Rechte ein. Eberhard redigierte in der Lokalredaktion traurig die aktuellen Artikel. Ich fuhr traurig mit meinen Eislauf-Küken nach Berlin zu einem der vielen planmäßigen Überprüfungs-Wettkämpfe.

Als ich Mitte September 1970 zurückkehrte, erzählte man mir, daß Eberhard am 13. September versucht habe, sich das Leben zu nehmen. Eine äußerst schwierige Situation. Wie soll ich es sagen: Ich war von dieser Nachricht unheimlich aufgewühlt, für mich war das damals ein absoluter Liebesbeweis. Mein Eberhard konnte und wollte nicht mehr ohne mich leben. So empfand ich das. Wenn ich heute in meinem Tagebuch, das ich in jenen Monaten wirklich tagtäglich führte, nachlese, dann überlege ich, ob mich Eberhard eigentlich nicht ziemlich unter Druck setzte. Aber in jenem Herbst sah ich romantische Seele das völlig verklärt: So eine große Liebe, er will sich meinetwegen umbringen! – Allerdings beurteilten andere, vielleicht etwas objektivere Beobachter dieses Dramas, Freunde, die uns beide seit langem kannten, unsere Situation sehr viel skeptischer. Ich hörte dann von verschiedenen Seiten – natürlich auch von meiner Mutti – den Rat, Eberhard nicht zu besuchen, es bei der einmal ausgesprochenen Trennung auf Zeit vorerst zu belassen. Ruhe zu finden. Zunächst mit mir selbst ins Reine zu kommen.

Ich denke, ich hätte damals dringend eine Pause, so eine Art »Auszeit« gebraucht.

Heute – und im Westen Deutschlands schon seit vielen Jahren – wird jungen Menschen an der Schwelle zur Erwachsenenwelt solch ein Freiraum durchaus einmal zugebilligt. Warum nicht?

Wenn man sich das in der Familie wirtschaftlich leisten kann, warum soll man nicht als junger Mensch einmal die Chance wahrnehmen, etwas völlig anderes auszuprobieren, andere Länder, andere Sitten, andere Menschen kennenzulernen, andere Meinungen zu hören. Raus aus dem Familien-Schul-Kokon, rein ins Leben.

Zu unserer Zeit ist mir das überhaupt nicht in den Sinn gekommen. Wir waren alle so auf diese »ordentlichen« Lebensentwürfe, dieses Pflichten-Denken fixiert: immer schön der Reihe nach alles erledigen, alle Prüfungen rechtzeitig und so gut wie möglich bestehen, den nächsten Schritt und wieder den nächsten machen. Statt eine »Auszeit« zu nehmen, schaute ich sofort wieder in einen vollen Kalender. Ich bemühte mich wirklich, eine gute Trainerin zu sein, mein Studium ordentlich zu absolvieren, die arbeitsreichen Tage durchzustehen. Ich trainierte meine Küken und eine kurze Zeit lang sogar noch zusätzlich das Paar Kanzy/Salzmann. In meinem Tagebuch lese ich, daß ich damals zeitweise von sieben Uhr früh bis abends 21 Uhr auf dem Eis war. Ein immenses Pensum. Und natürlich entwickelte ich wiederum den Ehrgeiz, alles zu bewältigen, was man mir auftrug. Keine Atempause also.

Aber etwas in meinem Inneren rebellierte ständig gegen diese Lebensart. So kam es zwar zu keiner »Auszeit«, aber zu vielen kleineren Ausbrüchen aus dem strengen Reglement: Modische Accessoires wie zum Beispiel Perücken zu tragen; an einem gewöhnlichen Trainingsmorgen exklusives Rouge und einen tiefdunklen Lidstrich aufzulegen; beim Mini-Rock erotisch viel Bein zu präsentieren und die darob entrüsteten Nachbarsfrauen oder Sportclub-Pförtner frech anzublinzeln ... Ich lese in meinem Tagebuch: *Fahre nachts von Leipzig nach Karl-Marx-Stadt, kam zu spät zum Training. Man kritisiert ständig an mir herum.* Was aus der Sicht der übrigen Trainer oder der Club-Funktionäre sicher berechtigt war. Da konnte ich kritische Töne akzeptieren. Die anderen saßen ja pünktlich im Beratungsraum, lieferten pünktlich ihre Trainerberichte ab ... Das für mich damals absolut Unverständliche war die Kritik an meinem Outfit, meinem Auftreten, meiner gesamten Persönlichkeit. Ich reagierte trotzig: Schließlich besaß ich diesen vielzitierten schneeweißen Maxi-Pelzmantel auch schon zuvor, die knappen Miniröcke waren nicht neu, die poppigen Perücken hatte ich mir aus Amerika mitgebracht und auch getragen. Eine Weltmeisterin muß wie eine Weltmeisterin daherkommen, hatte meine Mutti immer wieder gesagt. Sicher nahm so mancher brave Bürger im Sportclub oder beim DTSB seit längerem an meiner Mode Anstoß, äußerte sich aber nicht oder vorerst nur im Privaten. Schließlich brachte ich die Medaillen in einer Sportart nach Hause, die eben etwas schillernder war als andere, das mußte man schlucken. Jetzt aber, genau in dem Moment, in dem ich ausstieg, wurden die Kritiken recht laut. Meine Mutter nahm mich ins Gebet, ich trug in mein Tagebuch ein: *Ich habe die Nase voll. Das Einhämmern auf mich geht los. Ich habe mich schon gewundert, warum so lange Ruhe war. Das Studium nehme ich nicht ernst, das Training auch nicht, verrückte Kleidung trage ich, habe nicht den richtigen Umgang... Mutti hatte heute ein Parteigespräch, und da wurde ihr das mitgeteilt. O je, mir wird hundsübel.*

Warum sagte man mir nicht ins Gesicht, was man an mir auszusetzen hatte, schob meine Mutter vor, die es »richten« sollte, versteckte sich hinter ihrer Autorität? Mir machte das Probleme: Warum muß ich jetzt immer noch Vorbild sein, nur weil ich früher eine gute Eiskunstläuferin war. Ich wollte heraus aus der Rolle des Vorzeige-Objekts. Lebenslustig, trotzig, aber auch stark verunsichert, suchte ich mich in dieser Situation auszubalancieren. Doch, ich nahm die Verpflichtungen meinen Eislauf-Küken gegenüber sehr ernst. Mehr noch: Ich wollte insgesamt in der Öffentlichkeit den Eindruck hinterlassen, daß alles glatt ging, wollte dieses nun einmal von mir gezeichnete Musterschüler-Bild weiter bedienen. Daß dabei in mir allerdings viel Unruhe war, merkt man meinen Tagebüchern an. Mal eine Nacht lang durchzufeiern, zu tanzen, zu lieben, war das so schrecklich? Da hatte ich also nach Meinung einiger Zeitgenossen nicht den »richtigen Umgang« ... Gemeint war vor allem Richard, der Student vom Zinnowitzer Strand. Er wirkte für die damalige Zeit ein bißchen ausgeflippt, trug sein Haar etwas länger als üblich, das paßte alles nicht ins ordentliche Sport-Bild. Aber für meinen Lebenshunger erwies sich Richard als genau der richtige Gefährte: Dieser verrückter Typ, der hervorragend Tennis spielte, surfte, Antiquitäten sammelte und in seiner Heimatstadt Leipzig über einen beeindruckenden Bekanntenkreis verfügte. In diesen wurde ich spontan und unkompliziert integriert.

Durch Richards besten Freund lernte ich eine ganz liebe Familie kennen: Marle und Alfons Schumann. Im stillen ernannte ich sie bald zu meinen Vize-Eltern. Sie sind es bis auf den heutigen Tag geblieben. Marle war Hausfrau, oder besser gesagt, die clevere Frau eines Geschäftsmannes, die zu Hause alles organisierte, ihm den Rücken freihielt. Meine Schumanns, man nannte sie in Leipzig Gurken-Schumanns, denn sie besaßen, wohl in der dritten Generation, eine kleine Konservenfabrik, bewohnten ein schönes Haus an der Leipziger Märchenwiese. Ein umwerfend gastliches Haus! Schon im Augenblick meines ersten Besuches dort fühlte ich mich in den Familienkreis aufgenommen. Zur Schumann- Familie gehörten drei Söhne. Die hatten ihr Elternhaus zum regelmäßigen Treff von Freundinnen, Freunden, Freunden von Freunden ... ernannt. In diesem Haus war immer Trubel, und jeder wurde freundlich empfangen. Marle und Alfons brachten ihren Kindern gegenüber so viel Verständnis auf! Nach kurzer Zeit fühlte ich mich wie ein richtiges Familienmitglied. Alfons lebte für seine Firma und freute sich an dem fröhlichen Familienleben. Wobei er all dem jungen Volk gegenüber größte Gemütsruhe bewies. Beider liebevolle Toleranz, das war es, was mich so faszinierte. Gerade habe ich Mama Marle in Leipzig besucht, erzählte ihr von meiner Arbeit, von Sheila und deren Studium, von diesem Buch-Manuskript, meinen schwierigen Überlegungen dabei. Und hörte wieder diesen Satz: Gaby, ich sehe es so. Aber: Jeder kann das machen, wie er will. Genau das hatte ich damals so sehr gebraucht, wirkliche Gespräche, faire Diskussionen. Mit meiner Mutter sind sie mir immer schwergefallen. Waren wir einer Meinung, war es gut. Äußerte ich Abweichendes, kam ich in Nöte. Ich empfand meine Mutter in Debatten als so übermächtig, fühlte stets, daß ich keine guten Argumente gegen ihre setzen konnte. In der Folge schwieg ich einfach. Marle und Alfons aber hörten mir zu.

Schumanns und meine Eltern lernten sich später bei meiner Hochzeit mit Eberhard kennen, verständigten, akzeptierten, ja mochten sich. Schumanns besaßen in Oberwiesenthal ein kleines Häuschen, da sind wir, Eberhard und ich, aber auch Mutti und Vati dann gelegentlich zum Skilaufen hingefahren.

Jedenfalls kam ich seit dem Herbst 1970 schon wegen meines Studiums nun häufiger nach Leipzig, besuchte regelmäßig Schumanns und natürlich Richard. Wobei ich schnell feststellte, daß mein aufregender Freund in vielen Feuern gleichzeitig brannte. Es konnte durchaus passieren, daß er einen anderen Tennis-Partner oder die Jagd nach einem edlen Biedermeierschränkchen meiner Gesellschaft vorzog. Eigentlich auch das eine heilsame Erfahrung: Richard war jemand, der nicht ständig von mir etwas einforderte, sondern sich gelegentlich an mir, mit mir freute. Was zu nichts verpflichtete; ihn nicht, mich nicht. Sicher, wir verabredeten uns, zum Tanzen, zum Tennis, später im Jahr zum Skilaufen im Erzgebirge. Zu Silvester hin hatte sich unsere kleine Liaison friedlich erledigt. – Was mich wenig bekümmerte. Ich lebte so herrlich intensiv, machte über diesen Herbst und Winter die aufregendsten Bekanntschaften. Da tauchte Dirk Poppa in meinem Tagebuch auf, dann Roland Matthes, unser olympisches Schwimm-As. Ich lernte den Theaterautor Rudi Strahl kennen, der mich sehr verehrte und verwöhnte. Eine neue, hochinteressante Konstellation: Strahl und mich trennte zwar ein gewaltiges Stück Lebenserfahrung, Rudi war damals etwas über vierzig Jahre alt, aber wir befanden uns beide hoch oben auf einer Woge, genossen gemeinsam Erfolg, Popularität. Rudi Strahl erlebte mit seinem Stück »In Sachen Adam und Eva« den absoluten Durchbruch in der Theaterszene. Diese ziemlich freche Komödie, in der auf hintersinnige Weise ein paar zwar altbackene, aber durchaus gängige Moralvorstellungen ironisch attackiert wurden, hatte schon im August 1969 gleichzeitig an den Theatern in Halle, Erfurt und Magdeburg ihre Uraufführung erlebt. Die merkwürdige Ring-Premiere war ein Coup der Theatermacher, um etwaigen konservativ-mäkeligen Kritiken von offizieller Seite gegebenenfalls gemeinsam begegnen zu können. Das in puncto Komödie nun nicht gerade verwöhnte DDR-Publikum nahm Strahls Stück begeistert auf, viele Bühnen bereiteten daraufhin ihre eigene Aufführung vor, so auch das Berliner »Maxim-Gorki-Theater«. »In Sachen Adam und Eva« wurde damit eines der meistgespielten Gegenwartsstücke in der DDR. Viele Leute werden sich an die Story erinnern: ein junges Paar, Krankenschwesternschülerin Eva und Autoschlosser Adam, möchte sich nach kurzer, aber heftiger Zeltplatz-Liebe umgehend fürs Leben zusammentun. Eltern, Kollegen, die »Alten« eben, sind aus verschiedensten Motiven dagegen. Ein Ehe-Gericht wird einberufen, es gibt Verwicklungen, zwischendurch wollen sich die beiden gar nicht mehr ... Am Ende jeder Vorstellung, so Rudi Strahls Regieanweisung, entschieden die Zuschauer per Handzeichen, ob Eva und Adam sich nun lieben durften oder nicht. Strahl gab für die »Ja«- und für die »Nein«-Variante zwei unterschiedliche Text-Versionen vor, es lief aber in beiden Fällen auf ein Plädoyer für mehr Selbstbestimmung junger Menschen hinaus. Man kann sich vorstellen, wie sehr mich die Dialoge, die Vorwürfe der Alten, die Bedenken der Jungen angingen! Rudi führte mich zu seiner Berliner Premiere ins Theater. Am Ende der Vorstellung stimmte ich natürlich mit einem »Ja« für Adam und Eva. Wie übrigens die Mehrheit der Zuschauer, und dies nicht nur am Premierenabend. Man erzählt sich, daß es bei allen 300 Vorstellungen, die am »Maxim-Gorki-Theater« in den nachfolgenden Jahren gespielt wurden, ebenso ausging. Das Publikum plädierte für unverkrampftes Jungsein, Lust, Liebe. Die »Nein«-Fassung wurde wohl nur ein einziges Mal ausdrücklich gefordert: Ein Jux, zu dem sich Schauspieler anderer Berliner Bühnen eines Abends extra verabredet hatten. Sie stimmten im Zuschauerraum so lautstark für ein »Nein«-Urteil, daß sich auch das sonstige Publikum, etwas verunsichert, anschloß. Die lieben Schauspieler-Kollegen wollten das Gorki-Ensemble in Verlegenheit bringen, testen, ob es den Strahl-Text zum »Nein«-Finale des Stückes überhaupt noch drauf hatte...

Diese charmante Atmosphäre aus Lebenserfahrung, ein wenig Galanterie und sehr viel Zuwendung, mit der mich mein kluger Freund Rudi umgab, genoß ich sehr. Wir feierten im November 1970 gemeinsam meinen 22. Geburtstag. Er schenkte mir ein Speiseservice mit Berliner Motiven, das, wie alle meine Porzellane, sorgsam gepflegt wird. Rudi Strahl sollte mir noch über Jahre hinweg guter Freund und lebensweiser Berater bleiben.

Nicht nur mit Rudi in Berlin, auch mit meiner Freundin Martina in Karl-Marx-Stadt ging ich in diesem Winter viel ins Schauspielhaus. Unser »Städtisches Theater« genoß eingangs der siebziger Jahre einen besonderen Ruf. Selbst die Berliner pilgerten zu uns nach Sachsen, um Regiearbeiten von Peter Sodann oder die sich hier profilierenden jungen Schauspieler Michael Gwisdek, Uwe Kockisch, Horst Krause zu erleben. Die Jungen hatten sich um den rund zehn Jahre älteren Sodann in einer Art Kreativ-Clan versammelt und stellten Stücke auf die Bretter, die republikweit Aufmerksamkeit erregten. Heute sind meine einstigen Theaterfreunde gesamtdeutsch anerkannte Film- und Fernsehmenschen. Das freut mich mächtig. Sodann ist nicht nur als der Dresdener ARD-Tatort-Kommissar mit Kneipe neben dem »Blauen Wunder« beliebt, sondern auch als kämpferischer Prinzipal seines Hallenser »Neuen Theaters«. Mike Gwisdek, der mit mir damals stundenlang über James Dean redete, mich über Amerika ausfragte und dabei mit seinem Theater-Colt herumwirbelte, dreht inzwischen die Filme, von denen er einst träumte. Uwe Kockisch war seinerzeit gerade auf einem Hemingway-Trip und versuchte, mich für Spanien und Stierkampf zu begeistern. Ob er inzwischen einen erlebt hat, ich weiß es nicht.

Wenn ich die gestandenen Mimen heute gelegentlich auf dem Bildschirm entdecke, erinnere ich mich lächelnd an unsere junge, wilde Truppe von einst. An aufschäumende Gefühle, luftige Träume, ernsthafte Pläne, lustige Trinkgelage in der Theater-Kantine oder bei jemandem, der zu Hause ein großes Wohnzimmer hatte. Lebenslust und ein bißchen Liebe. Nicht zuletzt durch meine Schauspielerfreunde erlebte ich diese Zeit als unheimlich aufregende. Sie machten mir ja alle ein wenig den Hof. Uwe Kockisch erklärte sogar, schwer in mich verliebt zu sein. Wenn ich abends im Zuschauerraum saß, wartete ich auf die zuvor verabredeten Code-Wörter oder -Gesten, mit denen ich von der Bühne herunter gegrüßt wurde. Meine Schauspieler waren eben alle ein wenig verrückt; aber schön, angenehm verrückt. Wie sie suchte ich nach Verrücktem, Spannung, Sinnlichkeit.

Ich denke, daß nicht wenige DDR-Frauen meiner Generation in jenen Jahren unseres Erwachsenwerdens sich sowohl ihres Verstandes als auch ihrer Sinne bewußt wurden. Öffentlich war Gleichberechtigung angesagt: Wir erhielten eine solide Bildung, begannen uns im Berufsleben zu emanzipieren, verdienten allesamt mit wenigen Ausnahmen unser eigenes Geld. Das große Aber: Auch in der real-sozialistischen Gesellschaft regierten eindeutig die Männer. Natürlich! Es wurden zwar viele meiner Geschlechtsgenossinnen Ärzte, Lehrer, Ingenieure; aber nur wenige gelangten auf den diversen Karriereleitern sehr weit nach oben. In der Politik schon gar nicht, man mußte sich nur das SED-Politbüro oder die DTSB-Spitze ansehen. Doch unsere materiell gesicherte Existenz einer berufstätigen Frau ermöglichte Freiheit im Privaten. Unsere Mütter waren wohl zu sehr in den ihnen anerzogenen konservativen Moralvorstellungen befangen, um das auszuleben. Wir probierten es.

Wenn schon nicht in den DDR-Zeitungen, so wurde zumindest in der DDR-Kunst eingangs der siebziger Jahre vorsichtig über diese, sagen wir »erotische Emanzipation« diskutiert. Da gab es ja nicht nur Strahls »Adam und Eva«, da gab es im April 1973 beispielsweise auch diesen Fernseh-Mehrteiler »Die sieben Affären der Dona Juanita« mit folgender Story: eine unverheiratete Studentin/Bauingenieurin verführt nacheinander ihren Kunst-Professor, dann einen Kommilitonen, später ihren Baustellen-Chef, einen Bauarbeiter, einen auf die Großbaustelle gekommenen Maler, einen Montagebrigadier und am Ende sogar den dieses alles untersuchenden »Sicherheitsinspektor«. Und das im DDR-Fernsehen, die Serie schlug wirklich ein. Die Leute stritten sich richtig darüber! Viele brave Männer äußerten sich beinahe fassungslos über dieses Weib. Na gut, so etwas gab es ja glücklicherweise bloß im Fernsehen. Was aber, wenn nun die eigene Frau oder Freundin zu Hause, womöglich die eigene Tochter, ähnliche Ansprüche anmeldeten? Na, das war dann natürlich etwas anderes. Und bei mir, der Vorzeige-Sportlerin, sollte es erst recht anders zugehen! Ordentlich eben! Ich meinerseits begann in diesem Herbst und Winter einfach aus meinen Gefühlen und Sehnsüchten heraus zu leben, auch meiner Lust Raum zu geben. Heute würde ich mich in dieser Lebensphase so ähnlich wie die Rosi-Figur in Maxi Wanders Interview-Buch »Guten Morgen, Du Schöne« beschreiben. (Das Buch haben die Frauen bei uns in den siebziger Jahren förmlich verschlungen, selbst solche, die sonst nie ein Buch auf dem Nachttisch liegen hatten.) Die Rosi diktierte also in den Kassettenrecorder: *Ich gehöre nicht zu den Frauen, die sich einbilden, nur mit e i n e m Mann glücklich sein zu können. Ich treffe ständig Männer, die mir gefallen und denen ich gefalle. Wenn tatsächlich nur zwei Menschen füreinander in Betracht kämen, unter den ...zig Millionen auf der Welt, wie fänden diese beiden zueinander? ... Ich kann dir nicht sagen, warum ich n i c h t mit ihnen schlafen soll. Es ist doch so: Man trifft unentwegt Menschen, in unserem großen Betrieb mit den vielen Beziehungen ist das beinahe unüberschaubar, und man ist doch nicht blind und taub. ... Man geht mit so vielen Menschen in die Kantine, ins Kino oder spazieren, am Fluß entlang, sitzt in Versammlungen zusammen, lacht, streitet ... Hundert Beschäftigungen, die man mit anderen tun kann, wenn man sich sympathisch findet. Gibt es einen einleuchtenden Grund, warum man ausgerechnet den Sex ausklammern soll? Weil unsere Großmütter das tun mußten? Ja? Alles was natürlich ist, ist gut für mich.*

Richtig!

Die Wirklichkeit in meiner Heimatstadt sah etwas anders aus. Seit diesen Jahren weiß ich nun sehr genau, was Tratsch und Klatsch für den Betroffenen bedeuten können. Dieses scheinbar harmlose Weitererzählen von Details, die aus ihrem Zusammenhang gerissen wurden, von Halbwahrheiten, auch von richtiggehenden Lügen ... Lügen haben so lange Beine! Jeder läßt etwas weg, fügt etwas hinzu ... Aus dieser Erfahrung reagiere ich auf jeglichen Klatsch allergisch. Jeden, der mir etwas in dieser Richtung erzählen will, frage ich: Hast du selbst das mit eigenen Augen gesehen, mit eigenen Ohren gehört? Nein? Also, dann rede nicht darüber! Laß dieses Zeug, ich hasse es.

So turbulent es bei mir im Privaten zuweilen zugehen mochte, den Alltag bestimmte das Eis: Praktisch durch das tägliche Training bei meinen Kindern, theoretisch ging ich nun langsam meine Diplomarbeit an, natürlich mit einem Eislauf-Thema: »Interpretation der Ergebnisse des Pauli-Tests als Beitrag zur allgemeinen psychologischen Charakteristik der Eiskunstläufer der DDR«. Es handelte sich bei diesem »Pauli-Test« um einen am Forschungsinstitut für Körperkultur und Sport an der DHFK entwickelten Sprung-Test. Langsam häuften sich auf meinem Schreibtisch zu Hause die Tabellen und Protokolle. Ich untersuchte 15 Läufer aller Eiskunstlauf-Disziplinen über zehn Monate hinweg. Jeweils vor einem Training oder einem unbedeutenden Wettbewerb bat ich die ausgewählten Sportler zu meinem Test. Sprünge, Fehlerquoten, Störpotential, Verhalten des Läufers wurden in dynamo-graphischen Arbeitskurven aufgezeichnet und anschließend interpretiert. Dabei interessierten zum Beispiel Ursachen für die Diskrepanzen zwischen Trainings- und Wettkampfleistung. Mein Mentor Professor Paul Kunath betreute die Diplomarbeit.

Neben der theoretischen Arbeit lief die Eislauf-Saison. Die DDR-Meisterschaften 1971 fanden bei uns im Küchwald-Stadion statt. Als Trainerin von meiner kleinen Anett Pötzsch stand ich hinter der Bande, ein seltsames Gefühl. Nach meinem Rücktritt war für die junge Sonja Morgenstern der Weg nach oben frei. Sie ist eine sehr schöne Kür gelaufen, hat ihre erste Sechs-komma-Null bekommen. Ich erinnerte mich daran, wie das bei mir war. Und mußte ganz schön meine Tränen herunterschlucken.

Im Januar begleitete ich meine Mädels nach Berlin, wo wieder einmal der Nachwuchs geprüft wurde. In jeder Altersstufe gab es ein Netzwerk solcher Auswahl-Wettkämpfe, in dem systematisch die hoffnungsvollsten Talente entdeckt werden sollten. Als ich meine Gruppe übernahm, verfügten die Kinder in etwa über den gleichen Leistungsstand. Zwei der kleinen Mädchen, das kristallisierte sich dann bald heraus, waren offenbar etwas talentierter als die übrigen: Anett Pötzsch und Petra Ronge. Anett machte besonders rasch Fortschritte. In ihrem Fall harmonierte alles. Talent allein genügt ja nicht für eine Leistungssport-Laufbahn. Ehrgeiz, Hartnäckigkeit sind gefragt, eine konsequente Trainerin und natürlich ein engagiertes Elternhaus. Familie Pötzsch stand voll hinter der Eislauf-Karriere ihrer Tochter, kümmerte sich, stellte sogar ihr Wohnzimmer für die Elternabende mit der ganzen Gruppe zur Verfügung. In diesem Kreis wurde ich übrigens vollkommen akzeptiert, »meine« Eltern waren schon in Ordnung! Sie hatten Vertrauen zu mir, auch wenn ich noch so jung war. Die Eltern erlebten ja mit ihren Kindern, daß es unter meiner Regie sportlich bei allen voran und den Kindern gut ging. Zur Karl-Marx-Städter Spartakiade im Februar zeigten meine »Mäuse« prachtvolle Leistungen. Sie strahlten, ich strahlte! Natürlich träumte ich davon, daß ihnen eines Tages bei großen internationalen Wettbewerben applaudiert würde.

Mitte Februar 1971 flog ich mit Anett zum Freundschaftspokal-Turnier der Junioren nach Budapest. Ein ungarischer Reporter berichtete: »Am Tag der Pflicht-Übungen war sie schon um acht Uhr früh im Eisstadion und gab den Kindern Ratschläge. Bis neun Uhr abends tat sie nichts anderes, als ihre Zöglinge zu instruieren. In Budapest gibt es keine überdachte Eishalle, sie stand zwölf bis dreizehn Stunden im eisigen Wind. Statt ihres Kürkleides trug sie jetzt Hosen und Pelz. Es war ihr erster Auftritt als Trainer bei einem internationalen Wettbewerb ... Die Übergangszeit zwischen der Spitzensportlerin und der künftigen großen Trainerin beginnt jetzt.«

Ich zitterte bei diesem Budapester Junioren-Pokal nicht nur wegen der Kälte, sondern auch vor Lampenfieber tüchtig mit; alle meine Wettkampf-Erfahrung konnte das nicht verhindern. Da erinnerte ich mich daran, wie meine Mutti 1961 in Westberlin vor lauter Aufregung den Reißverschluß meines Kür-Kleidchens aushakte. Sie wollte doch so sehr, daß ich bei meiner internationalen Premiere eine gute Figur machte. Das wollte ich jetzt auch für Anett. Der Trainer, der draußen an der Bande steht, ist oft wesentlich aufgeregter als der Akteur auf dem Eis. In dem Moment, da zur Pflicht-Figur oder Kür aufgerufen wird, ist der Läufer draußen allein. Durch nichts mehr zu lenken, zu korrigieren. Dem Trainer bleibt nur noch, an der Bande herumzustehen und seine

Gefühle mehr oder weniger erfolgreich in den Griff zu bekommen.

Meine Anett machte ihre Sache sehr gut, ich bekam die ersten Komplimente für die neue Arbeit. Natürlich wurde ich in Budapest von Journalisten wie Kollegen häufig gefragt, wie ich mir nun vorkäme? Ob es nicht ein eigenartiges Gefühl sei, Europameisterschaften oder Weltmeisterschaften nur noch auf dem Bildschirm verfolgen zu können? Sicher. Aber das Gefühl wäre ebenso heftig, wann immer ich auch Abschied genommen hätte, jetzt, oder ein, zwei Jahre später. Einmal mußte ich es überwunden haben.

Im übrigen brachte mir diese Veranstaltung nicht nur Rückblicke, sondern auch den Beginn meiner langjährigen Freundschaft mit der Eiskunstläuferin Christina Regöszy.

Natürlich gefiel mir die oben erwähnte Aussicht, die kommende Europameisterschaft 1971 in Zürich nur per Fernsehapparat zu erleben, überhaupt nicht! Ganz offiziell bat ich im Club darum, mitfliegen zu dürfen. Man hat es mir leider nicht gestattet: keine Devisen. Äußerlich ließ ich mir nichts anmerken und vertraute nur meinem Tagebuch an, daß ich am Abend der Damen-Kür ganz allein in der Wohnung meiner Eltern saß und bei den TV-Übertragungen bittere Tränen weinte. Sonja Morgenstern präsentierte sich in Zürich als die beste Kür-Läuferin Europas. Das tröstete mich ein wenig: Unser Nachwuchs machte seine Sache hervorragend!

Da ich nicht mitfliegen durfte, gab ich Mutti einige Briefe an gute Freunde mit, an Rita Trapanese und an meinen Alexej Ulanov. Alexej und ich waren im Jahr zuvor in eine ganz besondere Art von liebevoller Freundschaft verstrickt gewesen. Jetzt, da ich nicht mehr an Eberhard gebunden war, erinnerte ich mich voller Wärme an Alexejs Werbung, an seine tiefe russische Seele. Dachte er noch an mich? Mutter brachte mir aus Zürich postwendend einen wundervollen Brief von Alexej mit. Für ihn spielte sie ganz gerne den »Postillon d'amour«, denn sie mochte den hingebungsvollen jungen Mann. Der Brief wurde mir von Oktrjabrina, einer Bekannten von Alexej und glühenden Verehrerin von mir übersetzt. *Dorogaja moja Gaby, Liebe teure Gaby, eben erst vom Bankett der Europameister zurückgekehrt schreibe ich diesen Brief, der in einigen Stunden zu Dir fliegen wird. In ihm stelle ich nur eine Frage: Weshalb hast Du aufgehört, weshalb kannst Du heute nicht mit uns zusammensein? Weshalb nur können wir beide heute nicht zusammensein? Was hattest Du zu fürchten? Wem hast Du die Krone überlassen und damit das Recht, sich die Erste zu nennen, das Du mit soviel Mühe und Fleiß errungen hast, den man nur ahnen und erst später selbst erkennen kann. Du hast den Menschen Freude gebracht mit Deiner Jugend, Deiner Schönheit. Und die Menschen waren Dir dafür dankbar. Jetzt ist es ohne Dich traurig und leer. Nein, es ist besser, mit dem Sturm die Kräfte zu messen und bis zum letzten Augenblick zu kämpfen, als sich an sichere Ufer zu retten.* Alexejs Worte berührten mich im tiefsten Herzen.

Kurz danach fuhr Mutti mit Sonja Morgenstern nach Frankreich, zur Weltmeisterschaft in Lyon. Wenn ich schon nicht dabeisein durfte, wollte ich zumindest vermeiden, mich noch einmal allein vor dem Fernseher herumzuquälen! Kurzerhand lud ich alle Kunstlauf-Trainer vom Sportclub zu uns nach Hause ein – Familie Clausner, Familie Salzmann, Ulli Walther –, damit wir uns die Übertragung der Damen-Kür gemeinsam ansahen. Mein Tagebuch: *Ich war froh und traurig zugleich, konnte ich mich doch nur allzu gut in die Lage der Starterinnen von Lyon hineinversetzen. Sonja hatte großen Erfolg, dadurch kamen wir an diesem Abend in eine prachtvolle Stimmung. Glücklicherweise bemerkte niemand, daß mir bei Sonjas Kür die Tränen über die Wangen liefen. Sie war toll, und ich hatte eine schmerzende Freude an ihrem Lauf. Von diesem Abend an war ich aber auch nicht mehr die amtierende Weltmeisterin, die hieß jetzt Trixi Schuba.*

Der Verlust dieses Titels ging mir damals nahe, nun war es endgültig vorbei. Sicherlich, ich bin auch heute noch die Weltmeisterin von 1969 und 1970, aber das ist eben längst Geschichte. Wobei übrigens schon Wilhelm Busch wußte: »Der Ruhm, wie alle Schwindelware, hält selten über tausend Jahre, zumeist vergeht schon etwas eher die Haltbarkeit und die Couleur.«

Auf die Lyoner Weltmeisterschaft folgte die übliche Schaulauf-

Tournee, die in diesem Jahr auch nach Dresden und nach Karl-Marx-Stadt führte. Ich freute mich wahnsinnig, alle wiederzusehen. Besonders den einen. Mein Alexej strahlte mächtig, als er mich sah, umarmte mich, wollte meine Hand überhaupt nicht mehr loslassen. Dieses Mal ging er direkt auf sein Ziel los, fragte, ob ich ihn heiraten und mit nach Moskau kommen würde? Er war ein so lieber, zärtlicher, aufmerksamer Mann. Würde unser schönes Gefühl für einander ein Leben lang tragen? Da regten sich Zweifel in mir. Und dann gab es noch die Sprachbarriere. Halbwegs verständigen konnten wir uns mit meinem Schulrussisch, mit einem bißchen Alltagsenglisch. Ein tiefergreifendes Gespräch konnte daraus nicht entstehen. Schade! Traurig fuhr mein Alexej mit seiner Eislauf-Familie weiter. Ich blieb zurück.

Ich hatte damals trotz allen Trubels das bittere Gefühl, daß man mich in Karl-Marx-Stadt sehr allein ließ. Es war ja völlig in Ordnung, daß ich nun lernen mußte, so manche Angelegenheit selbst zu regeln, die vorher meine Mutter oder jemand vom Club oder der Verband für mich erledigt hatte. In der Rückschau sehe ich das als Selbstverständlichkeit. Damals konnte ich mit der veränderten Situation zunächst nicht gut umgehen. Zu lange war ich von vielen Alltagsdingen abgeschirmt gewesen. Nun mußte ich mir diese simple Routine erst annehmen. Ein mühseliger Start in die Selbständigkeit. Ich hatte da auch meinen Stolz und ging daran, alles selbst zu bewältigen.

Im März 1971 zum Beispiel, meinen Umzug zu organisieren. Mein neues zuhause war bezugsfertig. Noch wohnte ich ja bei meinen Eltern im Kinderzimmer, was mir langsam zu eng wurde. Ich wollte heraus, mein eigenes Leben leben, nach eigenem Reglement, in Möbeln, die ich ausgesucht hatte, mit meinen eigenen Gästen. Das hatte ich auch verschiedentlich angedeutet, wenn ich bei den Gratulationen und Weltmeister-Empfängen nach meiner Rückkehr aus Colorado Springs und Ljubljana gefragt wurde, ob es mir denn gut gehe. Über den DTSB und mit Hilfe unserer Stadtväter war geregelt worden, daß ich in ein Einfamilienhaus einziehen konnte. Am Umzugstag selbst halfen mir natürlich meine Eltern und Freunde. Auf Martina fiel der Part, das Geschirr auszupacken und abzuwaschen. Sie zitterte mächtig dabei, aus Angst, daß ihr ein wertvoller Pokal oder eine Porzellanvase entzwei brechen würde ... Nun lebte ich in meinen eigenen Zimmern. Oft hat Martina bei mir geschlafen, weil ich Angst hatte, alleine zu sein. Bei ihr konnte ich mich in all diesen Monaten ausheulen. Ihr Liebster war im Herbst 1970 zur Armee eingezogen worden, da ging es ihr auch nicht so gut. Sie hatte für mich Zeit und viel Verständnis.

Wenn man sich einsam fühlt, muß man unter Leute gehen. Die Leipziger Messe besuchten viele. So auch Mutti und ich, schon seit Jahren, vorausgesetzt, es paßte uns terminlich in den Kalender. Den Charme, den die Messe zu jener Zeit für einen DDR-Bürger ausstrahlte, kann man sich heute kaum noch vorstellen. Leipzig, das Tor zur Welt, das war es ja wirklich. Alle Welt präsentierte sich bunt, fremd, verlockend. Grellbunte Reklameschilder aus der anscheinend unerschöpflichen Warenwelt fingen die Blicke ein. Aus westlichen wie östlichen Werbestudios herbeigeschafft, verwandelten sie die Stadt pünktlich zum Eröffnungstag jedes Mal vollständig. Gut, über Leipzig lag auch sonst und trotz aller Kriegsnarben immer noch die sanfte Patina solider Handelsjahrhunderte. Es besaß seine prachtvollen Ausstellungshöfe, die dämmrigen Passagen, die kleinen Bars auch außerhalb der Saison. Trotzdem schien sich Leipzigs Zentrum erst während der Messetage in eine Art Eldorado zu verwandeln. Ich sah mich in den Handelshöfen der Innenstadt um: Bei italienischen Schuh-Kollektionen probelaufen, bei französischen Kosmetikfirmen an den Parfümproben herumschnuppern, Dior präsentierte den letzten Pariser Chic. Ich möchte die DDR-Frau jener Jahre sehen, die nicht gleich mir verzaubert aus diesen Höfen wieder auftauchte.

Das Eldorado ging mit der gemütlichen Geschäftstüchtigkeit von Leipziger Zimmerwirtinnen, Restaurantchefs, Barkeepern eine prima Kombination ein. So blieb zur Freude der Einheimischen das West-Geld in der Stadt, während die West-Gäste vielleicht etwas messe-reicher, bestimmt aber mit angenehmen Erinnerungen von dannen zogen. Um im nächsten Jahr neugierig zurückzukehren.

Dieses Mal fuhr ich allein zur Frühjahrsmesse, neugierig auf schöne Dinge, aber auch auf neue Menschen. Und lernte bei irgendeinem Small-Talk Roberto kennen, einen Westdeutschen mit einer kleinen Werkzeugfirma. Roberto war viel älter als ich, ein wohlbeleibter Mann, aber lustig, sympathisch. Während der Messe pflegte er Abend für Abend in irgendeiner Leipziger Bar Dutzende Leute, von denen er die Hälfte kaum kannte, um sich zu versammeln und die ganze Gesellschaft üppig freizuhalten. Mich schloß er gleich ins Herz, hätte sicher auch gerne eine heiße Affäre mit mir begonnen, fügte sich aber klaglos drein, als ich ihm erklärte, daraus würde nun garantiert nichts werden. Was mich nicht hinderte, tüchtig mitzufeiern, mitzutanzen.

Fortan besuchte ich Roberto alljährlich in Leipzig an seinem Messestand. Jahrelang blieben wir befreundet. Als meine Tochter Sheila geboren wurde, schickte er riesige Pakete mit Pampers-Windeln, Stramplern, Baby-Kosmetik. Ein richtiger Lebemann, aber mit Herz. Roberto feierte gern, kümmerte sich jedoch auch um soziale Aktionen, veranstaltete dafür Geldsammlungen, übernahm einige Kinder-Patenschaften in der Dritten Welt.

Die Messe hatte mich aufgemuntert. Den beiden fröhlichen Wochenenden folgte grauer Alltag. Ich fühlte mich doch manchmal ziemlich deprimiert. Sicherlich, da war mein Eis-Quartett: Petra, Birgit, Pitti und Anett – so hatten es mir die Mädels im vergangenen Jahr zum Geburtstag gereimt. Ich arbeitete, manchmal richtig verbissen: Übungen präzise erklären und demonstrieren, die jungen Läufer fordern, minutiös beobachten, Notizen machen, Fehler korrigieren und alles, alles vollkommen gerecht bewerten. Gerechtigkeit ist für Kinder so wesentlich! Solange ich auf dem Eis stand, lief, sprang, ging es mir gut. Da war ich ganz bei der Sache, eins mit mir. Die Mädchen mochten mich. Wohl auch, weil ich bei aller nötigen Strenge ein bißchen Lockerheit, Fröhlichkeit zuließ. Bei mir durfte auch mal gekichert werden. Ich kümmerte mich um meine Kinder auch außerhalb der Trainingsstunden, lud sie zu mir nach Hause ein, ging mit ihnen ins Kino, wir bummelten im Dezember über den Weihnachtsmarkt, ich nahm sie mit ins »Städtische Theater«, wo wir uns auch hinter der Bühne umschauen, einer Maskenbildnerin beim Schminken und der Garderobiere in ihrem Reich zugucken durften. Das war nun etwas für meine »Mäuse«! Trotz alledem blieb in meinem Leben ein Rest Unerfülltheit.

Ich war allein. Viel war seit dem letzten Sommer passiert, viel hatte ich unternommen, erlebt. Doch immer wieder spürte ich, wie so eine Ur-Sehnsucht in mir aufstieg, meinem Eberhard wieder näher zu kommen. Ich hörte mich um, versuchte herauszubekomen, was er jetzt eigentlich machte. Unternahm erste zaghafte Versuche, ihn wiederzusehen. Wie würde Eberhard reagieren? Was würde ich dabei empfinden?

In unserer Stadt gab es damals die »Bodega«, eine Kneipe, in der man sich traf, wo auch viele der Journalisten saßen, weil nebenan das Redaktionsgebäude der »Freien Presse«, unserer Bezirkszeitung, lag. Dort schaute ich gelegentlich hinein, um Eberhard kurz zu sehen. So richtig wußte ich nicht, wie ich mich verhalten sollte.

Ich glaube, irgendwann im November hatten wir uns zum ersten Mal in der »Bodega« ausführlicher unterhalten. Das war angenehm. Mehr brauchte es auch noch nicht zu sein. Ich sah ihn dann öfter. Aber wir trauten uns noch nicht, einen neuen Anfang zu machen. Wir hielten Abstand. Dieses Hin und Her zwischen uns hatte bestimmt auch mit den anderen Männern in meinem Leben zu tun. In einer Stadt wie Karl-Marx-Stadt ließ sich nichts lange geheimhalten. Eberhards Eifersucht, mein Trotz, neue Kräche, ich war noch nicht reif für ein ständiges Zusammensein.

Trotzdem zog es mich immer wieder zu ihm. Meine Schauspieler, die prickelnden Nächte, das fand ich alles toll. Aber für ein ständiges Zusammenleben waren sie mir nun wieder zu verrückt. Wenn ich mich mit Eberhard traf, wirkte alles so vertraut. Manchmal schien es mir, als hätte es für mich nie etwas anderes gegeben. Ich landete immer wieder bei ihm.

Anfang Juni 1971 beschlossen wir, es noch einmal ernsthaft miteinander zu versuchen. Nichts war dabei selbstverständlich. »Ich bin glücklich«, steht seit langer Zeit einmal wieder in meinem Tagebuch. Das schwierigste an der veränderten Situation bestand allerdings darin, sie meiner Mutter mitzuteilen. Mutters Reaktion, das war schon starker Tobak ... Wir gingen uns daraufhin monatelang möglichst aus dem Wege. Natürlich liefen wir täglich auf der Bahn aneinander vorbei, vermieden es aber, ein privates Wort miteinander zu sprechen.

Glücklicherweise stand die Urlaubszeit bevor. Martina und ich hatten geplant, nach Ungarn, an den Plattensee zu reisen. Wir waren bei der ungarischen Eiskunstläuferin Christina Regöszy eingeladen, in Siófok Quartier zu nehmen. Ihre gastfreundliche Familie besaß dort ein winzig-kleines Haus, in dem noch ein Zimmerchen für uns übrig war.

Solche Kontakte waren für uns DDR-Bürger in jenen Jahren eine selten günstige Gelegenheit, am beliebten Plattensee Urlaub zu machen. Falls man nicht eine der ebenso raren wie teuren Reisebüro-Touren buchen konnte. (Martina und mir waren sie zu teuer.) Die Ursache für das Reise-Dilemma lag in der Anordnung der Ungarn, daß DDR-Mark nur in begrenzter Höhe in ungarische Forinth umgetauscht werden durften. Diese vorgeschriebenen Tagessätze reichten auf gar keinen Fall für ein richtiges Hotel, im Grunde kaum für einen Campingplatz. Dem sozialistischen Ungarn waren nun einmal die mit West-Geld zahlenden Bundesdeutschen an ihrem schönen Balaton lieber. Ostdeutsche Gäste brachten keine Devisen ins Land. Die Tatsache, daß man nach und nach in sämtlichen osteuropäischen Reiseländern, sogar in der UdSSR, als »Tourist zweiter Klasse« rangierte, in Hotels und Restaurants oft herablassend behandelt wurde, frustierte mich ebenso wie Hunderttausende meiner reisefreudigen Mitbürger zunehmend.

Nun kamen wir sogar zu dritt bei Familie Regöszy unter. Martina fand es in Ordnung, daß ich Eberhard mitbrachte, sah sie doch, wie ausgeglichen und glücklich ich mich fühlte. Mit Christina aus Budapest sowie mit ungarischen Bekannten von Martina, die zur gleichen Zeit in Siofok Urlaub machten, dazu mit einem freundlich-verrücktem westdeutschen Paar, das auf dem Plattensee segelte und uns einlud, bildeten wir einen fröhlichen Ferienclub. Die zwei Wochen vergingen wie im Fluge. Im Austausch kam Kristina zum Training nach Karl-Marx-Stadt und wohnte dann bei mir.

Gerade als wir in Ungarn waren, gastierte in Budapest »Holiday on Ice«. Natürlich war ich neugierig genug, um für einen Tag hinzutrampen, Christina konnte uns über Freunde Karten für die Eisrevue besorgen, also nichts wie los! Im Budapester Eislauf-Stadion traf ich auch Hans-Jürgen Bäumler. Selbstverständlich unterhielt ich mich mit ihm, schließlich waren wir gute alte Bekannte.

Aber irgend jemand muß mich in diesem Ungarn-Urlaub beobachtet haben, denn ich bin ja nun nicht zu Hause ins Trainerzimmer am Küchwald gegangen und habe alle recht herzlich von Hans-Jürgen Bäumler gegrüßt, so naiv war ich nicht. Gleichgültig, wie das alles zusammenhing, es brauten sich im Herbst 1971 ziemlich düstere Gewitterwolken über mir zusammen.

Eines trüben Novembertages bestellte mich der Generalsekretär des DDR-Eislaufverbandes, Jochen Grünwald, zu sich und führte mir mein ellenlanges »Sündenregister« vor Augen. Ich war doch ziemlich perplex, was da, angefangen vom Zuspätkommen in der Küchwald-Halle, über den Theater-Klatsch, meinen – wortwörtlich – »zwielichtigen Umgang in Leipzig« bis hin zu jenem unerlaubten »West-Kontakt« mit Hans-Jürgen Bäumler zur Sprache kam. Nun kannte ich Herrn Grünwald seit vielen Jahren und wußte, daß diese Attacke gegen mich ganz bestimmt nicht von ihm kam, eher von Manfred Ewald und der obersten Sportleitung. Wahrscheinlich ging es Herrn Grünwald genauso schlecht wie mir, als er diese für ihn mit Sicherheit unangenehme Mission zu erfüllen hatte, »einige meiner Verhaltensweisen scharf kritisierte und mich von der auferlegten generellen Auslandssperre in Kenntnis setzte.« Der Hieb saß. Eine Auslandssperre. Sie bedeutete im Klartext, daß ich nur noch als Trainerin bei den absoluten Anfängern arbeiten durfte. Selbst mit meiner kleinen Anett war ich ja schon nach Budapest geflogen. Ohne Paß war auf dieser Ebene eine kontinuierliche Arbeit undenkbar. In mir brodelte es mächtig: Wut, Trotz, Unsicherheit, Furcht ... Ich empörte mich, bestritt, wollte klarstellen, entschuldigen ... Ich fand mich total eingeschränkt. Vorher war das nie ein Thema, sondern alltäglich gewesen, Gespräche mit Westdeutschen, Amerikanern, Franzosen ... Nur solange ich Medaillen holte. Jetzt war das vorbei. Jetzt sollte ich mich einordnen in die Disziplin eines »normalen« DDR-Bürgers. – Ich wollte dieses peinliche November-Gespräch hinter mich bringen. Und vor allem: Ich wollte weiterhin als Trainerin vernünftig arbeiten können. Jochen Grünwald redete mir lange und väterlich zu, doch bitte ein wenig Vernunft anzunehmen, mich wirklich zu bemühen. Ich versprach es ihm, obwohl alles in mir gegen die dummen, ungerechten Vorwürfe und vor allem gegen die verhängte Sperre rebellierte. Am Ende meinte er, ich solle nicht einfach nur okay sagen, sondern als erstes das, was man im DDR-Deutsch eine »selbstkritische Stellungnahme« nannte, an Manfred Ewald schicken. – Jochen Grünwald kannte die Spielregeln besser als ich. Also folgte ich seinem ehrlichen Rat, setzte mich zähneknirschend hin und leistete am 6. November. 1971 schriftlich meine »Abbitte«. Die Rohfassung habe ich mir aufgehoben, es ist schon ein merkwürdiges Dokument. Ich war so wütend über die Unterstellung, als Trainerin nichts zu leisten. Da arbeitete ich mit Anett inzwischen bereits am dreifachen Salchow, aber diese Ignoranten am grünen Tisch bezichtigten mich der Faulheit! Sollten sie doch beim Training zuschauen kommen! Vor allem über den einen Punkt, der Manfred Ewald vermutlich am meisten interessierte, mußte ich Klarheit schaffen: die »West-Kontakte«, daß da ja nun wirklich und wahrhaftig nichts lief!

XIII. Heirat und Ende meiner Eis-Zeit

Mir war der Disziplinierungs-Schock vom November doch ziemlich aufs Gemüt geschlagen. Mutter ignorierte mich weiterhin, besser gesagt, wir beide gingen uns tunlichst aus dem Wege. Also blieben Eberhard und ich Weihnachten allein zu Hause: stille Spaziergänge, Weihnachtsmusik von den Thomanern hören, die Zeit verstreichen lassen, Ruhe finden. Wir erlebten ein recht trauriges Fest. Eher verhalten setzte das Jahr 1972 ein; für das wir uns allerdings viel vorgenommen hatten! Es sollte alles in Ordnung kommen.

Traditionell gingen im Januar zuerst die DDR-Meisterschaften über die Bühne. Ein Pressekommentar: »Auch unsere sehr jungen Teilnehmerinnen aus der Meisterklasse zeigten ausgezeichnete Leistungen. So sprang Anett Pötzsch, 1970 in der Senioren-Klasse der Spartakiade die Beste, zwölf Jahre alt, einen sicheren dreifachen Salchow, einen Sprung, den noch wenige Jahre zuvor kaum eine Starterin sprang.« Glücklich umarmte ich die großartige Kleine. Sie konnte ja gar nicht ermessen, wie wichtig dieser gelungene Dreifachsprung auch für mein inneres Gleichgewicht war! Zu den Europa- und Weltmeisterschaften fuhr Anett noch nicht, dort startete Sonja Morgenstern, die alte und neue DDR-Meisterin. Immerhin schaffte Sonja beim Europa-Championat die Bronze-Medaille.

Bei mir folgte Trainings-Alltag: Für jeden einzelnen meiner Schützling einen individuellen Übungsplan aufstellen, Leistungskontrollen, Trainerbesprechung, Elternabende ... Im Studium standen Prüfungstermine an, es ging aufs Finale zu. Und so verbrachte ich viele Abende über Büchern, Notizen und mit der Rohfassung meiner Diplomarbeit, an die jetzt letzte Hand angelegt werden mußte. Arbeitsreiche Monate ohne besondere Aufregungen. Wenn man davon absieht, daß ich natürlich vor jeder

Staatsexamens-Prüfung gebührend aufgeregt war. Streß? Ich verabscheue dieses in Mode gekommene Wort. Ich hatte viel zu tun, richtig. Aber wenn man systematisch an die anstehenden Aufgaben herangeht, wenn man die verschiedenen Pflichten und Termine optimal miteinander koordiniert und natürlich fleißig bleibt, dann schafft man seine Arbeit! So halte ich es bis heute. Und wenn es noch so dicke kommt, ich habe keinen Streß, ich habe viel Arbeit. Und die erledige ich, punktum!

Über dieses Frühjahr müßte vielleicht noch gesagt werden, daß es mir gefiel, Eberhard ganz selbstverständlich neben mir zu wissen! Wir lebten friedlich miteinander, liebten uns.

Langsam ging auch diese Eis- und die Prüfungs-Saison zu Ende. Anfang Juli durfte ich mit Täve Schur zusammen nach Leningrad reisen. Es handelte sich um ein propagandistisch wichtiges Treffen der FDJ mit dem Komsomol, bei dem, wie gewöhnlich, einige Prominente, auch bekannte Sportler, mit im Präsidium sitzen sollten. Ich war ohne Zögern mitgeflogen. An Leningrad erinnerte ich mich ohnehin gern. Und wo immer mich die Leningrader erkannten, da lächelten, ja, jubelten sie mir zu. »Nascha Gaby« war noch nicht aus ihren Köpfen verschwunden. Warum sollte ich das nicht genießen? Ebenso wichtig wie die freundlichen Gastgeber fand ich allerdings den – de facto mit dieser Reise verbundenen – dezenten Hinweis darauf, daß meine Auslandssperre aufgehoben sei. Direkt hatte mir das niemand mitgeteilt, aber ich erhielt meinen Paß und das Flugticket ... Und atmete tief durch.

Sofort nachdem ich aus Leningrad zurück war, wurde tüchtig gefeiert: Wir begingen, mit vielen Torten und gutem Johannisbeerlikör, den 80. Geburtstag meiner lieben Oma. Gefeiert wurde in der Wohnung meiner Eltern. Mutti hatte sich inzwischen halbwegs an Eberhard gewöhnt und mit mir versöhnt. Gott sei Dank. Am wichtigsten war schließlich, daß meine Oma zu ihrem Jubiläum alle ihre Lieben um sich versammeln konnte. Tante Erni aus Westberlin war da, Tante Lene. Am nächsten Tag fuhr ich mit sämtlichen alten Damen nach Schloß Moritzburg und nach

Pillnitz, führte sie in Dresden über die Brühlsche Terasse, organisierte ein sächsisches Rundum-Kulturprogramm. Meine liebe Oma sollte sich doch über ihre Enkelin, die endlich einmal ein bißchen Zeit für sie aufbringen konnte, freuen. Oma war stolz, wenn ich unterwegs erkannt wurde, wenn Leute mir zulächelten, sich ein bißchen den Hals verrenkten. Welche Großmutter wäre das nicht!

Dieser Monat steckte überhaupt voller Ereignisse: Am 12. Juli verteidigte ich meine Diplom-Arbeit und bekam von der DHFK das Abschlußzeugnis. Die Studienzeit lag hinter mir. Wieder konnte ich durchatmen: Diplom-Sportlehrerin Gabriele Seyfert. Na, das klang doch gut!

Und weil gerade alles so prächtig lief, hegte ich nicht die geringsten Zweifel daran, daß auch der nächste, höchst aufregende Termin am 22. Juli 1972 wunderbar über die Bühne gehen würde. Unsere Hochzeit nämlich. Diesen Sommer sollte es ernst werden mit dem Ehestand. Eberhard und ich hatten sorgsam abgewogen und uns schließlich entschieden. Feierlich nahmen wir uns vor, in unserer gemeinsamen Zukunft alles, aber auch alles richtig zu machen!

Natürlich setzte ich meinen ganzen Ehrgeiz darein, die schönste Braut zu werden und die prachtvollste Hochzeit zu veranstalten, die man seit langem in meiner Heimatstadt gesehen hatte. Viele, viele Hände halfen mit. Über mein Hochzeitskleid hatte ich lange nachgedacht. Am Ende entschied ich mich für eine enganliegende hellblaue Samt-Robe, dazu eine Pellerine mit angeschnittener Kapuze aus demselben Stoff. Diese weichfallende Kapuze deutete quasi den Schleier an. Entdeckt hatte ich die Idee für dieses Ensemble in einem Hamburger Mode-Journal, aber da gab es eben nur ein Foto, keine Schneidertips, keinen Schnittmusterbogen. Ich überlegte nicht lange, vertraute ganz auf die geschickten Hände von Frau Steiden, die mir seit Jahren die Kür-Kleider genäht hatte. Sie kannte meine Maße und verfügte über ausreichend Phantasie und Handwerkskunst, mir meinen hellblauen Traum in Samt zu realisieren. Eine Hochzeit ist schließlich auch so eine Art Kür. Bloß, daß die Pflicht anschließend kommt ... Meine Hochzeitsschuhe fand ich recht schnell. Blieb noch die Frisur. Seinerzeit trug man solche hochgesteckten Locken-Türme, elegant, aber kompliziert zu fertigen. Um die Locken-Pracht mit ein paar Dutzend Haarnadeln und Klemmen tatsächlich so zu frisieren, daß sich beim Laufen oder Tanzen nichts auflöste, brauchte es schon einige Geschicklichkeit. Ich machte mir mein Haar sonst selbst. Besonders bei den Schaulauf-Tourneen wäre es undenkbar gewesen, immer erst an Ort und Stelle einen Friseur zu besuchen. Aber zu diesem »wichtigen Auftritt« wollte ich die Angelegenheit lieber in den Händen einer richtige Fachkraft wissen. Die fand sich in Frau Thierbach, der Mutter des Eiskunstläufers Tassilo Thierbach. (Tassilo wurde zusammen mit seine Partnerin Sabine Baeß 1982 Paarlauf-Weltmeister.) Frau Thierbach veranstaltete mit mir sogar zwei Wochen vor der Hochzeit ein Probefrisieren, damit dann zum Termin alles klappte.

Turbulent gepoltert hatten wir am Freitagabend bei uns zu Hause. Darauf folgte der ungemein feierlich-festliche Sonnabend, der 22. Juli 1972. Die Sonne strahlte auf die weiße Pferdekutsche, die uns zum Standesamt abholte. Der Kutscher fuhr im Stadtzentrum über sämtliche roten Ampeln, was niemanden störte. Vor dem Rathaus wartete eine riesige Menschenmenge auf uns, mir schien es, als wäre die halbe Stadt zusammengelaufen und wollte zuschauen, wie der Eberhard und die Gaby heiraten. So ein Jubel, es war das Ereignis! Als wir so unter den vielen tausend Blicken langsam die Treppen zum Standesamt hinaufstiegen, da war es mit meiner Fassung fast vorbei. Irgendwie erlebte ich die Zeremonie des Standesbeamten wie in einem Traum: die mahnenden guten Worte, die Ringe, der Kuß, dann – das hatte ich mir extra gewünscht – wurde das Musikband von meiner letzten Weltmeisterschafts-Kür gespielt. Tief durchatmen, Gaby.
Als wir aus dem Rathaus herauskamen, bildeten viele Eislauf-Kinder mit umgehängten Schlittschuhen einen Bogen, durch den wir hindurchschreiten mußten. Es war ganz süß organisiert, das hatten die Eislauf-Muttis, allen voran Frau Pötzsch, gemacht. Fotografen kamen, ich winkte und mußte mir wirklich keine Mühe

geben, unablässig zu lächeln. Mein Lächeln kam aus dem Herzen! Mit der weißen Kutsche ging es dann zum »Chemnitzer Hof«, das war damals das erste Haus am Platze, wo wir vorzüglich bewirtet wurden. Und weil so herrliches Wetter war, deckten die Kellner die Tische zum Kaffeetrinken oben auf der Terasse.

Gratulanten stellten sich ein, Glückwünsche und Geschenke wurden überbracht. DTSB-Präsident Ewald schickte aus Berlin an seine liebe Gaby und den lieben Eberhard (wortwörtlich) seine allerherzlichste Gratulation »Ich wünsche Euch von ganzem Herzen, daß die in dieser Zeit entstandenen harmonischen Beziehungen eine gute Grundlage für Euer weiteres gemeinsames Leben sein werden.« Na, schwang da nicht ein klein wenig Ironie mit? Die Leitungen des DTSB und des Eislaufverbandes schickten Grüße; der Sport-Staatssekretär Roland Weißig; Paul Roscher, der 1. Sekretär der SED-Bezirksleitung gratulierte, ebenso H. Arnold, der Vorsitzende des Rates des Bezirkes; Eberhards Chefredakteur von der »Freien Presse«, Dr. Werner Kessel, samt Parteisekretär und BGL-Vorsitzenden, überreichte ein formvollendetes Blatt. Kurz, unsere Hochzeit war wohl das, was man ein gesellschaftliches Ereignis nennt. Die vielen Menschen vorm Rathaus, das Winken, der Sonnenschein, die wunderbaren Blumenbuketts, die ganze Atmosphäre, ich habe oft gedacht: ein Hollywood-Regisseur hätte es auch nicht glänzender hinbekommen können. Aber es war kein Paramount-Traum auf dem Sunset-Boulevard. Unsere Hochzeit fand wirklich und wahrhaftig mitten in meiner Heimat statt, die Traumprinzessin, die ihren Traumprinzen bekam, das war ich!

Unseren Honeymoon-Urlaub verbrachten wir in Sotschi am Schwarzen Meer: Schwimmen, Braunbrennen, Faulenzen. Gut ging es uns! Ich wurde übermütig und unternehmungslustig. Das größte Abenteuer von Sotschi war der dortige Markt. Ein offizieller Obst- und Gemüsemarkt mit halboffiziellem Antiquitätenverkauf. Oder besser gesagt, Tausch. Zu Geld, zumal Rubeln oder DDR-Mark, zuckten die cleveren Händler nur mit den Schultern. Aber sie sahen, daß ich Kleider trug, die sie mit günstiger Gewinn-Spanne weiterverkaufen konnten. Es machte Spaß zu handeln. Gegen ein Kleid von mir kam ich tatsächlich an eine echte Ikone, einen Altarflügel aus irgendeiner längst geschlossenen Kirche. Mein Eberhard schüttelte leicht belustigt und leicht ärgerlich über den illegalen Kunsthandel seines angetrauten Weibes den Kopf. Ich hätte mir meine Ikone ganz bestimmt nicht ausreden lassen! Glücklicherweise wollte am Flughafen Schönefeld niemand vom Zoll in meinen Koffer schauen. Das hätte im Club wieder Ärger gegeben. Egal, irgendwie konnte ich nicht anders. Der russisch-orthodoxe Altarflügel hängt heute noch in meinem Schlafzimmer. Als Kunstobjekt und auch als eine bittersüße Erinnerung an meine Hochzeitsreise mit Eberhard.

Nach Hause zurückgekehrt schlüpften wir im September wieder brav in unsere Alltags-Rollen: die Trainerin in der Küchwald-Eishalle, der Redakteur in der »Freien Presse«, beides vollkommen unspektakulär. Und eher zufällig schnupperte ich in diesem Herbst in ein Metier hinein, das mich anzog, mir aber bislang verwehrt geblieben war: Die Show, das Unterhaltungs-Fernsehen. Eberhard und ich erhielten nämlich das Angebot, an der nächsten »Nacht der Prominenten« des DDR-Fernsehfunks mitzuwirken. Es handelte sich um eine populäre Zirkus-Show, die ebenso wie Heinz Quermanns »Zwischen Frühstück und Gänsebraten« ins Feiertagsprogramm zum Jahresende gehörte. Dazu wurden alljährlich beliebte Schauspieler, Sänger, auch bekannte Sportler eingeladen. Man konnte mit einer Tier-Dressur auftreten, jonglieren oder zaubern oder mit viel Mut auch aufs Trapez steigen. (Zum Vergleich für den westdeutschen Leser: Das West-Fernsehen sendete ganz ähnlich die »Stars in der Manege« vom Circus Krone.)

Vom Regisseur vor die Wahl gestellt, entschieden Eberhard und ich uns für eine Schleuderbrett-Akrobatik, für die wir im Oktober, November mächtig viel trainierten. Eberhard fungierte als »Untermann«, ich hatte als schwierigsten Teil der Darbietung einen Salto rückwärts vom Schleuderbrett vorzuführen. Die Zirkus-Artisten, die das mit uns einstudierten, hängten mich zuerst in eine Longe, eine Sicherungsleine. Ich stand auf der einen Seite einer großen Wippe, auf deren andere Seite ein Artist aufsprang und mir so den notwendigen Drive für meinen Salto gab. Das eigentliche Problem bestand darin, daß ich mich, noch während dieser Partner auf die Wippe sprang, quasi schräg nach hinten fallenlassen mußte. Nur so nämlich ging der Salto nicht nach vorn los, sondern eben rückwärts zum hinter mir stehenden Eberhard, der mich auffing. Dieser ungewohnte Bewegungsablauf provozierte bei mir »Gelegenheits-Akrobatin« natürlich die Furcht, hintenüber zu stürzen. Ich zwang mich konsequent, diese Angst zu überwinden. Natürlich kam da wieder heißer Ehrgeiz ins Spiel: Ich hatte für die Show zugesagt, also würde ich den Salto rückwärts zeigen. Die Schleuderbrett-Akrobatik war schwierig, jedoch

»Nacht der Prominenten« 1972/73, Schleuderbrett-Akrobatik

für unsere Möglichkeiten genau das Richtige. Mit einem der angebotenen Zirkustiere hätte ich nicht zusammenarbeiten mögen. Einmal abgesehen davon, daß ich mich vor Löwen oder Leoparden fürchte, ich wollte etwas machen, bei dem ich mich auf mich selbst verlassen konnte. Es klappte alles und hat Riesenspaß gemacht. Übrigens: Das Trapez hätte mich auch gereizt, aber dazu kam es dann nicht mehr.

Im November konnte ich mit Anett zur Londoner »Richmond Trophy« fliegen, einem traditionsreichen Wettkampf, der meinem immer besser laufenden Schützling Anett erste Erfahrungen mit Starts in Westeuropa bringen und sie in der internationalen Eislauf-Szene bekannt machen sollte. Mit Genuß schnupperte ich die Londoner Nebelluft und traf etliche Eiskunstlauf-Freunde, vor allem John Curry. John, der mittlerweile in einer Revue auftrat, und ich hatten uns vor etlichen Jahren während einer Schaulauf-Tournee angefreundet. Der blendend aussehende, grazile Läufer fiel mir ins Auge. Leider brachte John ganz offenkundig für das weibliche Geschlecht insgesamt wenig Interesse auf. In Gesprächen mit ihm begriff ich viel von den Problemen der Schwulen. Wir hatten uns dann gelegentlich Briefe geschrieben, jetzt freuten wir uns über das Wiedersehen. Er begleitete mich, lud mich zum Essen ein. Ich fühlte mich in diesen britischen Tagen, in dieser internationalen Szenerie sehr wohl.

Auf London folgte am 14. November Anetts Auftritt beim »Pokal der Blauen Schwerter« in Dresden, im Dezember ging es ins Winterlager nach Oberhof: Spaziergänge, Schwimmen, Krafttraining, Erholung für die komplette DDR-Eis-Familie. In der ich mich zunehmend auch von den Älteren, jetzt Trainern, Medizinern, Betreuern und Funktionären als eine gleichberechtigte Persönlichkeit akzeptiert fand.

Irgendwann fragte man mich, ob ich in die SED eintreten würde. Mir war seit langem klar, daß neben der staatlichen Club-Leitung die SED-Gruppe intern die wichtigen Dinge debattierte, daß viele Entscheidungen eigentlich in diesem Kreis getroffen wurden. Mutter war dort seit vielen Jahren fest etabliert, ihr Wort galt. Ich fand mich aber ebenfalls kompetent, wollte gefragt werden, wollte auch gerne das eine oder andere im Club verändert sehen. Also wollte ich in diesem Kreis dabeisein, um mitreden zu können. Die Spielregeln waren klar: Wer »draußen« blieb, hatte wenig Chancen, etwas zu bewegen.

Bei all den Reisen zu Wettkämpfen und Trainingslagern fehlte mir Eberhard doch sehr. Er gehörte eben nicht mehr zu denen vom Eis, hatte seine eigene Zeitungswelt, in der wiederum ich die

Fremde blieb. So freute ich mich auf die gemeinsamen Stunden um so mehr. Jetzt wieder einmal auf Weihnnachten. Dieses Mal hatten uns meine Eltern zum Heiligen Abend eingeladen. Wir gingen gemeinsam in die Petrikirche zum Gottesdienst, sangen zu Hause Weihnachtslieder. Mutter briet für die ganze Familie eine riesige, herrlich knusprige Pute. Das Jahr 1972 endete viel harmonischer, als es begonnen hatte.

Im Februar 1973 bestand Anett in Bratislava die »Eis-Feuertaufe« bei ihrer ersten Weltmeisterschaft und belegte den 4. Platz. Ihre erste Teilnahme an einer Europameisterschaft hatte sie schon einen Monat vorher in Köln mit Bravour geleistet. Dort erlief sie sich einen tollen 8. Platz, auch ohne daß ich dabei war. Sie war in der Obhut meiner Mutti. In Bratislava traf ich viele Freunde, Bekannte aus der Eis-Familie, die nun ebenfalls in ungewohnter Position, nämlich hinter der Bande, agierten: Nicht nur ich, auch Heidi Steiner war inzwischen Trainerin. Alain Calmat war da, Bernhard Ford, vom einstigen Weltmeister-Eistanzpaar Towler/Ford. Ich sah Donald Jackson wieder und Carol Divin, den erfolgreichen tschechischen Läufer. Natürlich wurden wir »Nachwuchs«-Trainer von den Alten interessiert beäugt: Was brachten wir Neues heraus? Wie schnitten unsere Schützlinge in der Pflicht ab, wie in der Kür? Wie ernst nahmen wir unsere nunmehrige Profession? Wie fand jeder von uns, der ja noch vor kurzem ein umjubelter Läufer im Rampenlicht gewesen war, den Weg zum eher im Hintergrund stehenden Trainerstuhl? Ich denke, daß wir Jungen in Bratislava nicht schlecht abschnitten.

Übrigens trafen wir uns alle dort noch bei Ivan Mauer, einem international anerkannten und allgemein geschätzten Sport-Wissenschaftler. Mauer hatte systematisch damit begonnen, die Leistungen der Spitzenläufer wissenschaftlich exakt zu analysieren. Er zeichnete »berühmte« Sprünge mehrfach auf, bei mir natürlich den Axel, und errechnete anhand solcher Film-Dokumentationen deren optimale Variante. Die Trainer, die früher vieles nach Gefühl und Erfahrung entschieden, bekamen so objektives Datenmaterial in die Hand. Ivan Mauer rechnete für jeden Sprung genau vor, mit welcher Geschwindigkeit abgesprungen werden mußte, wie hoch er zu sein hatte, wie die Sprung-Phasen am günstigsten abliefen; und brachte darüber ein weltweit anerkanntes Standard-Lehrbuch für den Eiskunstlauf heraus. Er war dem DDR-Eiskunstlauf eng verbunden, arbeitete er doch eine Zeit lang als Verbandstrainer bei uns.

Bei Eberhard und mir fand sich mittlerweile ein umfangreicher Bekanntenkreis ein. Das Haus war regelmäßig an jedem Wochenende voller Gäste: meine Freundin Martina und ihr Gernot kamen, verschiedene andere Freundes-Paare, Ingrid Lehmann, eine Dresdener Trainer-Kollegin, mit ihrem Mann Günther, der an der Dresdener TU lehrte, ein Kollege aus Eberhards Redaktion. Auch die Designerin Hella Erler, bei der ich mir manchmal ein Kleid kaufte, und ihr Wieland sahen herein. Nach der Wende gründeten Erlers in Altmittweida eine eigene Konfektionsfirma. Die »Erler Fashion GmbH« bringt heute, mit 15 Mitarbeitern, alljährlich eine Sommer- und eine Winter-Kollektion auf den Markt. Auch Hella muß, wie alle Ost-Unternehmer, hart kämpfen. Aber sie hat ihr großartiges Lachen nicht verlernt und sprüht vor Kreativität. Übrigens gehören mittlerweile nicht nur unsere gemeinsamen früheren Bekannten Ute Freudenberg und Dagmar Frederic zu Hellas Kundenkreis, sondern auch Bundestagspräsidentin Rita Süssmuth. Ich sammle solche Erfolgs-Storys, denn ich schreibe dieses Buch ja auch, um mit den Geschichten meiner Freunde und Bekannten zu belegen, daß wir im Osten auch etwas leisteten und leisten!

Neben den eingeladenen Freunden fanden sich häufig auch andere Leute ein, Bekannte von Bekannten vermittelt, Zufallsgäste. Man kam gerne zu uns, das Haus bot gute Gelegenheit für Feste: drinnen viel Platz, draußen der große Garten, ein gemauerter Kamin, der Swimmingpool, das war schon etwas Besonderes für Karl-Marx-Stadt in den siebziger Jahren. Die meisten, die da kamen, waren nette Leute. Allerdings mag durchaus der eine oder andere zu unserer Runde gestoßen sein, der lediglich »dabeisein« wollte. Und anschließend mit dem, was – tatsächlich oder angeblich – auf unseren Partys passierte, herumprahlte ... Nun gut. Wie das so läuft, in einer Stadt, in der es wenig Attraktionen und selten Turbulenzen gibt: Rüger-Seyferts Feten wurden langsam zum Stadtgespräch. Natürlich weckte das auch Mißgunst. Und Aggressivität. Es kam vor, daß ab und zu tagsüber, aber auch nachts ungebetene Gäste über den Gartenzaun kletterten, ums Haus herumschlichen, frech zu den Fenstern hereinsahen. Einige Male stieg mir sogar jemand auf das flache Bungalow-Dach und veranstaltete dort oben mit einer Kinder-Rassel fürchterlichen Radau. Natürlich erschrak ich riesig. Bis ich Hilfe herbeitelefoniert hatte, war der Spuk vorbei. Blieb ich alleine zu Hause, verbarrikadierte ich selbst mitten im Hochsommer alle Fenster.

Also legten wir uns Edda zu, einen Rottweiler. Unser Haus beherbergte zu dieser Zeit neben dem Hund noch zwei Katzen und zwei Vögel. Die Vögel, »Agaporniten«, was mit »die Unzertrennlichen« übersetzt wird, schenkte mir Rudi Strahl. Sie führen diesen merkwürdigen Artennamen, weil sie in der Natur nur als Pärchen zu finden sind und auch nur so überleben können. Neben den Haustieren interessierten mich neuerdings auch Pferde. Ich lernte richtig reiten; Roland Gandt, der Intendant des Theaters in Annaberg, der auch zu unserem Freundeskreis zählte, vermittelte das.

Meine Hündin Edda war lebhaft, nervös, sehr aufmerksam. Mit ihr fühlte ich mich Tag und Nacht sicher. Wenn ich Sorgen hatte, legte sie sich zu mir, leckte meine Hände, und ich erzählte ihr etwas. Leider lebte sie nur wenige Monate. Es sollte einige Zeit dauern, bis ich Ende des Sommers den nächsten Hund kaufte. Ich mag die verschiedensten Haustiere, am meisten aber Katzen. Mindestens eine Katze lebte immer bei mir. – Den Tod meiner Hündin Edda verschmerzte ich nur schwer, vermißte ihre beruhigende Zuwendung. Gerade in diesem Sommer 1973 mußte ich nämlich einen tiefen, grundlegenden Konflikt durchleben. Es ging um meine berufliche Zukunft. Mir wurde von der Clubleitung eröffnet, daß ich zum Ende der laufenden Saison Anett Pötzsch, die aussichtsreichste Läuferin der Gruppe, abgeben sollte. Anett würde zukünftig von meiner Mutter trainiert werden. Richtig ist, daß es nicht nur in meiner Sportart ein erprobtes Prinzip war, die von Nachwuchs-Trainern gefundenen Spitzen-Talente früher oder später in die Obhut der jeweiligen Spitzen-Trainer zu geben. Und völlig zu Recht sahen alle Experten in meiner Mutter die erfahrenere Trainerin. Allerdings fühlte ich mich damals durchaus in der Lage, ebenfalls eine Leistungssportlerin bis an die Weltspitze zu führen. Also opponierte ich, bat um Gespräche im Club und in der DTSB-Chefetage. Die führten zu rein gar nichts. Da überlegte ich mir: Du bist hier in der gleichen Stadt, im gleichen Club, auf der gleichen Eisfläche wie Mutter. Ihre Erfahrung, in Trainerjahren gemessen, kannst du niemals einholen. Also ist wohl anzunehmen, daß es nicht nur dieses Mal, sondern immer wieder so laufen würde. Ich hatte Anett mit Herzblut trainiert, versucht das Beste in ihr anzulegen, von ihr zu bekommen. Ihre Erfolge sprachen doch auch für mich. Wenn das nicht genügte, dann waren letztlich all meine Bemühungen umsonst. Dann lieber fortgehen. Etwas ganz anderes anfangen! Ich will all diese Querelen im Club und Verband hier nicht weiter bis ins Detail verfolgen. In deren Endergebnis hörte ich tatsächlich auf. Am 20. Juli 1973 stand das entscheidende Gespräch mit Manfred Ewald an: »Zwecks Ausscheiden aus dem Eiskunstlauf.« Erst jetzt also war ich am Ende meiner Eis-Zeit. Dieses Mal kam es mich wirklich bitter an, zu gehen, die Schlittschuhe tatsächlich an den Nagel zu hängen.

XIV. Till Eulenspiegel?
Geburt und »Gabys Gäste«

Aus. Ende der Eis-Zeit, ein abgeschlossenes Kapitel. Was mach ich denn jetzt? Da muß noch was sein! Geredet habe ich mit vielen Menschen, auch selbst eine Art Inventur gemacht. Da lag ein Sportlehrer-Diplom in der Schublade. Ich hätte unterrichten oder Übungsleiterin in einer Betriebssportgemeinschaft werden können, irgendein Platz hätte sich da schon gefunden. Irgendein Platz. Darin lag nun wirklich keine echte Herausforderung für mich. Eher das Sinnbild eines Rückzuges, einer Niederlage. Nein, ich mußte nicht nur fort vom Eis, es mußte einen harten Schnitt geben, eine endgültige Trennung. Am besten, ich würde diese Welt des Leistungssports komplett hinter mir lassen!

Was hatte ich früher gerne gemacht? Schaulaufen, Tänze, Singen, Show. Langsam festigte sich in mir die Idee, in der Unterhaltungskunst meinen neuen Platz zu suchen. Die Singerei lag mir. In unseren diversen Tournee-Chören während der großen Schaulaufen konnte ich ebenso sicher meine Stimme halten wie beispielsweise Hans-Jürgen Bäumler. Der hatte gerade seine erste Langspielplatte aufgenommen. Auch die Schauspielerei konnte ich mir für mich vorstellen. Natürlich, so etwas sollte bedacht, gut vorbereitet sein!

Ich hole mir Rat beim Theatermann Roland Gandt, der in der Unterhaltungs-Branche einige Kontakte hatte, traf mich mit Peter Wieland, damals eine Schlagersänger-Institution, dann mit Dr. Hähnel vom Rundfunk. Ich beriet mich auch mit Rudi Strahl. Ich sehe uns beide noch im ehrwürdig-berühmten Berliner Künstlerklub »Die Möwe« beim Essen, Strahls Freund, der Romanistik-Professor Naumann saß dabei, die beiden erklärten mir, wie man so sagt, die »Risiken und Nebenwirkungen« von Bühne, Funk, Fernsehen.

Zu Hause in Karl-Marx-Stadt erkundigte ich mich inzwischen nach Möglichkeiten für ordentlichen Klavierunterricht und nach einer anerkannten Gesangslehrerin. Anfang Juni stellte ich mich in der Unterhaltungskunst-Sektion der Hochschule für Musik in Berlin vor, um mir raten und helfen zu lassen. Fazit: Notenkenntnisse vervollkommnen, Klavierstunden nehmen, Gesangsstunden nehmen, üben, üben und nochmals üben. Aber ja doch! Wenn ich etwas vom Eislaufen mit in meinen neuen Lebensabschnitt hinübernehmen konnte, dann waren es Ausdauer und Konsequenz.

Aber erst einmal kamen glücklicherweise ein paar heitere Sommer-Momente ins Spiel: Am 21. Juli 1973 heiratete meine Freundin Martina ihren Gernot, exakt einen Tag vor unserem ersten Hochzeitstag. Eberhard und ich fuhren dann zu Christina nach Siofok an den Plattensee. Den Urlaub brauchten wir dieses Mal dringend.

Schließlich wären für diesen Sommer 1973 noch die X. Weltfestspiele der Jugend und Studenten in Berlin zu notieren. Ich erinnere mich weniger an das heitere, unkonventionelle Fest, das es ja für viele meiner Altersgenossen war, als an eine Reihe von offiziellen Treffen: Meeting mit Komsomolzen, Kranzniederlegung, Soliveranstaltungen ... Ich wurde bei ausländischen Delegationen, meistens Sportlern, wie üblich als ein schmuckes Aushängeschild des DDR-Sports »herumgereicht«. Was mir aber unter den gegebenen Umständen wenig Freude machte. Ich bißchen ironisch »gerächt« habe ich mich dafür, als ich bei einem Sportlerball mit dem sowjetischen Komsomol-Chef Jewgeni Tjashelnikow so rockig tanzte, daß ihm die Puste ausging ... Seine Funktionäre blickten ob dieser Unverfrorenheit einigermaßen finster, er selbst trug's mit Fassung. Aber im FDJ-Veranstaltungsbericht dürfte gestanden haben, daß sich die Seyfert mal wieder »shocking« aufgeführt habe. Sollten sie berichten. Ich war aus diesem Spiel ohnehin raus.

Im Oktober 1973 begann ich mit den ersten Gesangsstunden bei Frau Speer, einer Privatlehrerin, die man mir über das Theater empfohlen hatte. Ich sollte zunächst ständig Tonleitern singen, zwei oder drei Stunden lang. Eine Geduldsprobe, da mußte ich durch. Auch der Klavier-Unterricht lief inzwischen. Zu Hause stand nun auch eins, auf dem ich üben konnte. Meine Notenkenntnisse wurden aufgefrischt, die Finger gereckt. Meine Mutter, die ja auch Klavierspielen gelernt hatte, kam gelegentlich vorbei und half. Ich fand es prima, mich mit ihr auf diesem völlig anderen Gebiet hin und wieder auszutauschen.

Eigentlich war es in meinem Leben recht ruhig geworden. Ich ging zu den Stunden, übte zu Hause auf dem Klavier, führte meinen neuen Hund Brix spazieren und versuchte, ihm gute Sitten beizubringen. Er war noch sehr jung und tobte im Zwinger so lautstark umher, daß sich die Nachbarn beschwerten ...

Ende Oktober dann ein Paukenschlag: Ich war schwanger. Was für ein Glück! Eberhard und ich wünschten uns schon länger ein Kind. Wir wollten eine richtige Familie sein. Nun war es soweit. Am 11. November ging ich zum ersten Mal zur in der DDR monatlich obligatorischen Schwangerenberatung, einer sehr vernünftigen Einrichtung, die es leider heute in dieser Form nicht mehr gibt.

Ich fühlte mich vollkommen wohl. Alles war in Ordnung: Wir hatten im Haus viel Platz für unser Kind, waren gesund, im richtigen Alter, um Eltern zu werden. Wir freuten uns darauf. Neugierig, unbelastet von irgendwelchen tiefsinnigen Selbstprüfungen, ob ich diese Aufgabe bewältigen würde, wuchs ich auf mein Mutter-Dasein zu. Was sollte daran kompliziert sein? Zu sämtlichen Babys und kleinen Kindern, die man mir bislang in den Arm gelegt oder zum Spielen und »Aufpassen« überlassen hatte, fand ich sofort eine Beziehung. Ich sah es als die natürlichste Sache von der Welt an, jetzt ein Kind zu bekommen, kaufte mir ein Buch mit praktischen Tips, ging allmonatlich zur Schwangerenberatung und machte zu Hause das aktuell angesagte Training: Schwangerengymnastik. Ich war mir sicher, es würde alles klappen!

So ging das Jahr 1973 freundlich und mit großen Erwartungen an die Zukunft zu Ende. Silvester feierten wir zu Hause, im Kreise der vielen Freunde und Bekannten.

*Die werdende Mama
Gaby mit Hund Brix,
1974*

Ich weiß nicht mehr, ob ich ihnen beim Anstoßen auf das Gute Neue in den kommenden zwölf Monaten von meinem ersten beruflichen Termin für 1974 erzählte. Wohl eher nicht. Dazu war mir die Sache selbst zu aufregend, auch ein wenig undurchschaubar: Am Morgen des 16. Januar fuhr ich beim Pförtner der DEFA-Filmstudios in Potsdam-Babelsberg durchs Tor. Ich wollte zu den jungen Regisseuren Jürgen Klauß und Rainer Simon, die mich zu Probeaufnahmen für ihren Film »Till Eulenspiegel« eingeladen hatten. Die Besetzung für die Titelrolle stand bereits fest: Winfried Glatzeder. Glatzeder zählte seit der Filmkomödie »Der Mann, der nach der Oma kam« von 1972 als ein neuer Stern am DEFA-Himmel. Daß er auch der legendäre Paul in der DEFA-«Legende von Paul und Paula« war, brauche ich hier – zumindest für die ostdeutschen Leser – nicht zu erklären. Als wir einander in Babelsberg vorgestellt wurden, war die »Legende« noch in der Endfertigung, aber Glatzeder trotzdem schon der absolute Star und Profi. Der aber akzeptierte, daß ich mich nicht auf meinen Eis-Lorbeeren ausruhen, sondern im Film antreten wollte. Natürlich hatte ich schon in einigen TV-Studios gesessen, mir mußte eigentlich niemand die Grundregeln für Mikro, Maske und Schweinwerfer erklären. Trotzdem empfand ich diese Babelsberger Welt als etwas völlig anderes. Neugierig, und sehr zufrieden, daß es mich so rasch vor die Filmkamera verschlagen hatte, ließ ich mich darauf ein. Was immer daraus auch entstehen mochte. Ich denke nach wie vor, daß meine Probeaufnahmen ordentlich ausfielen. Zumal mich Jürgen Klauß jüngst erst wieder anrief, um mir eine Filmrolle anzubieten.

Nachdem an jenem Januartag 1974 Winfried/Till und Gaby/Rosine ihre Probeszenen im Kasten hatten, fuhr ich wieder heim. Natürlich mußte ich den Regisseuren bei den üblichen Absprachen zu freien Terminen usw. mitteilen, daß ich wegen meiner Schwangerschaft nur noch wenige Monate zur Verfügung stehen konnte. Gut, wir würden voneinander hören. Was ich nicht wußte: es gab, wie wohl oft in den Babelsberger Studios, Ärger um »Till Eulenspiegel«. Das Drehbuch basierte nämlich auf einer 1972 geschriebenen Filmerzählung von Christa und Gerhard Wolf. Die durfte zwar noch 1973 im Aufbau Verlag gedruckt, aber dann doch nicht verfilmt werden. Der Wolf'sche Till erschien höheren Orts wohl einfach zu frech, zu anarchistisch. Rainer Simon und Jürgen Klauß schrieben ihr Drehbuch um und um. Sie wollten ihren Film nicht aufgeben. Es dauerte. Die Filmproduktion verschob sich um Monate. Ich war – als immer dicker werdende und an-schließend als zwar wieder schlanke, aber ziemlich beschäftigte junge Mutter – raus. Aus dem gleichen Grund mußte ich ein Musical-Angebot absagen. Regisseur H. H. Krug, den ich noch vom Karl-Marx-Städter Theater her kannte, arbeitete als Oberspielleiter am Volkstheater Halberstadt und wollte dort im September 1974 mit mir das Musical »Die unheilige Elisabeth« herausbringen.

Immerhin, Simon und Klauß schafften es: »Till Eulenspiegel« kam im Mai 1975 in die Kinos. Auch in der gemäßigten Fassung noch sehr lebendig und ziemlich aufmüpfig.

Wie ich weiß, bemühte sich Rainer Simon während und nach der Arbeit am »Till« um drei andere, auch wieder ideologisch brisante Stoffe, vor allem um Brigitte Reimanns Roman »Franziska Linkerhand«. Er hat sie nicht bekommen. Und ich bekam kein neues Rollenangebot aus Potsdam-Babelsberg. Eine Verquickung unglücklicher Umstände? Schade. Oder hatte da jemand auf dem »kleinen Dienstweg« – so von Direktions-Etage zu Direktions-Etage – die DEFA-Chefs gelegentlich wissen lassen, daß man diese merkwürdigen Ausflüge der ehemaligen Sportlerin zum Film höchst unpassend fände? – Gut, dies ist komplett eine Mutmaßung. Trotzdem spürte ich seinerzeit aus so vielen Bemerkungen, kleinen Begegnungen am Rande: Diese Richtung, die ich da einschlug, die paßte dem Sport-Establishment nicht! DDR-Leistungssportler, so die prinzipielle Lesart, werden auf das Leben »danach« bestens vorbereitet, ergreifen einen Beruf und stehen im sozialistischen Alltag ihren Mann. Die Sport-Chefs wollten am liebsten solche Karrieren wie bei Ulli Walther oder Jan Hoffmann, die im Anschluß an ihre Sport-Laufbahn an die Uni gingen, Medizin studierten, tatsächlich Arzt wurden, promovierten. Das war ein ordentlicher Weg!

Und bei mir? Was macht sie denn jetzt wieder, die Seyfert? Mein Lebensweg wurde trotz Rücktritt und Abschied ständig begutachtet. Denn noch war ich überall, wo ich auch hinkam, ein Idol. Ich wurde nach wie vor von Gewerkschaftern oder FDJ-Sekretären aus Großbetrieben oder Institutionen angerufen, ob sie mich nicht mal zu einem Forum oder einem Gesprächsnachmittag einladen könnten. Diese Einladungen gingen nun eben nicht mehr über den Club, sondern kamen bei mir privat, zu Hause an. Ansonsten hatte sich für die Öffentlichkeit doch gar nichts verändert. »Unsere Gaby, das Vorbild.« Dazu paßte es nun ganz und gar nicht, daß sie jetzt Schauspielerin oder Sängerin werden wollte. Das waren doch keine »ordentlichen Berufe« ...

So wie viele Mütter und Väter in meiner Generation, ja vielleicht auch noch heute darüber herziehen, so äußerten das damals »Vater Staat« und »Mutter Partei« mir gegenüber. Oder besser gesagt über mich.

Die Monate vergingen. Ich wurde immer ausgeglichener, übte fleißig Klavier und Gesang. Heinz Kühn aus Kanada besuchte mich. Freunde drehten einen Schmalfilm über die dicker werdende Mutter Gaby. Zum ersten Mal im Leben registrierte ich vergnügt, wenn der Zeiger auf meiner Waage nach oben wanderte.

Langsam rückte der errechnete Tag der Geburt näher. Aber bei mir passierte nicht viel. Also wurde ein Termin angesetzt: am 17. Juni, 11.00 Uhr, hatte ich mich bei Prof. Dr. Irmscher, dem Chef der Geburtsklinik in Karl-Marx-Stadt, vorzustellen. Prof. Irmscher wirkte auf mich ungeheuer beruhigend, ein liebevoller, erfahrener Gynäkologe. Wir sprachen ausführlich noch einmal über die möglichen Komplikationen. Ich verfügte durch das jahrelange Training über eine sehr feste Bauchmuskulatur, die bei ungünstiger Lage des Babys vielleicht einen Kaiserschnitt notwendig machen würde, ein Problem vieler sportlicher Frauen. Der Professor empfahl mir Geduld. Ich richtete mich in meinem Klinikzimmer halbwegs gemütlich ein.

Abends, als es ruhiger geworden war, dachte ich noch einmal über die Vornamen nach, die ich mir für unser Kind zurecht gelegt hatte. Und schrieb untereinander in meinen Kalender: Nadja Rüger, Nancy Rüger, Sheila Rüger. Ich sprach die Namen leise vor mich hin und suchte den wohlklingendsten aus. Jungs-Namen stehen übrigens nicht im Kalender. Insgeheim wünschte ich mir sehr, daß es ein kleines Mädchen würde. Damals konnte man noch nicht vor der Geburt das Geschlecht des Kindes erkennen. Also wurde viel herumgerätselt. In meinen Tagträumen malte ich mir unsere Tochter aus: Wie sie lächeln könnte, wie ich sie immer ganz hübsch anziehen würde ... Ein flinkes, mutiges Mädchen sollte es sein, das in unsere Weiber-Dynastie aus Chemnitz hineinpaßte. Und ich stellte mir vor, daß meine Tochter und ich irgendwann einmal richtige Freundinnen werden könnten.

Nun, es ist alles genauso eingetroffen! Auch und gerade der letztgenannte Punkt. Worüber ich bis auf den heutigen Tag unverschämt glücklich bin! Meine kleine große Sheila.

Der 17. Juni verging, ohne daß sie sich rührte. Ich wartete also weiter, der 18. Juni, der 19. verging. Nichts. Abends untersuchte mich Prof. Irmscher ein letztes Mal und setzte die Geburt auf den kommenden Morgen an, sechs Uhr früh sollte es losgehen. Ein Bündel an Emotionen in mir: ich war zufrieden, daß endlich etwas geschah, fürchtete mich aber gleichzeitig ein wenig und war dann wieder ganz selig. Schließlich standen mir die vielleicht aufregendsten Stunden meines Lebens bevor. Den Tag der Entbindung, den 20. Juni 1974, habe ich in meinem Kalenderbuch exakt dokumentiert. Soll ich ihn in diesem Manuskript ebenso detailliert schildern? Die einen mögen sagen: nein. Denn schließlich ist eine Geburt die gewöhnlichste Sache von der Welt, wird täglich tausendfach vollzogen. Die anderen, und das werden nach meiner Ansicht wohl alle Frauen sein, die jemals unter Schmerzen ein Kind in die Welt brachten, sagen: Jede Geburt ist so ein einmaliges Ereignis, bei jedem neuen Erdenbürger wieder. Halten wir uns also an die notierten Fakten: *6.00 Uhr Fertigmachen zur Entbindung, um 7.00 Uhr Blase gesprengt, 7.45 Anlegen an den Wehentropf, 8.00: ich habe alle vier Minuten Wehen, 9.30 Prof. Irmscher schaut nach, ob sich die Lage des Kindes verändert, nein. 10.30 wieder keine Veränderung, Wehen jetzt alle zwei Minuten, stark, 11.15 keine Hoffnung auf Veränderung, Prof. Irmscher will operieren, aber es ist in diesem Moment noch kein OP frei, Hektik, 12.00 Prof. Irmscher in Dunkelgrün gekleidet, ich bin mit dunkelgrünen Tüchern abgedeckt. 12.05 sehe ich noch auf die Uhr im OP, danach nichts mehr. Kaiserschnitt. 12.15 wurde unsere kleine Tochter geboren. 14.00 bin ich wieder wach. 2 930 Gramm wiegt Sheila, 47 Zentimeter ist sie lang und schön! 17.00 kommt mein Eberhard, er ist ganz aufgeregt, unser Kind gefällt ihm auch sehr.*

Soweit meine Notizen. Danach wurde es auf dem Korridor der Klinik sehr lebendig und in meinem Zimmer waren die Stühle knapp: alle, alle besuchten mich, Eltern, Oma, Martina, Familie Clausner, andere Eisläufer, die Party-Freunde, die Trainer-Freunde, Anett Pötzsch ... Und natürlich immer wieder der frischgebackene Papa Eberhard, der mir in dem ganzen Trubel um das Neugeborene doch etwas in den Hintergrund rückte. Aber das ist wohl für jede junge Frau, die zum ersten Mal ihr Kind stillt, normal.

Ich bekam unendlich viel Blumen und Komplimente für das süße Baby! Das sehr lieb ins Leben einstieg: *Sheila trinkt kräftig, sie tut mir nicht weh, aber bei mir kommt ja auch die Milch leicht und viel. Ich darf aufstehen und im Zimmer umhergehen.* Ach, und was finde ich da noch in meinen Notizen aus der Klinik: 24. Juni: rot eingerahmt *Exponsit-Abnehmetabletten.* Tja, was soll man dazu sagen, die alten, neuen, ewigen Sorgen mit der Waage.

Jedenfalls heilte die Naht des Kaiserschnittes ab. Es ging mir sichtlich besser, und meine kleine Sheila erwies sich auch nach gründlichster Prüfung, wie mir der Kinderarzt der Klinik bestätigte, als kerngesund. Ich durfte mich schon ein wenig bewegen, das Baby allein wickeln. Still zu liegen war ja ohnehin nicht mein Ding. Und allein, ohne Sheila, war mir alles viel zu langweilig. Damals gab es in den Kliniken bei uns noch nicht diese Rooming-in-Methode, bei der gesunde Mütter und ihre Neugeborenen sofort nach der Geburt gemeinsam untergebracht werden. Heute ist das wohl allgemein so üblich, seinerzeit vertrat man die Auffassung, daß es für die Ruhe der Mütter wie der Kinder besser sei, wenn die Babys separat versorgt und nur zu den Mahlzeiten gebracht würden. Mir gefiel das nicht sonderlich, aber so waren eben die Bräuche. Ich wäre am liebsten nach Hause gezogen. Prof. Irmscher ließ das nicht zu. Ein Kaiserschnitt war ja nun kein Spaziergang – wie sich auch bei mir noch zeigen sollte – und außerdem wollte der Professor wohl gerade bei so einer prominenten Patientin sicher gehen. Ich blieb bei den Weißkitteln. Freundete mich dann mit den Schwestern an, half ihnen beim Abwaschen, beim Servieren für die anderen Frauen. Das gab ein Hallo, wenn ich erkannt wurde: Unsere Gaby ist nun also auch eine Mama. Es gefiel mir, so ganz selbstverständlich in diese Gemeinschaft von Frauen auf einer Wöchnerinnen-Station hineinzugehören!

Am 3. Juli wurden Sheila und ich sozusagen in Ehren entlassen. Zu Hause folgten die ganz normalen Katastrophen, mit denen junge Eltern immer zu tun bekommen. Wir waren ständig hundemüde. Sheila hielt uns in den ersten Nächten auf Trab, wir schliefen nur zwei, drei Stunden, dann war es mit der Ruhe vorbei. Ich erlebte sehr überzeugend, warum es heißt, eine Mutter stillt ihr Baby. Wenn sich Sheila bei mir sattgetrunken hatte, war für eine Weile Ruhe. Ihr Köpfchen lag auf meinem Arm, manchmal bewegte sie ganz leicht die Lippen, so als wollte sie mir zulächeln. Selbst wenn ich heute sachlich kommentiere, daß es letzten Endes dasselbe war wie bei jeder anderen jungen Mutter, es bleiben wunderschöne Momente, tief in meinem Gedächtnis.

Unsere etwas anstrengende Idylle wurde dann leider jäh unterbrochen: Ich bekam hohes Fieber, starke Blutungen, wurde ziemlich schwach und am 12. Juli erneut ins Krankenhaus eingeliefert. Nicht zurück zu den Wöchnerinnen, sondern auf eine reguläre Krankenstation, was bedeutete: mein Baby konnte nicht mitgenommen werden. Also mußte Eberhard in den nächsten Tagen mit Sheila ganz allein zurechtkommen, ihr die Flasche geben. Er hat es ganz gut hingekriegt. Nachdem Sheila ihre ersten Fläschchen probiert hatte, dachte sie bei meiner Rückkehr nicht daran, wieder zur schwierigeren Prozedur des Selber-Saugens an der Mutterbrust zurückzukehren. Aber sonst lief alles glänzend.

Wir waren so stolz auf unser Kind, noch wochenlang drehte sich überhaupt alles nur um Sheila, ihre Bedürfnisse, ihre Bequemlichkeit. Es war ein schöner Sommer, ich konnte viel mit ihr draußen im großen Garten sitzen. Hund Brix lag, das Pflichtbewußtsein in Person, neben dem Kinderwagen und bewachte unser Baby. Die absolute Ruhe tat mir gut.

So ruhig blieb es nur kurze Zeit. Dann trat das Fernsehen in Gestalt von Otto Bark, Journalist, und dem Regisseur Boxberger, beide vom Bereich Unterhaltung/Musik, in den Garten und legte eine Idee auf den Tisch, die mich fast vom Stuhl haute: Sie wollten eine Eis-Show machen, mit mir. Die sollte »Gabys Gäste« heißen und, wenn die Pilotsendung im nächsten Januar beim Publikum gut einschlug, in mehreren Fortsetzungen produziert werden. Der Traum von der Eis-Revue, den ich nun wirklich ganz ganz weit nach hinten gedrängt hatte. Er verwirklichte sich jetzt, nachdem ich glaubte, meine Eislaufstiefel nie mehr zu brauchen. Irre!

Ich schrieb alle Ideen auf, fuhr schon im September nach Berlin-Adlershof, um dabeizusein, wenn die Sänger für die Show ausgesucht wurden. Sie sollten ja auch ein bißchen auf dem Eis laufen können. Parallel dazu liefen der Klavier- und der Gesangsunterricht weiter. Ab und zu Konsultationen an der Musikhochschule in Berlin. Das nahm ich alles sehr ernst. Ich würde bald vor Publikum singen müssen, war zu einem Unterhaltungskunst-Wettbewerb Ende Januar nach Leipzig eingeladen worden. Bei »Gabys Gästen« stand auch ein Lied für mich im Drehbuch.

Außerdem ging ich jetzt wieder regelmäßig in die Küchwald-Halle aufs Eis, um rasch in Form zu kommen. Schließlich wollte ich bei meiner eigenen Show nicht nur die Gäste nett vorstellen, sondern auch etliche Sprünge und Kombinationen, möglichst im alten Glanz, beisteuern.

Im Oktober fuhr ich mit den TV-Leuten ins böhmische Usti nad Labem. Wir schauten uns die gerade dort gastierenden »Kinder-Eisrevue Praha« an. Sie wurde verpflichtet, um bei unserer Show den Chorus zu bilden.

Die Moderationen wurden geschrieben, probiert, das Lied einstudiert, über die Dekoration und die Lichtregie gefachsimpelt. Ich steuerte meine amerikanischen Show-Erfahrungen vom Sommerlaufen in Colorado Springs bei ...

Am 12. und 13. Dezember lief »Gabys Gäste« vor Hallenser Publikum und wurde aufgezeichnet. Auf die Stadt Halle waren wir gekommen, weil es dort kein Eissport-Leistungszentrum, also auch keine täglich trainierenden Eisschnell- oder Kunstläufer gab. Deshalb konnte der Fernsehfunk die Eislaufhalle mieten. Das Schönste für mich bestand darin, daß alle, die ich ganz persönlich eingeladen hatte, tatsächlich kamen. In dieser ersten Eis-Show des DDR-Fernsehens gastierten Donald Jackson, Emmerich Danzer, Zsuzsa Almassy, Reinhard Mirmsecker ... Und auch Eberhard hatte mit seiner inzwischen verheirateten Partnerin Annerose Baier-Wetzel noch einmal die Eislaufstiefel geschnürt. Donald Jackson rechnete ich seine Zusage besonders hoch an, erwartete seine Frau doch während dieser Zeit ihr drittes Baby.

Das Orchester Joachim Kurzweg spielte. Bei der Suche nach schlittschuhlaufenden Sängerinnen waren wir allerdings ziemlich erfolglos geblieben. Einzig Karin Maria aus der ČSSR sang und lief gleichermaßen passabel. Außerdem waren Mitglieder des

Ukrainischen Eisballetts und einige Artisten des sowjetischer Staatszirkus verpflichtet worden. Ich moderierte die gesamte Sendung.

Am 4. Januar 1975 wurden »Gabys Gäste« im DDR-Fernsehen gesendet. Das erste Echo, von dem ich hörte, war eine fast euphorische Rezension der »Komsomolskaja Prawda«, die ausführlich an meine sportlichen Erfolge erinnerte und meinen Wechsel in die Fernseh-Unterhaltung *bemerkenswert* fand. Diesem freundlichen Anfang folgte ein Korb voller Briefe, die von größtenteils begeisterten Zuschauern nach Adlershof und an die damals einzige Fernseh-Illustrierte »FF dabei« geschickt worden waren. Das Wiedersehen mit »unserer Gaby« wurde gelobt, ich hätte nicht nur auf dem Eis, sondern auch als Moderatorin gut gefallen. Aber es mischten sich auch andere Töne dazwischen: *Es berührt mich und auch meine Angehörigen nicht nur fremd, sondern auch komisch, daß mit Gabriele Seyfert ein Personenkult getrieben wurde, der von der Sache unserer Gesellschaftsordnung seit Jahren fremd ist. Das Auftreten und Herausheben der Person war meiner Ansicht nach für einen Sportler der DDR unwürdig und auch nicht üblich.* Schrieb beispielsweise Fritz O. aus Neukieritzsch und wollte eine »Stellungnahme« vom Fernsehen haben. Herr R. aus Neubrandenburg bemängelte, daß ich die Läufer aus den westlichen Ländern als meine Freunde ankündigte. Solche Äußerungen berührten mich damals sehr unangenehm. Heute kann ich sie den Absendern gar nicht mehr richtig übelnehmen. Obwohl es schon seit vielen Jahren in der Unterhaltungsbranche »Stars« gab und die Menschen aus der DDR sie verehrten, war es für den gestrengen Herrn R. aus Neubrandenburg befremdlich, daß jemand, der ein »Diplomat im Trainingsanzug« – wie wir Sportler bezeichnet wurden – war, sich in diese Branche hineinwagte. Das gehörte sich nicht.

XV. Der gordische Knoten
Umzug nach Leipzig

Baby Sheila bekam bei alledem schnell mit, daß sie in eine Familie hineingeboren worden war, in der es zuweilen turbulent zuging. War ich eingespannt, dann kümmerte sich die Oma. Meine Mutti half mir ganz begeistert und so viel sie nur konnte. Manchmal brachte ich Sheila auch nach Leipzig zu Marle. – So viel ich auch mit meinen neuen beruflichen Plänen zu tun hatte, in erster Linie war ich eine engagierte junge Mama, kümmerte mich viel um mein Kind. Es strahlte mich oft an, war ein fröhliches Baby.

Ich hatte ein gesundes Kind. Sicher, ab und zu erkältete sich Sheila, in der Mütterberatung stellte man ein bißchen Eisenmangel fest, aber die komplizierteren Kinderkrankheiten, Windpocken, Keuchhusten oder dergleichen, blieben ihr und mir glücklicherweise erspart. Staunend erlebte ich das alltägliche Wunder: ein kleiner neuer Mensch wächst, wird neugierig, entdeckt die Welt und seine eigenen Möglichkeiten darin, beginnt seinen Charakter auszubilden. Damit nichts davon später vergessen werden würde, schrieb ich alles auf und klebte die Fotos in ein großes Sheila-Album, dokumentierte ihre Karriere als das netteste Baby der Welt. Alles wurde fein säuberlich vermerkt: der erste Zahn kam am 15. Januar, die ersten Schritte machte sie im März 1975. Wenn ich es mir recht überlege, verlief Sheilas Baby-Karriere in diesen Monaten weitaus erfolgreicher als diejenige ihrer Mama auf dem Wege zur Sängerin und Entertainerin. Der kleine Quirl lernte das Laufen wirklich schnell und behende. Meine Schritte auf der Bühne vom Kulturhaus in Johann-Georgenstadt, wo ich zwei Probeauftritte absolvierte, sowie im Leipziger Haus der Heiteren Muse fielen eher tastend aus. Rein äußerlich mochte ich noch so souverän wirken, schließlich war ich öffentliche Auftritte, Publikum gewöhnt, innerlich blieb ich etwas ratlos und unzufrieden. Formal schien alles gut zu laufen, denn diese Leistungsschau, zu der ich da eingeladen worden war, galt allgemein als günstiger Startplatz für den künstlerischen Nachwuchs. Die Konzert- und Gastspieldirektion Karl-Marx-Stadt hatte mich in die von ihr produzierte Show »Magazin aktuell. Ein Unterhaltungsprogramm mit Musik, Gesang und Artistik« integriert. Der Autor der Show war beauftragt worden, speziell für mich ein Lied zu schreiben, das dann am 25. Januar 1975 seine Uraufführung erleben sollte. Na toll! Vorausgesetzt, dieses Lied hätte etwas getaugt. Ich habe mir das Notenblatt von damals aufgehoben und lese den lange vergessenen Text nach, kopfschüttelnd: *Wie oft rief mir schon jemand zu: Gaby toi toi toi, das Lampenfieber aber blieb mir unverdrossen treu, doch ging manchmal etwas schief, war ich mal verzagt, hab ich ganz tief Luft geholt und zu mir gesagt:* – rumtatata, Anlauf nehmen zum Refrain – *Etwas Mut, ein bißchen Glück, und schon wird's weitergehen ...* Also so richtig nach dem Motto: Reim dich, oder ich freß dich ... Der Text stammte von Wilhelm Hampel. Die Melodie stand dem Einfallsreichtum des Textes in nichts nach.

Ich war damals einfach zu schüchtern, um abzulehnen. Hab mich nicht getraut zu sagen, euer Lied ist mir zu flach, zu albern, das singe ich nicht. Als Greenhorn in der Branche dachte ich: Da mußt du durch, es kommt hernach schon Besseres. Ich hab's gesungen, und bekam dafür beim 26. Wertungsprogramm am 25. Januar 1975 in Leipzig netten Anstandsbeifall. Als ich von der Bühne ging, schien es mir erst einmal wichtig zu sein, daß ich nicht gepatzt hatte, daß die Kapelle und ich harmonierten, meine Stimme klar getragen hatte. Der Regisseur der Show gratulierte mir hinterher mit einem aufmunternden: »Na bitte, hat doch geklappt.« Von einer glänzenden Zukunft im Schlagerhimmel sagte er mir nichts. Der Mann hieß Berthold Beissert.

Mein Schlager-Debüt ging also soweit ohne Pannen über die Bühne. Ich hatte meine Chance wahrgenommen. Nur, war es tatsächlich eine Chance gewesen? Jedenfalls entstand nichts daraus. Es kamen keine Angebote für neue Shows, keine Nachfragen von den einschlägigen Talente-Sendungen im Rundfunk oder Fernsehen, niemand interessierte sich für die singende Eisprinzessin mit diesem albernen Liedchen. Die mußte sich in jenem

Frühjahr 1975 dann allerdings mit ganz anderen, privaten Komplikationen befassen: Zwischen Eberhard und mir kriselte es.

Bei uns zu Hause lief es in diesem Winter immer weniger einträchtig, um nicht zu sagen, wir stritten uns heftig, manchmal bei den banalsten Anlässen. Das konnte eine anstehende Hausarbeit sein, der Wochenendeinkauf, die kleine Reparatur im Bad, die seit Wochen nicht erledigt worden war ... Und vor allem um Eberhards Anteil an solchen Arbeiten. Wir lebten ja in diesem großen Haus, und ich – mit Sheila im Babyjahr – bewältigte den Haushalt praktisch allein. Was rein technisch kein Problem war, ich kann kräftig zupacken und ohnehin gut organisieren. Aber es störte mich, daß alles an mir hängenblieb. Eberhard fand es bequemer zu sagen: Mach du mal! Hol du mal die Handwerker, du kannst das doch viel besser als ich. Wenn irgend etwas im Haus repariert werden mußte, konnte ich Eberhard nur durch nervige Drängelei überhaupt dazu bewegen, mal einen Schraubenzieher in die Hand zu nehmen. Er gab sich gar keine Mühe, diesen Hausstand mit zu bewältigen. Das war er so gewohnt. Seine Mutter, eine ganz liebe Frau, die ich sehr schätze, räumte nämlich ihrem Sohn alles hinterher. Eberhards Vater starb sehr früh an Krebs, und so konzentrierte sich alles Denken und Tun der Mutter auf ihren begabten Jungen, der so fleißig lernte, studierte, auf dem Eis lief und von dem man nun nicht auch noch verlangen konnte, den Abwasch zu machen. Als Eberhard dann 1972 bei mir einzog, da machte ich, blind verliebt, genau den gleichen Fehler: Mein Mann verstreute seinen Kram übers ganze Haus, ich räumte ihm regelmäßig hinterher. Mit dem Unterschied, daß ich zu Eberhards Gewohnheiten eben nicht die demutsvolle Grundhaltung seiner Mutter aufbringen konnte. Mich störten sie gewaltig! Unmut staute sich in mir an und brach sich dann bei einer ganz bestimmt unpassenden Gelegenheit seine Bahn. Aber es geht eben wirklich nicht, in einem Haus nur die Feten zu feiern, man muß es auch ordentlich pflegen. Und noch etwas störte mich mächtig: Fing ich mit diesem Reizthema an, konnte Eberhard jederzeit seinen Mantel nehmen und sagen: Du, später, ich muß jetzt in die Redaktion, tut mir leid. Mein Mann fühlte sich in seinem beruflichen Umfeld gut verankert. Ich dagegen hing zu Hause fest.

Dieses ewige Streiten, die gegenseitigen Anklagen, das war nun genau das Falsche! Eigentlich liebten wir uns doch. Jetzt hätten wir miteinander offen und sachlich reden müssen, ob jene Dinge, die den einen am anderen aufregten, nicht geändert werden konnten? Mit Vernunft und Liebe. Statt dessen habe ich rumgemault und bei Gelegenheit wieder einen handfesten Streit vom Zaun gebrochen. Eberhard, der sonst so gerne diskutierte, neigte hier mehr zum anklagenden Schweigen. Was mich nun erst recht zur Rebellion trieb. Wenn ich heute über diese Ehe nachdenke, mir die Freunde anhöre, die sich erinnern, daß wir in aller Augen als ein glückliches Paar erschienen, daß es niemand verstand, als ich die Scheidung von Eberhard wollte, und er sich tatsächlich kommentarlos von mir trennte ... Ich weiß natürlich auch, daß es sich seinerzeit nicht nur um die Frage handelte, wer das Brot einkaufen oder die Babywäsche im Garten aufhängen muß. Wir hatten während der ganzen Zeit unserer Ehe sehr intensiv gelebt, mit einem umfangreichen Bekanntenkreis, über den viele andere Menschen, charmante, schöne interessante Männer wie Frauen ins Blickfeld gerieten. Und so richteten wir beide, Eberhard ebenso wie ich, unsere Blicke nicht mehr so sehr auf das – sichergeglaubte – Ehe-Liebste, sondern nach außen. Beide. Ließen uns in andere Dinge hineintreiben. Wir mögen gedacht haben, daß unsere Liebe zueinander, gerade weil sie uns nicht einfach in den Schoß gefallen war, gerade weil wir sie uns so schwer erkämpfen mußten, völlig automatisch zwischen uns fortbestehen würde. Wir waren es zufrieden, vom Ehepartner geliebt zu werden, statt ihn zu lieben, aktiv. Was ja heißt, sich täglich neu um den Liebsten zu bemühen. Es kommt in einer Ehe nicht darauf an, Recht zu behalten, sondern einander Rechte zuzugestehen. Wir sind mit uns, mit der Ehe zu lax umgegangen. Auch mit solchen Werten wie Treue, Hingabe, Rücksichtnahme. Meine Neugier, dieses heftige »Erleben-wollen«, die Suche nach neuen Eindrücken, auch nach neuen erotischen Erlebnissen, drängten das wirklich Wichtige in den Hintergrund. Eberhard und ich haben eben nicht tagtäglich für unsere Liebe gekämpft. Und verloren sie. Haben sie einfach nicht halten können.

So folgerichtig, wie ich das hier aufschreibe, konnte ich es damals allerdings nicht sehen. Im Gegenteil, ich erlebte in diesem Frühjahr 1975 einen langen, quälenden, mir ziemlich chaotisch erscheinenden Prozeß innerer Auseinandersetzungen. Und – was vielleicht das Betrüblichste in dieser Lage war – mir gelang es nicht, mit Eberhard darüber zu sprechen. Ich konnte ihm zwar ebenso schwungvoll wie erbittert Vorwürfe an den Kopf knallen. Aber ich hatte noch nicht gelernt, schmerzhafte persönliche Konflikte in einer sachlichen, eben liebevollen Debatte auszutragen. – Dabei versuchte ich durchaus, das immer tiefergehende Zerwürfnis nicht als ein unabwendbares Schicksal hinzunehmen. Ich hütete mich, zu schnell zu entscheiden, suchte Rat. Bei Günther Lehmann, der geduldig zuhören konnte. Ich erinnere mich, wie wir in Dresden, nachdem ich spontan hingefahren war, um mein ganzes Elend auf den Tisch zu kippen, nachts um eins, um zwei durch dunkle, menschenleere Straßen spazierten und unablässig über dieses Ehe-Problem redeten. Auch Marle in Leipzig mußte sich alles anhören.

Als ich dann letztendlich diesen meinen gordischen Knoten aus Kränkungen, Zweifeln, Vorwürfen, Trauer und Hoffnung zerschlug und zu Eberhard von Trennung, von Scheidung sprach, reagierte er nur kühl, stolz. Eberhard bat mich nicht etwa, es noch einmal miteinander zu versuchen, Besserung abzuwarten. Er sagte nur: Gut, dann eben nicht! Wie konnten wir nur eine so große Liebe so schnell aufgeben ... Heute denke ich, wenn ich mir Mühe gegeben hätte, mit diesem Mann hätte ich alt werden können. Aber ich war, wir waren wohl noch nicht erfahren und geduldig genug. Geduld, Mühe, das ist die andere Seite dieser gordischen Lösung: Nach der Legende versuchte es Alexander der Große gar nicht erst, den berühmten verschlungenen Knoten mühselig aufzuknüpfen. Er zerschlug die biegsamen Riemchen und kompliziert geknüpften Verbindungen am Wagen des Königs Gordios mit einem einzigen Schwerthieb. Bravo riefen und rufen Erzähler und Berichterstatter von Alexanders Großtaten seit über zweitausend Jahren: Die rasche Entscheidung, die effiziente Lösung, galten und gelten als wirksam. So wie jener Feldherr Alexander muß man originell und kraftvoll schwierige Probleme lösen! Ach ja?! Niemand erkundigt sich danach, ob und wer wohl anschließend die zerfetzten Riemen und Stricke zusammensuchte. Ob es überhaupt gelang, sie neu miteinander zu verknüpfen? Was ja wohl nötig ist, wenn man Pferde einspannen will. Niemand fragte, ob der berühmte Wagen nach dem Gewaltstreich des Helden überhaupt noch zu benutzen war. Aber vielleicht fragen nur Frauen nach solchen Sachen. Mich jedenfalls lehrte mein Lebenslauf, daß Behutsamkeit zuweilen angebrachter wäre als der harte Schnitt.

Immerhin, nachdem Alexander diesen Knoten zerschlagen hatte, erlangte er die Herrschaft über Asien. Was gewann ich im Juni 1975, nachdem meine Entscheidung gefallen war? Nun, kein Weltreich, aber doch eine völlig neue Umgebung und einen neuen Mann: Berthold Beissert. Wie erwähnt, hatte er den Leipziger Unterhaltungskunst-Wettbewerb, bei dem ich debütierte, in Szene gesetzt. Gelegentlich kamen wir in Probenpausen miteinander ins Gespräch, redeten offen über meine beruflichen Pläne. Ich suchte dringend fachmännischen Rat. Berthold Beissert galt als einer der Top-Regisseure im DDR-Unterhaltungs-Fernsehen, die meisten der großen TV-Shows gingen durch seine Hände. Er kannte die Branche, die Stars, die Sternchen, die grauen Eminenzen, die realen Chancen, die Einbahnstraßen, die dummen Fallen wie kaum ein anderer. In Leipzig waren wir uns noch relativ fremd geblieben, und Bertholds Urteil über meine Singerei klang zunächst eher unverbindlich. Aber offensichtlich lag ihm sofort mehr an mir, an der jungen Frau, die ihm da der Zufall in ein sächsisches Ensemble gestellt hatte und die er unbedingt für sich gewinnen wollte. Jedenfalls suchte er recht bald Kontakt, rief an, schrieb mir ellenlange Briefe. Was mir nicht unangenehm war, er hatte mir durchaus gefallen.

Es ging darin zunächst vor allem um den Beruf. Um meine Enttäuschung, daß sich in Sachen Funk und Platte nichts tat, um meine Zweifel, ob ich die Gesangs- und Klavierstunden fortsetzen, mich überhaupt weiter in dieser Richtung engagieren sollte. Es ging auch um die sich langsam in mir ausbreitende Idee, noch einmal die Pferde zu wechseln, ein zweites Studium aufzunehmen. Ich dachte darüber nach, meine doch recht brauchbaren Englisch-Kenntnisse aus der Eis-Zeit auszubauen, vielleicht Dolmetscher zu werden. Was tun? Berthold Beissert sollte sich als ein hervoragender Berater erweisen, denn er sagte nicht: Tue dieses oder jenes, sondern er schlug mir eine Art Stufen-Plan zur Selbsterkundung vor: 1. Überlege dir genau, warum du Sängerin werden willst. Und bedenke, du wirst in diesem Metier – ich kann es beurteilen und sage es dir als Freund ganz offen – eher mittelmäßig sein. Du warst aber schon einmal in einer anderen Kunst Weltspitze. Könntest du wirklich mit künstlerischem Mittelmaß glücklich werden? – 2. Überlege dir genau, warum du nicht Eiskunstlauf-Trainerin sein willst. wenn nicht in Karl-Marx-Stadt, dann vielleicht in Berlin, dort wird auch trainiert. Ist nicht eigentlich das Eislaufen dein Leben? – 3. An Dolmetschern und Übersetzern für Englisch herrscht im Lande nicht gerade Mangel. Du würdest nach dem Studium garantiert als eine unter vielen arbeiten, vermutlich zunächst einmal recht unbeachtet in der großen Menge. Würde dich das wirklich ausfüllen? Ist denn das das Richtige für dich?

Berthold engagierte sich, dachte über mich und meine Zukunft gründlich nach. Das berührte mich stark. Und wie das dann so ist: plötzlich redeten wir über unsere gemeinsame Zukunft.

Von diesem Augenblick an beschleunigte sich mein Lebenstempo erheblich. Fast in Serie standen folgenreiche Entschlüsse und Aktionen an. Seit dem endgültigen Bruch mit Eberhard fühlte ich mich in unserem Haus nicht mehr richtig zu Hause. Seit Juni fuhr ich mit Baby Sheila jedes Wochenende zu Berthold nach Berlin. Im Grunde bildete er zu Eberhard einen vollkommenen Gegenpol: fünfundzwanzig Jahre älter als ich, ein unheimlich erfahrener Mann, ein sehr erfolgreicher Mann, der über unglaubliches Organisationstalent und vielleicht noch mehr Kontakte, Beziehungen, Informationen verfügte. Dazu, und das verblüffte mich bei diesem feinnervigen Künstler nun vollends, war Berthold handwerklich begabt und sehr häuslich. Das hat mich richtiggehend fasziniert, wenn da ein Fenster im Haus klapperte, wurde das sofort gemacht. Berthold besaß in Senzig nahe bei Königs Wusterhausen ein Wochenend-Grundstück mit einem kleinen Holzhäuschen darauf, am Wasser gelegen. Das Häuschen hatte er selbst gebaut und werkelte mit Begeisterung daran herum. Er brachte den Garten in Ordnung, fällte Bäume, pflanzte neue. Sheila muß das in den nächsten Sommern, als sie es dann bewußt miterlebte, so beeindruckt haben, daß sie im Kindergarten, nach dem Beruf der Eltern gefragt, antwortete: Mein Papa ist Holzhacker.

Berthold hatte mehrere Ehen hinter sich, immer Frauen um sich, war also kein unbeschriebenes Blatt. Eine Weile lebte er mit Emöke Pösztenyi zusammen. Aber dieses wilde Leben, so erklärte er mir, habe er nun lange genug geführt. Dieser Lebensabschnitt sei für ihn vorbei. Das wollte er alles nicht mehr. Er suchte eine Frau, der er treu sein wollte und die ihm treu war. Er sehnte sich nach einem liebevollen, behaglichen Leben zu zweit. Und genauso kümmerte er sich um mich und Sheila: liebevoll, ruhig, absolut zuverlässig. Wir gaben eine nette kleine Familie ab.

Und weil ich gerade dabei war, mein Leben völlig umzubiegen, setzte ich mich außerdem im Juni 1975 hin und schrieb eine Bewerbung an die Universität in Leipzig, Sektion Theoretische und angewandte Sprachwissenschaften. Ausgerüstet mit Bertholds methodischen Fragen hatte ich letztendlich die Entscheidung für das Sprachstudium gefällt: Eine mittelmäßige Sängerin wollte ich nicht sein, aber auch nicht zurück zum Eis. Also Englisch. Ich stellte mir nun nicht vor, täglich von sieben bis vier still in einem Dolmetscher-Büro zu sitzen und Blatt für Blatt irgendwelche Texte zu übertragen. Ich dachte mir: Lern du mal perfekt Englisch, dann werden wir anschließend schon sehen, was daraus werden kann. Eine Assistenz bei internationalen Veranstaltungen, Messen organisieren, so etwas schwebte mir vor. Nachdem ich mich entschieden hatte, wollte ich nichts mehr dem Zufall überlassen. Also nahm ich privat Englischunterricht bei Herrn Streubel, meinem Lieblingssprachlehrer von der KJS, um mich gründlich auf die Uni-Aufnahmeprüfung vorzubereiten. Am 3. Juli stellte ich mich dann im Leipziger Universitäts-Hochhaus den kritischen Fragen von Sektionsdirektor Prof. Dr. Jäger und Dr. Schubert, dem Leiter der Fachausbildung. Sie prüften und akzeptierten mich und meinen Wunsch nach einer beruflichen Neuorientierung. Ich wurde an der »Alma mater Lipsiensis« bei den Theoretischen und angewandten Sprachwissenschaften – im Uni-Jargon die TAS –

immatrikuliert. Am 22. September 1975 begann das Studienjahr. Bevor es soweit war, mußte ich noch meinen Umzug nach Leipzig organisieren. Ich stellte es mir allerdings nicht so toll vor, mit Sheila ins Studentenwohnheim zu ziehen. Notfalls wäre es gegangen, für Studentenmütter gab es in jenen babyfreundlichen Zeiten ein spezielles Internat mit abgeschlossenen Wohneinheiten für Mutter und Kind. Trotzdem suchte ich beim Leipziger Rat der Stadt um eine günstigere Lösung nach. Und war dann ganz happy, eine kleine Wohnung zu bekommen. Wegen der Gardinen- und Teppichbodeneinkäufe malte ich mir den Grundriß in den Kalender und kann es hier also ganz genau beschreiben: Das Wohnzimmer hatte 19 m², das Schlafzimmer 12 m², das Kinderzimmer 10 m². Dazu gehörte noch ein winziger Balkon. Meine neue Puppenstube lag im Neubauviertel Leipzig-Schönefeld. Berthold, der überall Leute kannte, kümmerte sich von A bis Z, regelte seine Proben und Drehtage beim Fernsehen in Berlin so, daß er beim Umzug am 31. August selbst mit Hand anlegen konnte. Er schleppte fröhlich abwechselnd die Möbel und Sheila. Ich sehe mir die Fotos an, meinen vergnügten Berthold. Schön war das! Ich erinnere mich genau, wie wohltuend ich es empfand, einmal nicht mehr alles allein bedenken, organisieren, kontrollieren zu müssen. Da gab es nun also einen Mann, der wußte, wie wesentlich für eine funktionierende Zweierbeziehung die Zuverlässigkeit ist!

Während der ersten Septemberwochen richtete ich mich in der Wohnung ein. Praktisch jedes Lebensdetail änderte sich: meine vier Wände, die Blicke aus dem Fenster, die Nachbarn, die Stadt, der Weg zur Kaufhalle ... Mein Leipzig mochte ich seit langem. Außerdem lebten Marle und Alfons hier, die ich jederzeit besuchen konnte. Ich war neugierig auf die Uni, auf die Hochschullehrer, die anderen Dolmetscher-Studenten. Für Sheila suchte ich eine schöne Kinderkrippe aus, in der sie während der Vorlesungen und Seminare gut aufgehoben war. – Bei all dem Neuen kam mir Karl-Marx-Stadt nur noch selten in den Sinn, Eberhard wohnte noch einige Zeit lang im Haus, dann übernahm es die Stadt und richtete darin einen Kindergarten für behinderte Kinder ein.

XVI. »Leben ist Zeichnen ohne Radiergummi«

Studienbeginn: Spaßeshalber soll hier der Titel meiner ersten Vorlesungen im Hörsaal Talstraße aufgeführt werden: »Die Veränderungen des Kräfteverhältnisses zugunsten des Sozialismus.« Östliche Leser werden sich bestimmt an den »gesetzmäßigen« Sieg des Sozialismus erinnern. Weit gekommen sind wir »Sieger der Geschichte« damit nun gerade nicht. Übrigens hörte ich ebenfalls in einer Marxismus-Leninismus-Vorlesung, daß die Praxis das Kriterium der Wahrheit ist ... Bis auf einige obligatorische Einführungsvorlesungen mußte ich bei meinem zweiten Studium in Leipzig allerdings nicht am – von der Vorlesungs- und Seminaranzahl ziemlich umfangreichen – marxistisch-leninistischen Grundstudium teilnehmen. Es gab eine entsprechende Verfügung des Ministeriums für Hoch- und Fachschulwesen. Die ML-Prüfungsbescheinigung vom bereits absolvierten Studiengang durfte allerdings nicht älter als fünf Jahre sein. Ich reichte also bei der Prüfungsabteilung mein Sportlehrer-Diplom von 1972 ein und sparte somit viel Zeit. Wohlgemerkt, es handelte sich nicht um eine Ausnahme für mich, sondern um eine generelle ministerielle Regelung.

Was stand ansonsten auf der TAS-Stundentafel für uns Dolmetscher? Sprach- und Übersetzungstheorie, Sprache der Gegenwart, Übersetzen Deutsch/Fremdsprache und Fremdsprache/Deutsch, bilaterales Dolmetschen, Landeskunde, 2. Fremdsprache, da wählte ich mir Russisch. Schließlich lag es schon einige Zeit zurück, daß ich mir systematisch Wissensgebiete angeeignet hatte, Tests bestehen, Klausuren schreiben mußte. Ich ging daran, das Lernen zu trainieren. Zu meiner Seminargruppe gehörten rund 15 Studenten, fast alles Mädchen. Die meisten kamen direkt vom Abitur und waren logischerweise beinahe zehn Jahre jünger als ich. Anfangs hielten sie ein wenig Abstand zu dieser Mutter mit Kind und Eislaufkarriere im Hintergrund. Das gab sich dann aber schnell. Ich ging auf die Mädels offen zu, und sie sahen ja, daß ich im Sprachlabor unter den Kopfhörern oder im Seminar zur englischen Syntax ebenso schwitzte wie alle anderen, daß ich nicht so eine abgedrehte Eislauf-Diva abgab, die überall Vorzugsbehandlungen erfuhr. Meine »Seminar-Mädels« akzeptierten mich. Allerdings haben wir nicht groß gemeinsam etwas unternommen, dazu fielen ihre und meine Interessen und Freizeitbudgets doch zu verschieden aus. Außer mir gab es aber noch einen etwas schillernderen Vogel in der Gruppe, mit dem ich mich von der ersten bis zur letzten Stunde meines Studium hervorragend verstand, Norbert Schaffranek. Wir sind bis heute gute Freunde geblieben. Norbert hatte nach der Schule Betonfacharbeiter gelernt und war dann Ballettänzer geworden. Kurzzeitig hatte er seinen Traum-Beruf auch ausüben können. War dann aber nicht mehr zufrieden und wechselte nochmals. Die TAS-Studienabteilung hatte gut daran getan, uns beide in die gleiche Seminargruppe zu würfeln. Wir fanden wirklich ein nettes Verhältnis zueinander. Wenn man mit diesem Ur-Leipziger aus der Uni heraus und über den Alten Markt lief, dann kam man keine zehn Meter vorwärts, ohne daß er angehalten wurde: Hallo Norbert, wie geht's, grüß dich ... bekannt wie ein bunter Hund. Er wußte auch immer, wo etwas los war, schleppte mich in die Leipziger Szene-Kneipen, aber ging auch sonntags mal mit Sheila und mir in den Zoo oder zum Baden am Auensee. Norbert fiel die Sprache fast zu, ein absolutes Sprachgenie. Ich dagegen mußte richtig Vokabeln und Regeln büffeln. Norbert half mir. Ich sehe uns heute noch auf dem kleinen Balkon in Leipzig-Schönefeld vor einem Berg von Heftern und Wörterbüchern sitzen, und Norbert fragte mich vor irgendeinem Testat ab. Für ihn muß das schrecklich langweilig gewesen sein, mir half es. Norbert arbeitet heute noch als Dolmetscher und Übersetzer, hat sich später noch zusätzlich Französisch angeeignet.

Alles in allem empfand ich meine zweite Studienzeit als unheimlich schön. Weder die Oberschule noch das Sportlehrer-Studium waren für mich normal abgelaufen, immer agierte ich in Ausnahmesituationen, immer standen die Termine in der Eis-Karriere vor allem anderen. Durch die Leipziger Universität lief ich als eine unter den vielen TAS-Studentinnen. Anfangs guckten Kommilitonen oder Lehrkräfte an unserer Sektion, in der Bibliothek oder in der Mensa schon mal erstaunt, wenn ich da auftauchte, tuschelten gelegentlich hinter mir her: Ist sie es, oder ist sie es nicht? Das gab sich nach einer Weile, es sprach sich herum, daß die Gaby Seyfert ganz normal zum Uni-Betrieb dazugehörte. Daß sie ganz normal studierte, ganz normal behandelt wurde. Natürlich mochte ich – wie jeder Student – den einen Professor oder Dozenten mehr und den anderen weniger. Gerne erinnere ich mich an Barbara und David, unsere Native-Speaker, aus England für die Uni verpflichtete Lehrkräfte, die uns in ihrer Muttersprache trainierten. Studienaufenhalte in englischsprachigen Ländern kamen für Studenten natürlich nicht in Frage. Von unseren deutschen Lehrkräften fuhr hin und wieder jemand für wenige Wochen zu englischen Partner-Unis, was die Qualität des Unterrichts durchaus verbesserte. Trotzdem blieben die Native-Speaker unersetzlich. Unsere beiden waren zudem jung und locker. Wir unternahmen auch außerhalb des Studiums manches miteinander, was für das Sprechen gut war.

Das ereignisreiche Jahr 1975 endete übrigens mit einem Paukenschlag: Ausgerechnet am 31. Dezember um 10.00 Uhr wurden Eberhard und ich geschieden. In den neuen Kalender für das Jahr 1976 schrieb ich vorn einen Aphorismus hinein: »Leben ist Zeichnen ohne Radiergummi.« Das war zu beherzigen. Lebensspuren lassen sich nicht retuschieren. Du hast sie einmal gezeichnet, ob auf dem Eis oder wo auch immer, damit mußt du dann leben.

Wobei ich in diesen Leipziger Jahren sehr viel weniger schwierige Situationen zu bestehen hatte als in früheren Zeiten. Mein Studium ging stetig voran. Mit Berthold lebte ich in einer harmonischen Beziehung, er umsorgte mich. Ich bekam bei ihm mein Frühstück ans Bett getragen, so etwas hatte ich noch nie erlebt. Aber wir waren nicht so völlig auf uns fixiert, daß wir nicht unsere Freundeskreise pflegten. Ich hatte mich in Leipzig nicht nur mit meinem Kommilitonen Norbert, sondern auch mit Uwe und Ildiko angefreundet. Ildiko war als Geigerin am Opernhaus verpflichtet, Uwe war Lehrer. Die beiden heirateten, zogen später nach Ungarn, und ich fuhr so oft es ging zu ihnen. Bei Berthold in Senzig traf sich ab und an eine kleine Runde sehr unterschiedlicher, aber einander freundschaftlich verbundener Künstler: Die Tänzerin und Choreografin Emöke Pösztenyi kam noch immer gern hin. Sie lebte und lebt mit Schriftsteller und Drehbuchautor Wolfgang Kohlhaase zusammen, der nun wieder mit dem seinerzeitigen DEFA- und heutigen Hollywood-Star Armin-Mueller-Stahl, den Berthold sehr mochte, befreundet war. Der in der DDR als Schauspieler und politischer Sänger prominente Amerikaner Dean Reed kam ebenfalls häufig zu Berthold nach Senzig, sie waren dort fast Nachbarn. Mit diesem Freundeskreis von Berthold lernte ich auch ihn besser kennen, als einen nachdenklichen, ironischen Gesprächspartner, aufmerksamen Gastgeber, hilfsbereiten Freund.

Sicher, wir beide spürten auch Differenzen, die rührten allein schon aus dem immensen Altersunterschied her. Berthold war ein Mann, der Probleme nicht im Krach austoben, sondern mit mir bereden wollte. Nicht wie Eberhard stur auf seiner einmal gefaßten Meinung beharren, sondern miteinander reden. Nicht nur er hat geredet, sondern wir haben miteinander geredet, wir schrieben uns auch lange Briefe. Das war wichtig. Man darf nicht vergessen, wir lebten unsere Partnerschaft auf Distanz: ich schwitzte in Leipzig im Sprachlabor, er hinter den Scheinwerfern in den TV-Studios von Berlin-Johannisthal oder hinter der Bühne vom Dresdener Kulturpalast. Also freuten wir uns immer, wenn wir mal drei Tage hintereinander gemeinsam verbringen konnten. Ich finde es übrigens generell gut für eine Partnerschaft, wenn man nicht ständig eng miteinander verflochten ist. Gelegentlicher Abstand macht das Zusammensein reizvoller, interessanter. Man kann sich immer neu aufeinander freuen. Und mein Warten, meine Vorfreude während der Leipziger Tage wurde in Berlin stets belohnt. Berthold kam mit vielen tollen Einfällen, die mir geschmeichelt haben, mich beeindruckten. Er war eben Künstler durch und durch. Ich werde nie vergessen, wie er mich einmal vom Lichtenberger Bahnhof abholte, nachdem eine besonders schwierige Trennungszeit überstanden war: Da hatte er auf einer diese hölzernen Bahnhofsbänke ein weißes Damast-Tischtuch ausgebreitet, eine Flasche Sekt mit zwei Gläsern hingestellt, dazu eine dunkelrote Rose. So empfing er mich. Es ließ ihn völlig kalt, daß sich die anderen Reisenden auf dem Bahnsteig nach seiner Inszenierung fast den Hals verrenkten. Sollten sie doch denken, was sie mochten. Berthold blieb da gelassen. Mein Lächeln wollte er sehen.

So vergingen die Monate. Im Februar 1976 fuhren wir gemeinsam zum Ski-Urlaub nach Oberwiesenthal. Berthold war zwar total unsportlich, sah darin aber keine Probleme. Während ich mich auf der Piste nach Herzenslust strapazierte und den Leipziger Bücherstaub aus der Lunge fegte, fuhr er mit Sheila Schlitten oder ging spazieren. Im Sommer machten wir Urlaub in Polen, auf der Halbinsel Hel an der Ostsee. Im Oktober zeigte mir Berthold den berühmten Weimarer Zwiebelmarkt, zu DDR-Zeiten ein populäres Markt- und Kunstspektakel, zu dem die Leute aus allen Ecken des Landes anreisten. Man bekam rings um Weimar nirgendwo mehr eine Unterkunft, von Hotelbetten in der Stadt selbst ganz zu schweigen. So wohnten wir in Großkochberg bei einem freundlichen Ehepaar, das uns sein eigenes Schlafzimmer vermietete. Herrlich lag es sich in den riesengroßen Bauernbetten und Bergen von Federkissen. Ich habe die allerbesten Erinnerungen an Großkochbergs Bauernbetten!

Wer nicht in Weimar selbst untergekommen war, der mußte ganz zeitig, so gegen fünf Uhr, aufstehen, um mit seinem Auto noch in die Stadt hineinfahren zu können, die spätestens gegen neun hoffnungslos übervölkert war. Nun ist es ja im Oktober morgens länger dunkel, ich sehe noch diese von Autos gebildete Lichterkette. Stoßstange an Stoßstange bewegten wir uns über die Landstraße nach Weimar hinein, lauter Leute, die dort ein fröhliches Herbstfest feiern wollten. Heute sind wir alle staugeplagt, damals faszinierte mich dieser Anblick der auf die Stadt zukriechenden Autoschlangen. Zuerst trödelten Berthold und ich über die Märkte, kauften Keramik und Zwiebelzöpfe. Dann veranstaltete mein Mann ein Rundum-Kulturprogramm: Es ging natürlich zu Goethe und Schiller, ins Palais der Frau von Stein, dann zum Schloß Belvedere, zur Fürstengruft ... Endlich einmal konnte ich – hier in Weimar wie bei vielen anderen Berthold-Ausflügen – ganz in Ruhe Schönes genießen! Auch einmal einen Vormittag mit süßem Nichtstun samt Kaffetrinken und In-die-Sonne-Blinzeln füllen. Genießen lernen, das konnte man bei Berthold Beissert auch! Jedenfalls gehört diese Zwiebelmarkt-Reise zu meinen besten Erinnerungen. Auch wenn es uns bei allem Glücklichsein in der Stadt durchaus auffiel, wie viele der wertvollen alten Häuser dringend hergerichtet werden mußten; daß manches bereits am Zusammenfallen war.

Derzeit habe ich beruflich oft in Weimar zu tun und bin froh zu entdecken, daß inzwischen nicht nur die berühmten Dichter-Häuser, sondern die ganze wertvolle Altstadt vorzüglich renoviert und rekonstruiert wurde, daß Weimar wieder als bunte Perle Thüringens leuchtet. Und jeder Gast ein Hotelzimmer buchen kann. Das natürlich seinen Preis hat. Aber vielleicht vermieten die Leute in Großkochberg immer noch ihre Bauernbetten mit den herrlich dicken Kissen. Ich kann sie nur empfehlen!

Schon schreiben wir das Jahr 1977. Im Januar erkämpfte sich meine Anett, das heißt, nun war es ja Muttis Anett, in Helsinki ihren ersten Europameister-Titel. Viermal sollte sie das insgesamt schaffen, 1979 und 1980 wurde sie außerdem Weltmeisterin, 1980 holte sie Olympia-Gold. 1977 wurde auch Jan Hoffmann Europameister. Natürlich interessierten mich solche Nachrichten aus der Eis-Welt noch. Ich schaute mir die Wettkampfübertragungen im Fernsehen an, freute mich für Anett und für Jan. Vor allem freute mich der unglaubliche berufliche Erfolg meiner Mutti! Wir sahen uns ja häufig, weil sie sich gern um ihr kleines Enkelchen kümmerte und von überallher kleine, liebevoll ausgesuchte Geschenke mitbrachte. Gelegentlich holte sie sich Sheila übers Wochenende nach Karl-Marx-Stadt oder kam zu uns nach Leipzig herüber. Diese Oma-Welt ließ sie richtig aufblühen, da konnte sie jetzt verwöhnen, mußte nicht, wie bei mir, die strenge Trainerin-Mutti sein. Und natürlich sprachen wir da nicht ausschließlich von Sheilas Fortschritten beim Sprechen oder über die Aufregung, als sie sich beim Hinfallen auf dem Balkon von Bekannten an der scharfe Kante eines Metalleimers eine Riesenschnittwunde zuzog und ich in panischer Angst mit meinem

Mädchen ins Krankenhaus raste. Ich denke heute noch voller Schrecken an diesen Tag. Glücklicherweise sollte es der bisher einzige blutige Unfall in Sheilas Leben bleiben. Natürlich erörterten Mutti und ich so etwas ausführlich, aber sie berichtete mir ebenso gerne Neues aus ihrer Welt. So sollte es die siebziger, achtziger Jahre hindurch bleiben. Mutti schrieb mir von den internationalen Wettkämpfen ausführliche Briefe darüber, was in der Eislauf-Familie sonst noch passierte, manches Tragische, manches Komische. Tragikomisch hörte sich beispielsweise Muttis Bericht von den Olympischen Spielen 1976 in Innsbruck an: Beim Paarlauf-Training, bei dem es auf dem Eis meistens besonders eng zugeht, hatte es einen Massensturz gegeben. Der DDR-Mannschaftsarzt Dr. Nicolai, der an der Bande stand, wollte eilends helfen, stürzte und renkte sich Arm und Schulter dermaßen aus, daß sie im Innsbrucker Krankenhaus unter Narkose wieder eingerenkt werden mußten. Der Doktor als einziges Opfer der Massenkarambolage – das war natürlich was für die Journalisten ... Sicher, ich las Muttis Briefe stets mit Neugier, verfolgte die Nachrichten aus der Küchwald-Halle, hörte von ihren Schützlingen, von Wettkämpfen und Titeln ... Aber es berührte mich nicht mehr in tiefster Seele. Ein abgeschlossenes Kapitel. Meine Welt fügte sich aus Sheila, der Uni, Berthold. Ich erzählte Mutti von bevorstehenden Klausuren, vielleicht vom Baueinsatz im Uni-Studentenklub Moritzbastei, dessen heute berühmte Gewölbe von uns Studenten ausgegraben wurden. Aus einem verschütteten Rest der Leipziger Stadtmauer, gleich hinter dem Uni-Hochhaus gelegen. Ich ging mit meiner Seminargruppe zwei-, dreimal zum Schippen hin. Ich kann zupacken, und einen ordentlichen Studentenklub braucht jede Uni. Nach der Wende soll es in Leipzig griesgrämige Zeitungsartikel über die Fron der armen, von der FDJ geknechteten Studenten gegeben haben. So ein Unfug. Mag schon sein, daß ich hinterher ein paar Schwielen an den Händen hatte, aber Spaß hat es gemacht, das Schippen und die Jazz-Konzerte in den bereits ausgegrabenen Gewölbe-Tonnen, das war doch toll!

Im April 1977 feierten wir mit der Seminargruppe unser Studien-Bergfest, standesgemäß in »Auerbachs Keller«! Im Herbst kam für unser Seminar wieder einmal das Uni-Sprachlager in Schnett heran. Studenten und Lehrkräfte verbrachten dort regelmäßig in einem Ferienheim der Universität gemeinsam eine Woche, in der ausschließlich Englisch miteinander gesprochen werden durfte: Vom morgendlichen Zähneputzen bis zur Nachtruhe. In Schnett wurde gewandert, in Konversationszirkeln geplauscht und – unter großem Jubel und Geschrei – Kricketspielen gelernt. Also, die Spielregeln und wie man diese Schlagkeule günstigerweise handhaben sollte, um dem Schlagball den gewissen Drall zu geben, das begriff ich ja recht schnell. Der eigentliche Kick bestand darin, sich mitten im heißesten Spielgewimmel mit unserem Native-Speaker David, der als Schiedsrichter fungierte, temperamentvoll, aber bitteschön stets im besten Oxford-English, darüber zu streiten, ob der letzte Ball nun gut war oder ich doch die Torleine übertreten hatte! Keine Flüche, Studentin Seyfert ...

Na, diese Intensivwoche, das war etwas anderes als im Leipziger Sprachkabinett unter Kopfhörern die überlangen Zeitungsartikel über die Konferenz von Helsinki zu übersetzen! Während des Studiums befaßten wir uns viel mit solchen politischen Themen und dem entsprechenden Vokabular. Die Texte wurden aus dem »Neuen Deutschland« oder aus dem englischen KP-Blatt »Daily Worker« genommen. Allein vor dem Mikrofon in meiner schallisolierten Kabine fühlte ich mich angesichts der darin auftauchenden Floskeln und Gemeinplätze nicht immer hochmotiviert zum Übersetzen. Mußte man aber, denn der die jeweilige Übung kontrollierende Sprachlehrer schaltete sich von seinem Regiepult zu, ohne daß es der mehr oder weniger aufmerksam übersetzende Student überhaupt bemerkte. Wollte man also keine schlechten Noten riskieren, mußte man von der ersten bis zur letzten Übungsminute konzentriert mitarbeiten. Anstrengend, aber wirkungsvoll, dieses Labor. Kricketspielen in Schnett war trotzdem lustiger!

Im Herbst 1977 fanden unsere Abschluß-Praktika statt. Die meisten von uns gingen in diejenigen Betriebe oder Einrichtungen, in die sie dann später, als Absolventen, vermittelt werden sollten. Ich bewarb mich für eine Stelle im Berliner Internationalen Handelszentrum (IHZ), einer vom Ministerium für Außenhandel eingerichteten Service-Institution für westeuropäische, amerikani-

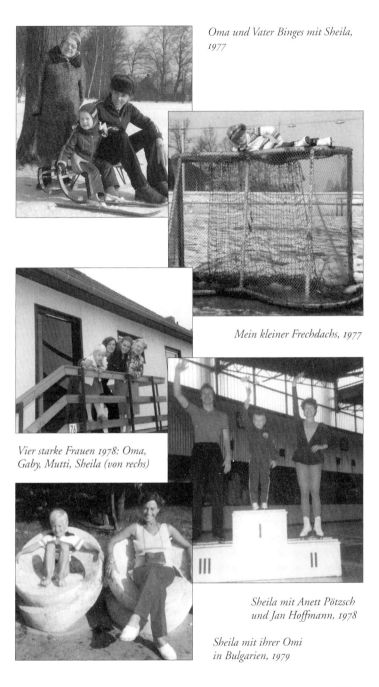

Oma und Vater Binges mit Sheila, 1977

Mein kleiner Frechdachs, 1977

Vier starke Frauen 1978: Oma, Gaby, Mutti, Sheila (von rechs)

Sheila mit Anett Pötzsch und Jan Hoffmann, 1978

Sheila mit ihrer Omi in Bulgarien, 1979

Die neue Familie Messerschmidt, 1980

Bei der Show »Festival-Kristalle« in der Werner-Seelenbinder-Halle, mit Mutti, Pfingsten 1984

Arbeit an der Choreografie für die Show »Hereinspaziert«, 1985

Jugendrevue 1986

Figurinen für die Eisrevue »Einfach zauberhaft«, 1985

Das Eis-Ballett des Berliner Friedrichstadtpalastes, Leitung Gaby Seyfert

Als Gast-Star am »Leningrader Eisballett«, April 1986 Moskau: Gaby Seyfert, Alexej Ulanov, Ludmilla Smirnova (von links)

Ostern 1988, Sheilas Jugendweihe

Mit Stefan, 1988

Mit Katarina Witt und Peter Weck im Wiener Burgtheater, 1989

Bei Dreharbeiten zu »Carmen on Ice« mit Katarina Witt, Brian Boitano, Brian Orser in der Berliner Werner-Seelenbinder-Halle; mit der Eis-Gruppe des Friedrichstadtpalastes als Chorus, 1990

Mit dem Eis-Ballett des Friedrichstadtpalastes im »ZDF-Fernsehgarten«, Mainz 1990

Herbstpremiere 1990 bei »Holiday on Ice«: Gaby mit Ludmilla Smirnowa, Siegfried Schäfer, Mutti und Alexej Ulanov (von links)

Mit Sheila in Davos beim Skilaufen, 1990

100. Gründungstag der ISU am 19. Juni 1992: Donald Jackson, Sjoukje Dijkstra, Gaby Seyfert, Alain Clamat, Denise Biellmann, Eva Romanova (von links)

Mit Oliver, 1993

1995

sche und fernöstliche Handelsfirmen. Während des Praktikums durchlief ich dort verschiedene Abteilungen, schnupperte nur, es gefiel mir. Im Einsatz-Gespräch wurde mir eine vielfältige Berufstätigkeit avisiert: Selbständiges Arbeiten, organisatorische und Management-Aufgaben für die im IHZ angesiedelten Firmen. Ich unterschrieb den Vorvertrag.

Also würde ich nach dem Ende des Studiums im kommenden Frühjahr nach Berlin umziehen. Nun gab es in Berlin, wie fast in jeder DDR-Stadt, auch nach mehr als fünf Jahren Honeckerscher Sozialpolitik immer noch mehr Wohnungssuchende als Wohnungen. Rechtzeitig begann ich mich zu kümmern, schrieb Briefe, stellte mein Problem der SED-Bezirksleitung dar, die dafür sorgte, daß ich, als ehemalige Spitzensportlerin, in eine von der Kommunalen Wohnungsverwaltung neugebaute Siedlung in Berlin-Karow einziehen konnte.

Es handelte sich um ein Kontingent der seinerzeit viel beredeten, weil zu Billig-Konditionen von BRD-Firmen gebauten »Neckermann-Häuser«. Diese Einfamilien-Häuser sollten ja nicht nur an irgendwelche Prominente vermietet werden, sondern auch an Familien, die dringend besseren Wohnraum benötigten. So ist es auch geschehen: In meinem Nachbarhaus rechter Hand zog eine Familie mit sieben Kindern ein. Mein Nachbar auf der anderen Seite wurde der Maler und Schriftsteller Karl Hermann Roehricht, neben dem wiederum wohnte eine Familie mit vier Kindern.

Aber noch studierte ich einige Monate lang fleißig in Leipzig, arbeitete auf die Staatsexamen hin, saß im Frühjahr wieder mit Norbert über den Heften und Wörterbüchern, mein Alltag paßte sich dem Rhythmus der Testate, Klausuren, Prüfungstermine an.

Dazwischen veranstalteten Berthold und ich im März die erste Umzugsstaffel. Es folgten meine Abschlußprüfungen in Leipzig. Stolz und zufrieden nahm ich mein Dolmetscher-Zeugnis mit dem Gesamtprädikat »Gut« in Empfang, für das ich mich tapfer geschlagen hatte.

Dann folgte der Moment, in dem ich zum letzten Mal unten am Fahrstuhl des Uni-Hochhauses wartete, um mich oben in der Studienabteilung der Sektion TAS ordentlich abzumelden: Zeugnisse, Studienbuch, SV-Ausweis ... ich schreibe Ihnen mal meine neue Adresse in Berlin auf ... So eine Exmatrikulation nach erfolgreichem Studium ist eine wehmütig-fröhliche Angelegenheit: Ein letzter Blick in die Runde, ein Gang durch die Sektions-Korridore und aus vollem Herzen ein Dankeschön an meine Lehrer von der Leipziger Universität. Sprachlabor, Native-Speaker, Kricket in Schnett, Auerbachs Keller und ein bißchen Klein-Paris. Wahrlich, ein gute Zeit lag hinter mir. Froh und traurig zugleich stieg ich wieder in den Uni-Lift. Um beim Hinabfahren ein paar wildfremde, noch ganz junge Studenten frech anzulächeln: Sie hatten den Uni-Marathon noch vor sich. Mein Finish war gelaufen, Siegerehrung, endlich fertig, am Start der neuen Berufskarriere. Ich stand im 30. Lebensjahr, fühlte mich sehr gut ausgerüstet für meine – wie ich zu diesem Zeitpunkt noch meinte – interessante Arbeit: Berlin, ich komme!!! Ich war so neugierig auf das Leben in der Hauptstadt, auf diese völlig andere berufliche Sphäre.

Bevor ich ins nagelneue Lebenskapitel startete, gönnte ich mir noch einen vergnüglichen Sommer, fuhr mit Berthold ein paar Tage nach Budapest, anschließend machten wir mit Sheila Urlaub, wieder in Polen, auf der Ostseeinsel Hel und im noblen Badeort Sopot, wo dieses Mal Berthold über polnische Bekannte ein Quartier beschafft hatte.

XVII. IHZ, Schloß Rammenau, Schneckenzucht

Am 29. August 1978 startete ich mit großen Erwartungen in meine zweite Berufslaufbahn, begann am Internationalen Handelszentrum als Hosteß zu arbeiten. In dem großen, von japanischen Firmen gebauten Bürohochaus an der Berliner Friedrichstraße waren vielleicht dreißig Firmenfilialen angesiedelt. Sie vertraten größere, aber auch kleinere Unternehmen, die allesamt aus – im politischen Sinne – westlichen Staaten, aus der Schweiz, Japan, Frankreich stammten. Von meinem Praktikum her wußte ich, daß in dieser internationalen Handelswelt eine andere Atmosphäre herrschte, als ich sie bisher beim Sport oder an der Universität gekannt hatte. Das begann bei der Kleiderordnung: Die Herren in korrektem schwarzen oder grauen Anzug und selbstverständlich mit Krawatte, die Damen – soweit überhaupt welche vorkamen – im dezenten Kostüm samt zurückhaltendem Blüschen. Selbstverständlich paßte ich mein Outfit dem Stil des Hauses an. Ich wollte mich sowohl mit meinem fachlichen Wissen als auch mit meiner trainierten Disziplin professionell einbringen, war ganz gespannt auf diese völlig ungewohnte Situation. Voller Selbstbewußtsein, voller Hoffnungen fuhr ich am ersten Morgen in die Friedrichstraße. Wie sich ziemlich schnell herausstellen sollte, fungierten die Hostessen in diesem Handelszentrum im Grunde als bessere Pförtner. Das begann schon bei der einheitlichen Dienstkleidung, die natürlich auch mir verpaßt wurde: graues Kostüm. Meine hauptsächliche Aufgabe bestand darin, täglich einige Stunden unten am Empfang des Bürohochhauses zu sitzen und die Personalien etwaiger Besucher aufzunehmen. Ich nehme an, daß Ausländern, die da im Hause Geschäftspartner treffen wollten, solcherart Kontrollen ungewohnt, vielleicht sogar unangebracht erschienen. Andererseits waren sie wahrscheinlich dieses ausgeprägte Sicherheitsbewußtsein der östlichen Staaten gewohnt und schickten sich drein. Weil das IHZ vom frühen Morgen bis in die Abendstunden geöffnet sein sollte, wurden wir Hostessen im Schichtdienst eingeteilt. Die Frühschicht begann um sechs Uhr. Das war für mich schwierig, denn ich mußte ja vor Dienstantritt Sheila in den Kindergarten bringen.

Nicht nur mit den ungewohnten Arbeitsinhalten, auch mit dem neuen Kollegenkreis mußte ich mich anfreunden. Von den einen wurde ich eher neugierig beäugt, andere verhielten sich betont distanziert. Ein vorgefaßtes Urteil über diese Eiskunstlauf-Weltmeisterin hatte also schon vor meinem ersten Arbeitstag in der Friedrichstraße Einzug gehalten. Bevor ich überhaupt die Chance hatte, mich zu zeigen wie ich bin, redete man über mich. Viele Menschen urteilen rasch über Leute, die in der Öffentlichkeit stehen, plappern irgend etwas nach. Und das kann äußerst weh tun. Man gab mir schon bei meinem Eintritt deutlich zu verstehen: Hier bist du jetzt nicht die Weltmeisterin, hier bis du eine von uns, und nun zeig mal, daß du hier auch etwas zuwege bringst. Das blockierte mich zunächst. Wer mir offen entgegenkommt, wird von mir Offenheit erfahren. Aber ich bin zum Beispiel absolut still, wenn ich merke, daß mir so etwas wie Distanz angeboten wird. Dann ziehe ich mich zurück und unternehme ganz sicher nicht die nächsten Versuche, diese Distanz zu überbrücken. Ich mache die Arbeit, die ich zu machen habe, ordne mich völlig normal ein, halte Termine, Arbeitszeiten, Anordnungen präzise ein. Ob mir nun die jeweiligen Gegebenheiten sympathisch sind oder nicht. Ein solches Pflichtenverständnis habe ich schließlich beim Leistungssport gelernt. Ich mache den gleichen Job wie der Mitarbeiter, der mir am Schreibtisch gegenübersitzt. Ich beanspruche für mich nicht, im beruflichen Umfeld als die Weltmeisterin behandelt zu werden. Später, wenn man merkt, daß ich normal und umgänglich bin, kommt mir die Mehrheit der Kollegen meist mit Sympathie entgegen. Damit hat sicherlich jeder Prominente zu tun: Auf der einen Seite muß man sich während der Karriere und manchmal noch Jahre danach der übergroßen Nähe der Fans, der Autogrammjäger, der Journalisten, die wegen ihrer Schlagzeilen in die privateste Sphäre einzudringen versuchen, erwehren. Auf der anderen Seite die Distanz, die Kühle, handfestes Vorurteil und Ablehnung. Ob es bei diesem Start in Berlin im Handelszentrum oder im Kindergarten, später in der Schule meiner Tochter war, irgendwann, viel später, hörte ich dann solche Sätze wie: »Ach, Sie sind ja ganz anders. Sie sind ja ganz normal ...« Was sonst? Ich hatte hart gearbeitet, mir etwas erkämpft, warum sollte ich nicht normal sein. »Ich bin keine Prinzessin von einem anderen Stern. Ich schneide mich auch wie Sie beim Kartoffelschälen in den Finger, und da blutet es auch«, habe ich mal zu einer Frau gesagt ...

Die Personalabteilung des IHZ stellte zumeist junge Frauen, etwa in meinem Alter, als Schicht-Hostessen ein. Da ergaben sich dann bald ganz selbstverständliche, natürliche Kontakte, Freundschaften, das atmosphärische Eis schmolz. Was die Arbeitsinhalte betraf, wurde ich allerdings immer unzufriedener. Sämtliche Versprechungen aus meinem Bewerbungsgespräch, daß ich eigenständige Aufgaben zu lösen, Veranstaltungen für die im Hause ansässigen ausländischen Firmen zu organisieren hätte, lösten sich in Luft auf. Dieses An-der-Pforte-Sitzen stellte tatsächlich den Großteil meiner Arbeit dar. Mein Englisch rostete ein, denn die meisten der ausländischen Handelsvertreter sprachen Deutsch. Es war insgesamt ziemlich ernüchternd. Hinzu kamen die Zwänge, denen man sich in dieser Hosteß-Position unterwerfen mußte: Man sollte mit den Ausländern kein privates Wort reden, keinerlei Kontakte über das berufliche Maß hinaus aufnehmen. Kleine Werbe-Präsente für uns – von der Schachtel Pralinen oder Flasche Sekt bis hin zum billigsten Kugelschreiber – mußten umgehend beim Vorgesetzten abgegeben werden. Wobei man der Gerechtigkeit halber hinzufügen muß, diese diese Sachen nicht verschwanden; bei passender Gelegenheit, einem Brigadeabend oder ähnlichem, wurden sie unter allen in der »Schicht« halbwegs gerecht verteilt oder gemeinsam vernascht. Diese Dinge waren ja auch unwichtig.

Schwer tat ich mich dagegen mit dem »West-Kontakt-Verbot«. Weil ich einige der Leute, die da tagtäglich durch meine Pforte gingen, nett fand, habe ich mich nicht unbedingt daran gehalten. Ich ließ mich schon mal zum Essen einladen, so lernte ich Brunners aus Luzern kennen, sympathische Schweizer, mit denen ich in privatem Kontakt blieb. Oder ich unterhielt mich mit den Franzosen über Grenoble und Alain Calmat. Und fürchtete natürlich, daß mich jemand beobachten könnte.

Einige Zeit wartete ich, wie es beruflich weiterginge, und tat dann meine Unzufriedenheit kund: Ich wollte selbständig arbeiten, in einer Position, in der meine Sprachkenntnisse gefordert waren. Weil ich keine Ruhe gab, setzte mich die Kaderabteilung dann innerhalb des IHZ noch einmal um, in eine Art Firmenservice-Zentrale. An der unbefriedigenden Situation änderte sich nichts. Ich fühlte mich vollkommen unterfordert, irgendwie völlig fehl am Platze. Um so mehr genoß ich es, wenn ich einmal zu einem kleinen Forum oder zu einer Autogrammstunde eingeladen wurde. Bei einer dieser mittlerweile selteneren Gelegenheiten lernte ich Herrn Ackermann, den Direktor des Hotel Stadt Berlin kennen, eine Rundfunksendung mit mir produziert wurde. Vielleicht wäre diese Begebenheit vergessen, wenn ich Herrn Ackermann nicht später, nach der Wende, unerwartet wiedergetroffen hätte: Er ist heute Direktor vom »Grand Hotel« in Berlin Unter den Linden. Es freut mich immer wieder, daß es Leute gibt, und auch mir sympathische Leute, die es gegen all die Widerstände nach 1989 schafften, sich in ihrem Metier zu behaupten. Aber ja, wir verstanden im Osten auch unser Handwerk, waren gut ausgebildet, hatten Ideen und Kraft. Nach 1989 ist viel über die Gründe, warum unsere Wirtschaft immer ineffizienter dastand, debattiert und geschrieben worden. Meine berufliche Situation im IHZ ist ein Musterbeispiel dafür: eine an der Universität ausgebildete Dolmetscherin saß in der Pförtnerloge ... von Chancen für meine Kreativität, von Leistungsdruck keine Spur. Ich kam mit dieser Situation wahnsinnig schwer zurecht. Auch deswegen, weil ich es in meinem bisherigen Leben, im Leistungssport, gleichgültig ob als Aktive oder als Trainerin, und auch an der Universität anders gewohnt gewesen war.

Über den Sommer und Herbst 1978 lebte ich mich in Berlin langsam ein. Nicht nur ich, unsere ganze neugebaute Straßenzeile wirkte in der alten Vorortsiedlung noch fremd. Hier kannte sich ringsum niemand. Ich wohnte mit Sheila allein in Karow, Berthold behielt seine eigene Stadtwohnung, war aber oft bei uns draußen, half mir. Es war nicht so einfach, ohne Oma und Opa, ohne hilfsbereite Nachbarn und gute Freunde alles zu koordinieren. Ich habe es bewältigt. Langsam lernte ich einige Karower Familien kennen, knüpfte erste Beziehungen, trotzdem blieb ich die Woche über dort draußen ziemlich angebunden, sehnte mich nach den lebensprallen Leipziger Studentenzeiten zurück. Oder besser gesagt, wollte nun munter daran gehen, Berlin zu erobern: Ausgehen, Theater besuchen, tanzen, alte Freunde treffen, neue Freunde gewinnen, eben etwas unternehmen. Berthold zog es dagegen vor, zu Hause zu bleiben, allein mit mir und dem Kind, Sheila und mich zu verwöhnen. Er las viel, mochte solche stimmungsvollen Abende, an denen er mir aus einem Buch, das ihn beschäftigte, zitierte, wir darüber Gespräche führten, einen guten Tropfen tranken und auch miteinander schweigen konnten. So etwas kann wunderschön sein! Heute wüßte ich es sehr zu schätzen. Damals gerieten wir immer häufiger über unsere Wochenend-Planungen aneinander. Ich fühlte mich von dem Mann, mit dem ich wirklich zum ersten Mal seit langem vollkommene Harmonie erlebt hatte, zunehmend eingeengt. Es war traurig. Natürlich versuchte ich noch eine Weile, dieses Gefühl zu unterdrücken. Wir schlossen freundliche Kompromisse. Und fühlten uns beide nicht wohl dabei. Immer wieder umkreisten wir dieses Thema. Sprich darüber, sagte mein Berthold mir. Ich habe ja durch ihn erst richtig das Reden gelernt, das Diskutieren, Probleme nicht nur frontal, sondern von sämtlichen Seiten zu betrachten: Negatives, Positives und die vielen Schattierungen dazwischen. Überleg dir das! Sprich darüber mit mir! Immer wieder kamen wir auf unseren Altersunterschied zurück. Berthold schrieb mir lange Briefe zu diesem Thema. Er ahnte, daß unsere Beziehung nicht ein Leben lang dauern würde. Aber wir sollten doch, solange es schön ist, beieinander bleiben. Wir redeten viel, was auch unheimlich gut für mich war. Und haben uns dann beide gesagt: Unsere Lebensentwürfe entwickeln sich zu unterschiedlich. Ich habe ihn weder mit den Türen knallend verlassen noch hinausgeworfen. Ganz im Gegenteil, ich hatte Angst vor dem Ende. Am 4. Februar 1979 räumte Berthold seine Utensilien still aus meinen

Räumen und ging fort. Gleichermaßen unglücklich und erleichtert sah ich ihm hinterher. Einsam.

Gegen Einsamkeit hilft immer, aus den eigenen vier Wänden herauszukommen. Der Kalender zeigte Februar an, was lag da näher, als mir im IHZ ein paar Tage Urlaub und die Skier zu nehmen und ins Erzgebirge zu fahren. Ich verabredete mich mit Kristina, einer langjährigen Ski-Bekanntschaft aus Oberwiesenthal. Sie ist eine ganz verrückte und sehr gut aussehende Sportlerin, die aus einem kleinen Dorf bei Oberwiesenthal stammt. Und wie die meisten Kinder dort, kaum daß sie laufen konnte, auf die Bretter gestellt wurde. Kristina lebte zu der Zeit, zu der wir uns kennenlernten, bereits in Karl-Marx-Stadt, fuhr aber noch in jeder freien Minute zu ihren Bergen hinauf. Wir beide hatten uns auf den Pisten, beim Skisport wirklich gesucht und gefunden. Anschließend ging's dann meistens ins »Brauhaus«, das war die In-Kneipe von Oberwiesenthal, da traf sich immer alles. Dieses Mal schleppte Kristina einen Bekannten mit in den Schnee, Jochen Messerschmidt. Jochen war nicht unbedingt, was man einen schönen Mann nennt, aber wahnsinnig sportlich. Darin trafen wir uns. Er war geschieden und lebte in Berlin allein, ich lebte in Berlin allein, es hat nicht lange gedauert, bis wir uns zusammentaten.

Jochen Messerschmidt stammte aus Suhl, seine Eltern führten dort im Stadtzentrum ein Modegeschäft, das seit Generationen der Familie gehörte. Dementsprechend gut kannte man die Messerschmidts in Suhl. Das Konfektionsgeschäft sollte Jochens Bruder übernehmen, Jochen hatte sich dagegen nach seinem Ökonomiestudium erfolgreich um einen Außenhandels-Job beworben. Er bereiste regelmäßig die sozialistischen Länder und kaufte dort Waren für sämtliche Kunstgewerbeläden der DDR ein; also Keramik und handgewebte Stoffe aus Polen, Glas aus der ČSSR, Korbsachen aus Rumänien ... Jochen kam dadurch viel herum, verstand es, geschickt zu verhandeln, und verfügte über ein grandioses Organisationstalent, das durch seinen Außenhandel keineswegs ausgelastet war. In meiner Erinnerung sind jene Jahre, die ich mit ihm verlebte, geprägt von originellen Reisen,

Sport-Unternehmungen, von faszinierenden großen Festen, die Jochen unablässig organisierte, inszenierte. Das gefiel mir sehr, genau so wollte ich leben! Turbulent, immer in Bewegung, voller Vorfreude, Aktivität. Um Jochen und mich kristallisierte sich schnell ein fröhlicher Bekanntenkreis. Teils alte Freunde von ihm und mir, teils neue von uns beiden. Dazu zählten nicht nur Berliner, auch Leipziger, Dresdner, die wir in Oberwiesenthal auf der Piste oder hinterher im »Brauhaus« kennengelernt hatten. Den harten Kern dieses über etliche Jahre zusammenhaltenden Kreises unternehmungslustiger Sport-Fanatiker bildeten etwa acht Leute. Kristina gehörte dazu, auch Eckerhard Beyer, ein Grafiker und der engste Freund von Jochen. Es gesellten sich dann immer Freunde von Freunden, Bekannte hinzu. Mit diesem Sport-Clan fuhren wir regelmäßig in den Winterurlaub, zuerst nach Rokytnice, ein Dorf in der Niederen Tatra, später nach Polen. Jochen tat in Pistennähe eine Baude auf, die genügend Platz für alle bot. Unser erstes Quartier in Rokytnice war ganz primitiv, draußen ein Kaninchenstall neben dem Plumsklo, drinnen auf der einen Seite der Hütte die Gäste-Unterbringung, auf der anderen waren die Schafe einquartiert. Sehr rustikal. Gewaschen wurde sich übrigens vorm Haus an einem eiskalten Bach. Wir wohnten alle zusammen in einem großen Raum mit acht nebeneinander stehenden eisernen Betten. Durch zwei quergestellte Schränke wurde der Schlaftrakt vom Essentrakt abgeteilt. Der bestand aus einem riesengroßen Tisch, acht Stühlen und einem Herd, der mit Holz gefeuert wurde. Unsere Früh- und Abendmahlzeiten brachten wir komplett von zu Hause mit. Wie schwierig es uns ostdeutschen Urlaubern in den anderen sozialistischen Länder gemacht wurde, genügend Landeswährung einzuwechseln, habe ich schon beschrieben. Ob nun ungarische Forinth, tschechische Kronen oder Rubel, man mußte sie sparsam verwalten, damit sie fürs Benzin, für die Skilifte und ein gelegentliches Mittagessen ausreichten. Also organisierten wir es so, daß jeder in der Truppe für ein Essen verantwortlich gemacht wurde: Der eine nahm eben fünf Dosen Spaghetti mit Tomatensoße mit, der nächste entsprechende Mengen Gulasch oder Bohnensuppe. Tagsüber ackerten wir wie die Wilden die Piste rauf und runter. Um acht Uhr wurden in

Rokytnice die Bürgersteige hochgeklappt, aber wir hatten viel Spaß in unserer Baude, spielten Karten, erzählten Schnurren, sangen, tranken unseren aus der DDR mitgebrachten Schnaps und tschechisches Bier. Es wurde alljährlich ein herrlicher Skiurlaub.

Im Sommer lief es ähnlich. Unser Feriendomizil auf Hiddensee sah genauso verrückt aus: ein ganz kleines Häuschen bei einem Mann, der ständig auf der Insel lebte, ein Holzbildhauer, der mystische Masken schnitzte. Dessen Bekanntschaft hatte ich schon Anfang der Siebziger über die Vermittlung meines Leipziger Freundes Richard gemacht. Ein Zimmer, ein Doppelstockbett, Tisch und Stuhl, in die Wand eingelassene Holzbretter, die als Regalfächer dienten, also nicht einmal ein Schrank. Da machte ich mit Jochen und Sheila Urlaub, ich schlief mit Sheila in dem einen Bett, Jochen oben. Also auch äußerst primitiv, trotzdem schön. Auf der Heimfahrt von Hiddensee fuhr Jochen zehn Kilometer zu schnell. Das kostete damals zehn Mark Strafe und nicht einmal einen Stempel.

Einmal abgesehen von Sommer- und Winterurlaub stand unablässig irgendein nächstes Treffen mit dem Sport-Clan an, wurden Termine koordiniert, das machte alles Jochen. Er fand beispielsweise in Leipzig eine Tennisanlage mit mehreren Plätzen, die er für ein privates Turnier von uns allen für ein Wochenende mieten konnte. Weiß der Himmel, wie er das gedreht hat. Private Anlagen gab es ja nicht, sie gehörten immer einer Betriebssportgemeinschaft, der Gewerkschaft oder den Kommunen. Jochen bekam so etwas hin! Wir traten dort nach einer ordentlichen Turnieraufstellung alle gegeneinander an und ermittelten unsere Gruppensieger. Abends war in der Gaststätte der Tennisanlage dann noch eine tolle Fete. Ein anderes Mal trafen wir uns im Februar im Wald an einem zugefrorenen See mit unseren Schlittschuhen. Jochens Freund Ecki hatte nämlich auch eine Eiskunstlauf-Vergangenheit, trainierte als Junge beim Erfurter Klub Eistanzen, war aber nie zu größeren Erfolgen gekommen, und wir sind uns während meiner Eis-Zeit auch nicht begegnet. Nun fühlten wir beide uns in unserem Element. Wer nicht auf die Schlittschuhe mochte, der brachte Skier und Schlitten mit. Wir veranstalteten in dieser Winterpracht am See ein riesengroßes Lagerfeuer, brauten Glühwein, grillten Würstchen. Im Sommer kamen auch mal alle zu uns nach Berlin, zelteten im Garten, wir feierten bis in den Morgen hinein. Ein anderes Mal trafen wir alle uns in Suhl, beim Herrn Anschütz, dem Besitzer des einzigen japanischen Restaurants, das es in der DDR gab und in dem eigentlich auf Jahre hinaus vorbestellt werden mußte. Über Jochens Suhler Familienbeziehungen kamen wir natürlich mit der ganzen Truppe rein. Ich dagegen konnte managen, daß wir drei Tage lang im »Neptun«-Hotel von Warnemünde wohnten und in den beliebten Hotel-Restaurants in der Schillerstraße Plätze reserviert bekamen. Das klappte, weil ich bei früherer Gelegenheit den Hoteldirektor vom »Neptun« kennengelernt hatte. Im Sommer 1980 fuhren wir mit der ganzen Truppe nach Polen, auf die Halbinsel Hel bei Danzig zum Camping, dafür hatten wir uns so einen Klappfix-Zeltanhänger gekauft. Aber nach dem Urlaub sofort wieder verkauft, ich bin nach wie vor kein großer Freund von Camping. Ein festes Dach über dem Kopf möchte schon irgendwie sein.

Also, es war wirklich ständig etwas los bei Familie Messerschmidt. Auch wenn gerade kein Sport-Event anstand, wurde es nicht ruhig. Oft bewirteten wir Gäste, Freund Ecki lebte manchmal fast ständig bei uns in Karow. Er fand es gemütlich bei uns und hatte meistens wenig Geld. Ich versuchte ihn anzustacheln: Ecki, du mußt was tun. Die Aufträge kommen nicht von allein ins Haus. Irgendwie brachte er es nicht in die Reihe. Dabei war er ein ganz lieber Junge. Unsere Freundschaft, auch mit seiner Frau Barbara, hält bis heute.

Mit Jochen wollte ich gerne noch einmal ein Kind haben. Einst, in meinen romantischen Teenager-Vorstellungen, hatte ich mich als eine fröhliche Mama von richtig vielen Kindern in einem großen sonnigen Haus mit Riesengarten gesehen. Ich bin sehr kinderlieb. Aber es sollte nicht dazu kommen. Sheila hatte aus den Gesprächen der Erwachsenen etwas aufgeschnappt und erkundigte sich nun öfter und drängend nach dem Brüderchen: »Wann besorgt ihr das nun endlich?« Und noch etwas interessierte sie: »Wann heiraten wir?« Im September 1980 wurde ich zur

Gabriele Messerschmidt, und auch Sheila bekam diesen Namen. Weil ich so eine romantische Seele bin, mußte es für die Hochzeit das Schloß Rammenau in der Nähe von Dresden sein, ich hatte im Fernsehen Bilder davon gesehen und fand die Idee faszinierend. Diese nächste Traumhochzeit organisierte ich nun selbst. Mit der Hilfe von Freund Ecki, denn mein Jochen saß zu Hause und lernte, weil er neben allem anderen in jenen Jahren auch noch ein Fernstudium absolvierte. Also machte ich mich mit Ecki auf den Weg gen Dresden.

Wir mieteten zum Hochzeitstermin alle verfügbaren Zimmer von Schloß Rammenau. Für die große Gesellschaft, die wir uns zum Polterabend einladen wollten, genügte das aber nicht: Meine Eltern aus Karl-Marx-Stadt, Marle und Alfons Schumann aus Leipzig, Jochens Eltern aus Suhl würden kommen; auch Kochendörffers aus Berlin, Uwe und Ildiko, Kristina und natürlich der Messerschmidt-Sport-Clan von mindestens zwanzig Leuten. Also drehten Ecki und ich eine Runde durch den kleinen Ort, klopften an Türen und fragten die Leute, wer uns noch ein Zimmer vermieten würde. Natürlich machte das ein bißchen Aufsehen. Wir bekamen unsere Zimmer. Alle in Rammenau hielten Ecki für den zukünftigen Ehegatten. Als ich dann am 27. September 1980 einen ganz anderen Mann heiratete, löste das unter den neugierigen Zuschauern vor dem Schloß einiges Erstaunen aus ... Unsere Sport-Clique inszenierte eine ganz besondere Überraschung, alle erschienen zum Polterabend auf Schloß Rammenau in (vom Theater ausgeliehenen) Rokoko-Kostümen. Von einer Pergament-Rolle verlasen sie ihre guten Wünsche und heilsamen Ratschläge für den Ehestand ... Das alles paßte natürlich toll in diese Schloß-Umgebung. Ich glaube, sämtliche Verwandten und Freunde erinnern sich noch heute an dieses romantische Fest. Meiner kleinen Sheila kam es jedenfalls wie eine richtige Märchen-Hochzeit vor.

Am nächsten Tag fuhr die ganze Gesellschaft mit dem Bus nach Dresden. Für die Trauung, die leider nicht in Rammenau selbst vollzogen werden konnte, gingen wir in das Standesamt hinter dem Goldenen Reiter. Sheila hatte ich für diesen großen Tag ein langfallendes buntes Blümchenkleid ausgesucht, sie sah ganz süß

Polterabend auf Schloß Rammenau, 1980

aus. Bei meinem Hochzeitskleid siegten dieses Mal praktischere Überlegungen, es sollte doch nun nicht wieder ein Traumkleid für einen einzigen Tag werden, ich nahm ein schlicht-elegantes dunkelblaues Seidenkleid. Dazu passend kaufte ich einen großen dunkelblauen Hut mit Schleier. Regina Kochendörffer steckte mir meine Brautfrisur. Als wir beide am Hochzeitsmorgen das Ensemble begutachteten, gefiel mir diese etwas ausufernde Kopfbedeckung plötzlich überhaupt nicht mehr. Also trennten wir in aller Eile den kleinen blauen Schleier vom Hut ab und Regina steckte ihn ganz raffiniert in meiner Frisur fest, so daß er über Stirn und Augen fiel. Sehr edel und gesetzt trat ich vor den Standesbeamten. Auch der Hochzeitstag gelang zu aller Zufriedenheit, wir gaben ein großes Essen, gingen anschließend über die Dresdener Boulevards spazieren. Die Sonne schien.

Hochzeit 1980, Marle Schumann gratuliert

Nun war ich also Frau Messerschmidt-Seyfert, die sich am 18. Oktober 1980 mit einem Interview im »Neuen Deutschland« wiederfand. Nanu? Dazu muß ich etwas weiter ausholen: Seit 1974 meine TV-Show »Gabys Gäste« eingemottet worden war, kam das Thema »Eisrevue« in der DDR-Unterhaltungs-Branche einfach nicht mehr vor. Ich sehe drei Gründe dafür, warum sich das eingangs der achtziger Jahre änderte: Zum einen heimsten unsere Läufer in den internationalen Wettbewerben immer mehr Erfolge ein, wurden populär. Natürlich fragten sich die TV-Zuschauer angesichts dessen, warum man so etwas Schönes wie das Schaulaufen mit Anett, Jan oder Christine nicht auch einmal in Rostock oder Cottbus live erleben konnte. Der nächste Grund: Es gab mittlerweile nicht nur eine Serie von Europa- und Weltmeistertiteln, es gab eben auch die erfolgreichen Läufer, also Menschen mit besonderen Fähigkeiten und Neigungen, die zwar mit dem Leistungssport aufhörten, aber gerne noch das eine oder andere Schaulaufen bestreiten wollten. Anett Pötzsch beendete 1980 ihr Karriere als Aktive. Ich weiß nicht, ob »Holiday on Ice« sie ansprach, aber ganz bestimmt ging es ihr so wie mir zehn Jahre zuvor. Sie wollte ihr Können zeigen, andere Menschen damit unterhalten, Spaß haben. So dachten viele, Jan Hoffmann, Christine Errath, Manuela Groß und Uwe Kagelmann ... Der dritte und vermutlich wesentlichste Punkt: Selbst in der SED-Spitze kam man während der Ära Honecker zu der Erkenntnis, daß man den – alltags hart arbeitenden – DDR-Bürgern ihren Spaß lassen, für ein bißchen Farbe und Unterhaltung im Lande sorgen müsse. Nach und nach wurden westliche Mode, Kosmetik, Schlager, Beat und Rock, internationale Küche, ja, auch die große Show im Unterhaltungsfernsehen zugelassen. Da konnte man doch vielleicht ...? 1980 ergriff der mittlerweile als Sportjournalist sehr bekannt gewordene Manfred Hönel von der »Jungen Welt« die Initiative. Clever fand er einen politisch vorzeigbaren Anlaß für eine große Eisrevue: Die Berliner Werner-Seelenbinder-Halle feierte ein Jubiläum. Vor 30 Jahren, zum Deutschlandtreffen der FDJ 1950, war sie aus einem zerbombten Großkühlbetrieb zur Sport- und Kongreßhalle ausgebaut worden, ein ziemlicher Kraftakt angesichts der materiellen Nachkriegsverhältnisse. In Journalistenkreisen wußte man, daß der gelegentlich leicht sentimentale Erich Honecker, FDJ-Chef der ersten Stunde und nunmehr erster Mann der DDR, an solche alten Geschichten gerne erinnert wurde. So gab es schließlich grünes Licht für diese »Eiskapriolen«, einer Koproduktion zwischen dem Deutschen Eislaufverband der DDR, der Sportredaktion sowie dem Bereich Unterhaltung/Musik beim DDR-Fernsehen. Heidi Steiner engagierte sich stark in den Vorbereitungen, Hans-Georg Dallmer, auch ein früherer Eiskunstläufer, führte Regie. Heinz Florian Oertel moderierte. Dieses Mal fand man sogar einen Sänger, der eislaufen konnte: Frank Schöbel. – Übrigens ging selbst meine Mutti mit aufs Eis, polierte ihren »Tango-Max«-Tanz aus den fünfziger Jahren frisch auf, was alle sehr begeisterte, die Älteren fast rührte!

Mich mußte man nicht fragen, ob ich die »Eiskapriolen«-Idee glänzend fand. Ich ging los, trainierte wieder drei-, viermal die Woche. »Leicht war es nicht, aber die Technik der Sprünge habe ich nicht verlernt. Nur die Kondition mußte kontinuierlich aufgebaut werden«, sagte ich im ND-Interview. Mir wurde bei den »Eiskapriolen« bewußt, wie sehr ich mein Publikum vermißte. Es läßt sich nicht betrügen, und wenn du es nicht selbst merkst, läßt es dich durch seinen tosenden oder eben verhaltenen Applaus spüren, wo du stehst. Deshalb lechzt jeder Künstler so sehr nach Beifall. Im IHZ fehlte mir diese Resonanz.

Die »Eiskapriolen« liefen vom 21. bis 24. Oktober in der Werner-Seelenbinder-Halle, am 25. Oktober 1980 übertrug sie das DDR-Fernsehen auf einem der besten Sendeplätze: Sonnabend, 20.00 Uhr. Die Show und deren Mitwirkende erlebten riesiges Presse-Interesse. Bei der Beschreibung dessen, was da gezeigt wurde, brachen sich die armen DDR-Reporter allerdings fast die Finger: Das »ND« sprach schlicht von einem »Programm«; unsere Fernseh-Illustrierte »FF dabei« sehr gewunden von einem »eissportlichen Unterhaltungsabend«. Um Himmels willen nicht den Begriff »Eisrevue« benutzen, da könnte ja jemand an die amerikanische »Holiday ...« denken. Egal, das Eis war jedenfalls gebrochen. Auch bei mir.

Übrigens kam ich in diesem Jahr 1980 nicht allein durch die »Eiskapriolen« meinen früheren Wirkungskreisen wieder näher. Schon im Februar hatte mich ein Sportredakteur des Fernsehens gebeten, während der Olympischen Winterspiele von Lake Placid (nicht vor Ort, sondern im Adlershofer TV-Studio) als Ko-Kommentator für die olympische Damen-Konkurrenz aufzutreten. Mit Kribbeln im Bauch – nicht wegen der Mikros, sondern wegen des Flairs der großen Wettkämpfe – saß ich im Studio und genoß einen langen Blick auf meine alte Welt. Die Sportjournalisten sind ja so ein eigenes Völkchen, gelegentlich rechte Lästerzungen. Natürlich kamen wir wieder auf den »berühmten« Oertel-Fauxpas, als Heinz Florian, der immer die blumenreiche Sprache pflegte, im Eifer des Gefechtes bei einer Weltmeisterschaft meine Kür mit »Ihr Röckchen weht im eigenen Wind« kommentierte ...

Die nächste handfeste Erinnerung an früher folgte im August. Gemeinsam mit dem Bobfahrer Meinhard Nehmer und dem Fußballer Jürgen Sparwasser durfte ich seit langem einmal wieder in den Westen reisen, zum Pressefest der Kommunistischen Partei Österreichs. Wir machten für die KPÖ eine regelrechte Werbe-Tournee über Wien, Linz, Eisenstadt, Kapfenberg, gaben Pressekonferenzen, saßen in Gesprächsrunden, und plötzlich war ich wieder die Weltmeisterin, die berühmte Sportlerin, eine gleichzeitig ungewohnte wie angenehme Situation. Nur nebenbei: Wieder bin ich aus dem strengen Reglement solcher Touren ausgebüxt: In Wien wurde gerade eine Transvestiten-Show gezeigt, ich ging hin. Und wie es der Zufall so will, die Darsteller holten am Schluß der Show Leute aus dem Publikum auf die Bühne, mich. Ich bin fast gestorben, weil ich natürlich wußte: Wenn dich jetzt hier jemand fotografiert und du in der Wiener Klatsch-Presse landest, dann kannst du dir zu Hause etwas anhören ... Es ist nichts passiert. Ich war froh, daß ich wieder unterwegs sein durfte. Zwei Jahre später, im Juni 1982, wurde ich dann sogar zu einer Art diplomatischer Sportreise der DTSB-Spitze samt Manfred Ewald nach Sibirien mitgenommen: Moskau, Nowosibirsk, Irkutsk. Wir sahen Leistungssportzentren und Sportanlagen von Großbetrieben, fuhren ein Stück über den riesigen Baikalsee, wurden dort zu einem herrlichen Picknick mit frischem Stör und Kaviar eingeladen. Die sibirischen Dimensionen beeindruckten mich ebenso wie die Herzlichkeit der Leute dort. Gerührt spürte ich, daß ich beim Wiedererkennen immer noch »nascha Gaby« war. Wenn ich heute Nachrichten aus diesen Regionen verfolge und sehe, welch schwere Zeiten die Sibirier wie die Petersburger durchleben, frage ich mich, ob sie sich ihre Herzlichkeit und Gastfreundschaft bewahren können.

Aber zurück ins Jahr 1980. Im September meldete ich Sheila in der Staatlichen Ballettschule zu einem Kinderkurs an. Ich wollte, daß sie sich ein wenig künstlerisch betätigt und sich gleichzeitig gut zu bewegen lernt. Leistungssportlerin wollte sie nicht werden. Sie ging zweimal in der Woche nachmittags in die Erich-Weinert-Straße, um die Anfangsgründe des Tanzens zu lernen. Es machte ihr großen Spaß, sie ist lange dabeigeblieben. Natürlich sollte Sheila sportlich werden. Kaum daß sie zwei Jahre alt war, stellte ich sie zum ersten Mal aufs Eis. Wir fuhren Schlitten, sie bekam früh Skier. So wie ich von Oma, Opa und Mutti als kleines Mädchen in Chemnitz an den Sport herangeführt wurde, so wollte ich es mit Sheila wiederholen: spielerisch, selbstverständlich. Zu einer Leistungssport-Karriere für mein Kind sagte ich allerdings Nein. Als Sheila vier, fünf Jahre alt war, es ihr mit den Schlittschuhen sichtlich Spaß machte, wollte die Oma nun auch gern ihr Enkelkind zur Eiskunstläuferin machen. Das kam nun überhaupt nicht in Frage. Ich wußte nur zu genau, was eine Leistungssport-Karriere für das Kind, aber auch für die Eltern bedeutete: Voll dahinter zu stehen, bei allem was man in der Familie plante, stets auf den Sport-Kalender des Kindes Rücksicht nehmen. Einmal dabei, hätte ich mich heftig engagiert. So bin ich nun einmal erzogen worden. Aber das, was mir Mutti da vorschlug, das wollte ich doch gar nicht. Wir lebten in Berlin, ich hatte meine Arbeit, wollte ein normales, vollständiges Familienleben führen. Hätte Sheila damit begonnen, bei Mutti in Karl-Marx-Stadt als Eiskunstläuferin zu trainieren, sähe ich sie womöglich nur noch in den Ferien. Nein!

Das Jahr 1980 ging zu Ende. Ich fuhr mit wachsender Unzufriedenheit im Bauch alltäglich auf meinen Posten im Handelszentrum in der Friedrichstraße. Zwar durfte ich mich inzwischen als »stellvertretende Chef-Hosteß« bezeichnen, trotzdem empfand ich diese IHZ-Arbeit als öde. Pünktlich zu erscheinen, brav den Besucherdienst zu erledigen, das konnte es auf Dauer doch nicht sein! Ich wollte eine Arbeit, bei der Resultate zu sehen waren. Zum Jahresende kündigte ich beim IHZ. Ich hatte inzwischen eine neue Tätigkeit im »Dienstleistungsamt für ausländische Vertretungen in der DDR« gefunden. Dieses Amt betreute akkreditierte Diplomaten in allen technischen Belangen, machte auch Angebote für deren Freizeit-Aktivitäten. Dafür gab es zwei Clubs, einen in

Zeuthen bei Berlin, der direkt an einem schönen See lag. Man konnte Boote und Surfbretter ausleihen, Tennis spielen und vieles andere mehr. Die Diplomaten machten davon regen Gebrauch. Dort waren sie unter sich, fuhren am Wochenende mit Kind und Kegel hinaus. Der zweite Club wurde in Berlin-Pankow in der Nordendstraße eingerichtet. Nachdem die DDR um das Jahr 1974 herum weltweit diplomatisch anerkannt, seit 1973 auch UNO-Mitglied geworden war, suchte man attraktive Gebäude für diese diplomatischen Vertretungen. In Pankow wurde ein neues Botschaftsviertel gebaut, daneben der Club. Dort würde ich fortan als Sportdirektor tätig sein. Der Club verfügte über einen Fußballplatz, mehrere Tennisplätze, viel Freifläche für verschiedenste Spiele und einen Gaststättentrakt mit Büro und Übungsraum. Ich würde diverse Sport-Events organisieren, Fußball- und Tennisturniere oder Kinderfeste ausrichten, Tennis- und Aerobicunterricht geben. Ab und zu auch einmal mit jemandem Tennis spielen, der ohne Partner auf den Platz kam. Das Ganze erschien mir sinnvoll. Ich konnte sowohl meine Trainerpraxis einbringen als auch meine kommunikativen und organisatorischen Fähigkeiten – und mein Englisch gebrauchen. Denn in den Nordend-Club kamen weniger die Herren Botschafter, die sich auf Deutsch unterhalten konnten, sondern Botschaftspersonal, Familienangehörige, die eben nur ihre Muttersprache und etwas Englisch verstanden. Der große Nachteil von Nordend: keiner der Plätze war überdacht, sobald das Wetter schlecht wurde, im Winter sowieso, blieben die Gäste aus. Ich bot in diesen Zeiten wenigstens in dem kleinen Übungsraum für die Frauen der Diplomaten ein paar Aerobic-Termine an, mehr war nicht möglich. Da saß ich dann unglücklich im Büro der Nordendstraße: Stundenlang, tagelang, löste Kreuzworträtsel, stickte, ließ die Zeit verstreichen. Schon bald hatte ich das Gefühl, bei diesem Stellenwechsel vom Regen in die Traufe gekommen zu sein.

Angesichts dessen war es vielleicht das Aufregendste am Jahr 1981, daß Sheila am 29. August eingeschult wurde. Großer Bahnhof, ein Berg von Zuckertüten und Geschenken, alle Großeltern waren angereist: die aus Karl-Marx-Stadt, die aus Suhl und Schumanns aus Leipzig. Eingedenk meiner angenehmen Erfahrungen an den ersten Schultag drohte ich meinem Kind auch nicht mit dem berühmten »Ernst des Lebens«, erzählte ihr lieber von den vielen Kindern zum Spielen. Sheila freute sich.

In dieser Zehn-Klassen-Oberschule von Karow gehörte ich von Anfang an dem Elternaktiv von Sheilas Klasse an. Ich wollte mich einbringen und auch Bescheid wissen, wie es in der Schule lief, welche Sorgen und Entwicklungen es gab. Natürlich interessierte es mich auch, ob meine Tochter in Fächern oder mit Lehrern Probleme hatte. Christiane Gulde, eine Nachbarin und mittlerweile gute Bekannte aus Karow, deren Tochter Anne in die gleiche Klasse eingeschult wurde, beteiligte sich ebenfalls am Elternaktiv, andere Mütter schlossen sich an. Wir kümmerten uns durch all die Schuljahre wirklich viel, begleiteten Ausflüge, organisierten Kinderfeste, gelegentlich Klassenfahrten. Die Reisen gingen zumeist in ein brandenburgisches Ferienlager, einmal sogar bis nach Prag. Dafür hatte das Elternaktiv eine Klassenkasse eingerichtet, und die meisten Eltern hielten ihre Sprößlinge an, zur Finanzierung beizusteuern. Also zogen die Kinder in Grüppchen durch die Siedlung, sammelten alte Flaschen und Zeitungspapier ein und verkauften das an der staatlichen Annahmestelle: die einst vom Westen bespöttelte SERO-Idee der armen DDR. War sie nicht vernünftig? Heute trennen wir ganz selbstverständlich den Müll, bringen weißes und braunes Glas in den Container. Zu Geld für die Klassenkasse kamen wir auch bei Festen, für die die Mütter mit den Töchtern Kuchen backten, der auf einem Schulhof-Basar verkauft wurde. Das alles funktionierte mal mehr, mal weniger intensiv, jedenfalls machte unsere Klasse über all die Schuljahre etwas los! Ich hatte immer einen guten Draht zu den Mitschülern, wußte über mein Kind Bescheid. Sheila fiel der Lernstoff nicht zu, wir haben oft gesessen und gemeinsam Schularbeiten gemacht. Auch wenn die Sheila bei Oma und Opa zu Besuch war, wurden fleißig Schulaufgaben geübt. Diese Nähe zu meiner Tochter, ihr beim Lernen zu helfen, das fand ich wunderschön.

Langsam war ich in Berlin heimisch geworden, kannte etliche der Nachbarn in meiner Vorortsiedlung. Zu Kristiane und Klaus Gulde hält sich der Kontakt über sämtliche Irrungen und Wirrungen nun seit zwei Jahrzehnten. Sie ist Apothekerin, er Chemiker. Viele schöne Stunden verlebten wir gemeinsam, mal haben wir bei ihnen gegrillt, mal bei mir auf der Terrasse. Klaus probierte immer alles mögliche aus, einige Zeit lang züchtete er Schafe, später verfiel er auf Weinbergschnecken.

Freundlichen Kontakt fand ich auch zur jungen Familie Sindermann, meine unmittelbaren Nachbarn schräg gegenüber. Thomas und seine Frau nahmen mich auch einmal nach Wandlitz zu ihren Eltern mit, der Familie des Volkskammerpräsidenten Horst Sindermann. Angesichts der Unmengen von Gerüchten über jene Waldsiedlung der Politprominenz war ich neugierig darauf, was ich zu sehen bekommen würde. Zuerst strenge Sicherheits-Offiziere am Schlagbaum, die mich, obwohl ich natürlich längst avisiert war, noch einmal Namen und Geburtsdatum herbeten ließen ... Dann erst durften wir in die Siedlung. Ich fand Sindermanns Einfamilienhaus samt Einrichtung zwar recht nett, aber vollkommen unspektakulär. Das ganze Wandlitz erwies sich als eine bescheidene Vorortsiedlung ohne jedes Flair. Da hatte ich in Colorado Springs oder bei den Schweizer Freunden anderes gesehen. Wandlitz war die vielen Gerüchte nicht wert. Oder eignete sich diese Siedlung nur deshalb zum Objekt der Neugier, weil sich deren Bewohner hinter Zäunen und Schlagbäumen verbarrikadierten? Jahre später, 1989, konnten das dann alle DDR-Bürger in der Fernsehreportage von Elf 99 mitverfolgen. Schon wenige Monate später hatten wir alle im Osten Deutschlands ganz andere Sorgen, als uns über das Angebot von Milka-Schokolade und Sony-Fernsehern in den Spezialgeschäften von Wandlitz zu erbosen ...

Das Jahr 1982 ging recht ruhig über die Lebensbühne. Im Februar ein toller Ski-Urlaub in der ČSSR, in Jasna am Berg Chopok. Dort gab es jetzt schon mehrere Lifte, dadurch kürzere Warteschlangen für die Abfahrtsläufer. Unser Sport-Clan tobte sich tüchtig aus. Auch Jasna bot nun kein tolles Nachtleben, so organisierten wir abends unsere eigenen Partys. Müde waren wir nie.

Am 7. Juli feierten wir den 90. Geburtstag meiner Oma, ein

schöner, besinnlicher Tag und Omas letztes Fest. Sie starb noch im Dezember 1982. Unser Opa lebte schon seit 1964 nicht mehr. Es war traurig, daß er den Werdegang seiner Enkeltochter nicht bis zur Weltmeisterin mitverfolgen konnte.

Dann stand Sommerurlaub Balaton-Boglárlelle auf dem Plan, mit Sheila und Jochen, Ecki und Barbara, Kristina aus Karl-Marx-Stadt. Uwe und Ildiko hatten wieder einmal die Forinth vorgestreckt, damit wir uns ein bißchen was leisten konnten. Zum Ausgleich würden sie uns dann über die Feiertage im Dezember in Berlin besuchen.

Im Oktober veranstaltete der Karl-Marx-Städter Sportclub eine Eisrevue, die nicht so genannt werden durfte. »Karl-Marx-Städter Eissportkaleidoskop – Kufen-Kurven-Könner« stand auf den Plakaten, dazu die Namen Anett Pötzsch, Jan Hoffmann, Gaby Seyfert-Messerschmidt. Das Publikum freute sich sehr, seine Lieblinge von einst einmal wieder zu Hause in einer Show zu begrüßen. Daß es uns allen Spaß machte, keine Frage!

Das Jahr endete auf originelle Weise: Ich wurde zersägt. Ich war einmal wieder zur »Nacht der Prominenten« eingeladen worden. Dieses Mal mit einer weniger aufwendigen Nummer: Ich agierte als Assistentin des Zauberers Smeck und mußte mich unter anderem von ihm zerteilen lassen. Bevor der Profi überhaupt ein Wort an mich richtete, hatte ich mich verpflichten müssen, niemandem sein Berufsgeheimnis zu verraten. Mach' ich auch nicht!

Silvester feierten Jochen und ich mit Uwe und Ildiko aus Budapest in der »Yucca«, einer neuen Pankower Nachtbar in der Wisbyer Straße, nahe der Schönhauser Allee. Jörg Müller, ein unternehmungslustiger und arbeitswütiger junger Gastronom, führte sie privat und zugegebenermaßen sehr stilvoll. Die Räumlichkeiten, eine völlig marode Kneipe, hatte Jörg Müller von der alten Wirtin, der auch das Haus gehörte, gekauft. Ich habe die Fotos gesehen, in dem Laden fiel der Putz von den Wänden, das Mobiliar war völlig verkeimt. Er riß alles heraus, renovierte selbst und machte das Ganze dann mit viel Geschmack und Geschäftssinn zu der in Ost- wie Westberlin berühmten »Yucca«. In der man herrlich tanzen konnte. Schon deswegen gingen Jochen und ich gelegentlich dorthin. Ich hatte mich auf diese Silverster-Nacht mit den alten Freunden sehr gefreut. Aber wieder einmal zettelte Jochen einen Streit an, wütend ging ich ins neue Jahr. Es sollte unser letztes gemeinsames werden.

1983 im Februar fuhren wir im großen Troß nach Jasna. Dieses Mal gehörte auch Jörg Müller samt Freundin dazu. Und konnte miterleben, wie Jochen und ich unsere Auseinandersetzungen selbst auf der Ski-Piste, mitten im Schnee austrugen. Ich nahm mir fest vor: Wenn sich hier nichts ändert, dann laß ich mich scheiden.

Jochens Problem bestand wohl damals zunehmend darin, daß ich sehr bekannt war. Am Anfang unserer Beziehung machte es ihm nicht so viel aus, als der »Mann von Gaby Seyfert« bezeichnet zu werden. Auf Dauer ärgerte es ihn. Sicher, in seinem Job war Jochen erfolgreich und anerkannt, aber er wollte eben auch sonst gerne beachtet werden. Vielleicht hatte er deswegen so viel für unsere Sport-Clique organisiert, zuweilen das Unmögliche möglich gemacht. Aber was wir auch unternahmen, wo wir auch auftauchten, schnell stand dort ich im Mittelpunkt, nicht er, der eigentliche Organisator Jochen Messerschmidt. Meistens drängte sich unser Freundeskreis um mich. Es gingen ja selbst wildfremde Leute neugierig auf mich zu. Jochen meinte, ich solle mich zurücknehmen. Wie denn? Man erkannte mich nun einmal.

Unser zweites Problem lag in unterschiedlichen Auffassungen darüber, wie Sheila erzogen werden sollte. Jochen setzte prinzipiell auf Strenge, faßte sie schon bei Kleinigkeiten hart an. Sie war dann verschüchtert, weinte, flüchtete sich zu mir. Ich habe in solchen Situationen zu bagatellisieren versucht, sagte meiner Tochter: der Jochen meint das nicht so, er ist eben ein bißchen jähzornig. Er aber mutmaßte stets gemeinsame Fronten von Mutter und Tochter gegen sich. Ich verbat mir grundsätzlich, daß er Sheila hart anpackte.

In diesen Spannungen lebten wir, stritten. Aber noch schien alles regulierbar. Jedenfalls bemühte ich mich darum.

Im März veranstaltete die »Yucca« ein großes Kostümfest, da habe ich meine Männer im wahrsten Sinne des Wortes tanzen lassen: Ecki, Jochen und Jörg nach Tschaikowskis »Schwanensee«, ein Stück aus dem berühmten und oft persiflierten »Tanz der kleinen Schwäne«. Ich verpaßte den Männern ein Tütü und meine alten Perücken. Leider fehlte mir der vierte Schwan. Trotzdem brachte diese witzige Parodie den »drei Kerlen« einen Riesenapplaus!

Im April 1983 verfiel ich mit Klaus Gulde auf die Schneckenzucht. Im Nordend lag eine lange langweilige Winterphase hinter mir. Natürlich hatte ich beim Chef im Amt etliche Male interveniert, ob man mich nicht irgendwo anders brauchen könnte. Nichts, aber auch gar nichts änderte sich. Ganz kribbelig vom dummen Herumsitzen, beteiligte ich mich an Klaus' neuem Hobby. Weinbergschnecken kamen damals bei den vielen selbsternannten Gourmets in den Künstler- und Intellektuellenkreisen in Mode. Wollte man welche zubereiten, dann mußte man sie schon selbst sammeln. Klaus meinte, vielleicht könne man die auch züchten. Bei sich im Garten baute er eine mit einem Niedrigstrom-Draht gesicherte Barriere, dahinter hegte er ein paar Dutzend Exemplare ein, fütterte und pflegte sie; hoffend, daß sie sich auch in seinem Garten vermehren und damit reiche Schneckenernten bescheren würden. Ich dachte mir, das kannst du doch gut im Nordend-Club machen. Da ist so viel Platz, das stört keinen Menschen. Bei Gelegenheit erzählte ich einem der zuständigen Direktoren in Zeuthen von meinen Schnecken-Plänen. Der hörte wahrscheinlich nicht richtig zu oder hielt meine Bemerkung für einen Ulk, jedenfalls nickte er. Klaus und ich bauten den Schnecken-Platz im Nordend-Club auf. Einige Wochen später fand ich mich in einem großen »Betriebs-Theater« wieder, das Stück hieß: die Kollegin Messerschmidt-Seyfert ist verrückt geworden. Ich weiß nicht, ob sich jemand in der Chefetage des Amtes Gedanken machte, warum ich auf solche Verrücktheiten verfallen bin. Ich wollte wenigstens irgend etwas tun, etwas Sichtbares. In der Tat, es war komisch, wie ich da pünktlich meine Schnecken fütterte, verzweifelt komisch.

Rundum unzufrieden flüchtete ich mich obendrein in eine heimliche Liaison mit Jörg Müller. Die Ehe mit Jochen hatte, ob mit oder ohne die Müller-Affäre, keinen Bestand mehr. Ich jedenfalls mochte nicht länger daran festhalten. Am 2. September 1983 wurden wir geschieden. Ich holte mir beim »Amt für Personenstandswesen« für mich und Sheila den alten Namen zurück: Seyfert. Das war mir wichtig. Sheila hatte ja bis zur Messerschmidt-Ehe noch den Namen ihres Vaters getragen, Rüger. In Erinnerung an meine eigene Kindheit wollte ich das jetzt endgültig klären. Mein Kind sollte so heißen wie ich!

Jochen zog aus. Ich hatte ihm eine kleine, aber eigentlich recht schöne Wohnung besorgt. Damals war das ein Problem, manche geschiedene Leute wohnten – und stritten sich logischerweise – noch jahrelang miteinander. Das wollte ich vermeiden. Nun ja, ich kannte viele Leute, konnte ein bißchen organisieren.

Im Januar 1984 reiste ich zur Europameisterschaft in Budapest, ganz privat. Ich wollte gerne wieder einmal live dabeisein. 1984 sollte eine ganz starke Saison von Katarina Witt werden, sie gewann alles, wurde Europa- und Weltmeisterin, holte sich dazu bei den Olympischen Winterspielen in Sarajewo die Goldmedaille. Ich denke, meine Mutti freute sich darüber, daß auch ich mit hinter der Bande saß, zuschaute, zur Eis-Familie zurückkehrte. Ich genoß es, alte Freunde zu treffen. Mit Emmy Danzer gingen wir ganz groß im »Gundel« essen.

Von Jörg Müller muß nicht viel erzählt werden. Seine »Yucca«-Bar war für DDR-Verhältnisse ziemlich exzentrisch. Diplomaten verkehrten dort, viele Westberliner kamen extra deswegen in den Osten herüber. Der Laden war das, was man heute neudeutsch »angesagt« nennt. Anfangs war ich gern abends mit dort. Später eher selten. Ich weiß, daß über die »Yucca« viele Gerüchte kursierten, so in dem Sinne, jeder Kellner dort habe von Markus Wolf persönlich ein Mikrofon in die Jackentasche gesteckt bekommen ... Auch wenn es mir wahrscheinlich viele nicht abnehmen werden: ich weiß nichts von Mikros und Spionen, obwohl ich über anderthalb Jahre oft und zu den verschiedensten Tageszeiten im Hause war. Sicher, abends saßen da ständig junge hübsche Mädels an der Bar, die nicht selten gemeinsam mit einem westlichen Diplomaten davongingen. Aber sonst? In dieser Bar mag ja allerhand losgewesen sein, aber die Vorstellung, sie habe als eine

Informationsbörse der westlichen und östlichen Geheimdienste gedient, die scheint mir doch sehr weit hergeholt.

An die »Yucca«-Zeit erinnere ich mich ungern. Während ich zu Hause auf Jörg wartete, feierte er in seiner Bar, ausschweifend, mit viel Alkohol, vielen Frauen. Wir fanden immer weniger Berührungspunkte. Manchen durchaus aufregenden Kontakt vergißt man schon im nächsten Moment. Eine sanfte Berührung kann ein Leben lang auf der Haut liegen, federleicht, aber nachdrücklich spürbar. Echte Partnerschaften klingen bis heute in mir nach. Ich hüte Gegenstände, die zu solchen berührenden Geschichten gehören. Andere Männer, die eben auch für einige Zeit in meiner Nähe blieben, faszinierten mich vielleicht, weil sie mir besonders aufregend, ehrgeizig, fröhlich oder sportlich entgegenkamen. Aber mit solchen Männern gingen weder Freud noch Leid ganz tief in mich hinein. Was nicht heißen soll, daß ich bei ihnen nicht gelacht oder geweint hätte. Von Jörg Müller trennte ich mich beispielsweise mit einem sehr weiblich-wütenden Kraftakt: Weil ich ihn – zu Recht – mit einer anderen Frau im Bett vermutete, stürmte ich eines Nachts in seine Wohnung, den Schlüssel besaß ich. Jörg hatte die Sicherheitskette eingelegt. Eine wahnsinnige Wut kroch in mir hoch: Ich will da jetzt rein! Und mit dieser Wut wuchsen mir Bärenkräfte: Ein Schritt, ein gewaltiger Tritt, ein Knall, die Sicherheitskette sprang aus dem Verschluß, die Tür donnerte auf. Ich stürmte hinein. In Extremsituationen sehen sich Frauen gelegentlich zu Gefühlsausbrüchen in der Lage, über deren Intensität sie sich später nur wundern können: Dieser Mann jedenfalls verdiente gar nicht, daß ich so viel Lärm um ihn machte. Lassen wir Jörg Müller.

XVIII. Alte und neue Liebe
Friedrichstadtpalast und Wendezeit

Das Jahr 1984 gehört in meinen Erinnerungen ohnehin einer ganz anderen, alten neuen Liebe, nämlich dem Eis. In diesem Jahr wurde der Neubau des Berliner Friedrichstadtpalastes fertig. Nachdem das berühmte alte, aber schwer bombengeschädigte Haus am Schiffbauerdamm aus baupolizeilichen Gründen eingangs der achtziger Jahre geschlossen werden mußte, war im Juni 1981 in der Friedrichstraße 107 der Grundstein für ein supermodernes, bestens ausgestattetes neues Varieté-Theater gelegt worden. Das Haus bekam alles, was sich für die Show nur wünschen ließ: eine 24 Meter breite Hauptbühne mit 18-m-Drehscheibe, eine weite Vor- und tiefe Hinterbühne; maß der Bühnenraum dann 150

Premiere in der ersten Show des neuen Friedrichstadtpalastes, »Friedrichstraße 107«

Meter in der Tiefe. Aus dem Untergeschoß konnte ein gewaltiges Hubpodium auf die Vorbühne gefahren werden. Dieses Podium trug abwechselnd eine Eisfläche, ein gläsernes Wasserbassin oder eine Zirkusmanege. Im großen Saal warteten 1900 Sessel auf gutgelauntes Publikum. Und dieses Publikum wartete – im zumeist ausverkauften Haus – seit dem ersten Premierenabend in der Friedrichstraße 107 auch auf meine Auftritte. Das kam so: Logischerweise wollte Wolfgang E. Struck, der Intendant des Friedrichstadtpalastes, sofort bei der ersten Show alle technischen Finessen möglichst glänzend präsentieren. Klar, da sollten sich ein paar Nixen im Bassin tummeln, da mußte auch auf dem Eis etwas passieren. So wurde ich angesprochen. Gemeinsam mit Christine Errath und einem kleinen Eis-Ballett tanzte ich seit dem Premierenabend am 27. April 1984 in der ersten Show, »Friedrichstraße 107« hieß sie. In den Monaten zuvor hatten wir tüchtig dafür trainiert. Konditionsarbeit, Gruppenproben, Einzelproben, Kostümproben und so weiter wurden allesamt spätnachmittags oder abends angesetzt, auch die Vorstellungen begannen nicht vor 19.00 Uhr. Das war insofern wichtig, da wir ja alle nur auf Honorarbasis mitwirkten. Für den Chorus hatten sich ehemalige Eiskunstläuferinnen gefunden, die früher beim Berliner SC Dynamo oder auch andernorts trainiert hatten, jetzt in einer Ausbildung standen oder bereits berufstätig waren. Alles fügte sich prächtig, man konnte seine Berufstätigkeit mit dem Eislauf vereinbaren. Vorausgesetzt, es lag einem an diesem Beruf. – Kurzerhand entschied ich mich, ging noch, während wir Abend für Abend im Programm »Friedrichstraße 107« tanzten, zu Herrn Struck und bot ihm an, fest im Ensemble des Friedrichstadtpalasts mitzuwirken. Denn auf Dauer wurde dort jemand gebraucht, der sich ebenso für die Choreografie, das Training wie für den Einsatz der Gruppe im Gesamt-Ensemble, für sämtliche organisatorischen Dinge verantwortlich fühlte. So kam ich in den Friedrichstadtpalast, dem schönsten Arbeitsort in meinem Leben. Der Friedrichstadtpalast wurde zu meiner Welt: eine Kombination aus Eiskunstlauf, Show und Theaterwelt, mit Kreativität, mit Flair, mit verschiedenen Künstlern aus allen Sparten: Artisten, Sänger, Tänzer, Akrobaten aus der ganzen Welt. So viele spannende Be-

Beim Training mit meinen Eis-Mädchen

gegnungen sollte ich in der Friedrichstraße haben. Wir produzierten jedes Jahr zwei Abend-Shows, dazu die Kinder-Revuen, für die ich dann zusätzlich eine Kinder-Eislaufgruppe aufbaute.

Körperlich war ich voll fit. Auf die kleinere Eisfläche, das Podest maß zwölf Meter im Durchmesser, galt es sich eben einzustellen. Beim Training – dreimal pro Woche nachmittags oder abends zwei Stunden – gingen wir meistens auf eine normal große Eisfläche in der Berliner Dynamo-Halle oder in den Ballettsaal. Um die Halle hatte ich mich gekümmert. Als nunmehr offizielle Vertreterin des Friedrichstadtpalastes gelang es mir, mit der Leitung des SC Dynamo eine Vereinbarung abzuschließen, daß wir in den Abendstunden hinein durften, denn da frequentierten die Leistungssportler die Halle deutlich weniger.

Inzwischen gehörte schon fast überall wo in der DDR gefeiert wurde und es Eis gab, eine Eis-Show dazu. Pfingsten 1984 veranstaltete die FDJ ein »Nationales Jugendfestival«, bei dem »Festival-Kristalle« in der Werner-Seelenbinder-Halle angeboten wurden. Die gesamte Eislauf-Prominenz samt Kati Witt war präsent. Im Oktober legte dann der Karl-Marx-Städter Sportklub »Sport-Mode-Musik« aufs Eisparkett. Und ich war wieder dabei.

Zu Hause gab es in diesem Jahr 1984 Erfreuliches und Unerfreuliches: Am 20. April spürte mein Kind zum ersten Mal, was Lampenfieber ist. Am Maxim-Gorki-Theater wurde Hacks' »Armer Ritter« inszeniert, der Regisseur suchte sich dafür bei der Staatlichen Ballettschule drei kleine Tänzerinnen aus, die eine romantische Balletteinlage zu geben hatten. Natürlich saß die stolze Mama am Premierenabend klopfenden Herzens im Publikum.

Kurz darauf allerdings hatten wir dann einen Kranken zu betreuen. Vater Binges lag in der Charité. Ihm machte die Krankheit vieler Fußballer seit Jahrzehnten zu schaffen, seine Kniegelenke waren völlig ruiniert. Sechs, sieben konventionelle Operationen brachten jeweils nur kurzzeitige Besserung, Schmerzen waren seine ständigen Begleiter. Nun mußten in Binges Knie künstliche Gelenke eingesetzt werden. Übers Wochenende holte ich ihn aus der Charité nach Hause, damit er sich ablenken und erholen konnte. Vater Binges hatte ausgesprochenes Pech, denn knapp ein Jahr später mußte die ganze Prozedur wiederholt werden. In dem teuren Schweizer Implantat traten Materialfehler auf, es brach. Ulli Walther, der in der Charité als Orthopäde arbeitet, sagte uns, das gäbe es unter tausend Fällen einmal. Ausgerechnet den armen Binges mußte es treffen.

Für Weihnachten und Silvester 1984/85 luden mich meine Budapester Freunde ein, die meine neue Karriere in der Eis-Show mit großem Interesse verfolgt hatten. Ich solle doch zu einem kleinen Gastspiel kommen, ins »Lido«, das sei eine schicke, neue, mit allen Finessen – also auch mit einer Eisfläche – ausgestattete Bar. Ich nahm an. Bevor ich die Feiertage einsam zu Hause vertrauerte, konnte ich ebenso gut in Budapest auftreten. An Ort und Stelle sah das Ganze dann weniger gut aus: Die Eisfläche maß vielleicht drei Meter im Durchmesser, sportlich ging darauf so gut wie nichts, ein paar Pirouetten, eine paar elegante Kurven ... Na schön, nun hatte ich einmal zugesagt. Diese Episode brauchte überhaupt nicht erwähnt zu werden, wenn nicht zufällig ein Westjournalist ins Lido gekommen wäre, der sich dann in einem recht hämischen Artikelchen darüber verbreitete, daß die berühmte Gaby Seyfert neuerdings beim Tingeltangel pro Abend tausend Dollar verdiene. So ein Unfug! Aber andere Westzeitungen nahmen es auf, setzten noch eins drauf! Eine ärgerliche Presse-Erfahrung mehr.

Auch zu Hause konnte man – gerade bei Rezensionen über Programme und Leistungen in der Unterhaltungsbranche – inzwischen schon kritische Sätze lesen. Wo sie angebracht waren, bitteschön. Auch im Friedrichstadtpalast gelang nicht bei jeder neuen Premiere alles. Nicht jedes Script fand beispielsweise für mein Eisballett oder meine Schwimmgruppe (für die ich auch organisatorisch verantwortlich war) fließende, witzige Varianten, um sie in den jeweiligen Programmablauf harmonisch zu integrieren. Da interessierte die Meinung eines fachkundigen Rezensenten durchaus! Sachlichen Argumenten gegenüber bin ich immer aufgeschlossen. – Glücklicherweise gelangte damals das unangenehme »Lido«-Presseecho erst später zu mir, so daß ich mit Uwe und Ildiko in Budapest optimistisch in's Jahr 1985 rutschen konnte. Gab es doch für Optimismus allen Grund!

In der Friedrichstraße 107 lief es immer besser. Ich betreute meine Eis-Mädels, trainierte, steuerte Ideen bei, wie wir die Eisfläche optimaler nutzen konnten, machte die Choreografien, beriet bei den Kosümen. Und trat selbst in manchen Shows auf. Im April 1985 beispielsweise zusammen mit Kati Witt. Wir beide studierten gemeinsam einen »Spanischen Tanz« ein, mit dem wir das Publikum ziemlich aus dem Häuschen lockten!

Spanischer Tanz, mit Katarina Witt

Kurz darauf sah ich Alexej Ulanov bei uns auf dem Eis, er kam zusammen mit seiner Lebens- und Tanzpartnerin Ludmilla Smirnova. Die beiden zählten inzwischen zu den Stars des »Leningrader Eisballetts« und machten auf einer Gastspielreise auch im Friedrichstadtpalast Station. Wie haben wir unser Wiedersehen gefeiert. Da wurde die Idee geboren, daß ich vielleicht auch einmal wieder in der Sowjetunion auftreten sollte.

Am 12. September hatte dann unsere neue Show »Hereinspaziert« ihre Premiere, am 8. Oktober die »Regenbogen«-Kinderrevue. Ständig war viel zu erledigen, zu organisieren. Ich fühlte mich eingbunden, und trotzdem auch zuweilen etwas einsam.

Vorn in den Kalender des Jahres 1986 trug ich den Spruch ein: »Bewußt leben heißt, seinem Gewissen gehorchen, Niederlagen ertragen und seinem Glück vertrauen. Der Glaube an das Gute vermehrt das Gute in der Welt« Ich hielt mich daran.

Im April 1986 flog ich nach Moskau. Alexej konnte seine Idee verwirklichen, die DDR-Künstleragentur vermittelte mich als Gast-Star an das »Leningrader Eisballett«. Sorgfältig steigerte ich mein Training und stellte mich auf die Eisrevue in einer großen Moskauer Halle mit entsprechender Fläche ein. Was sollte ich dort tanzen? Einer der Filme, die mich in den siebziger Jahren ungemein beeindruckten, war Bob Fosses »Cabaret« mit Liza Minelli. Schnell traf ich vor Moskau meine Wahl und choreografierte mir einen Song aus »Cabaret«.

Als Solistin des Eisballettes vom Friedrichstadtpalast in der Karl-Marx-Städter Revue »Takte, Tempo, Temperamente«, 1986

Für die Show war die nüchterne Sporthalle dekoriert worden: Bescheidenes Bühnenbild, ein bißchen Samt und Flitter, natürlich bemühten sich alle Läufer um schicke Kostüme. So wirkte unser Eisballett recht ansprechend, natürlich nicht so spektakulär, wie etwa »Holiday on Ice«. Das Moskauer Publikum strömte begeistert herbei.

Nicht zuletzt meines treuen, begeisterten Publikums wegen nahm ich in diesen vier Wochen eine wirkliche Tortur auf mich: Eigentlich konnte ich nämlich gar nicht aufs Eis. Schon seit einiger Zeit verursachte mir mein rechter Fuß mächtige Probleme. Die Ursache lag in etwas völlig Banalem: zwischen den kleinen Zehen entwickelten sich regelmäßig schmerzhafte Hühneraugen, besonders dann, wenn ich meine Füße täglich über mehrere Stunden in die engen Eislaufstiefel zwängte. Diese verhornten Stellen ließ ich mir vor Auftritten von einer fachkundigen Pediküre entfernen. Natürlich mußte das auch in Moskau geschehen. Die mir dafür empfohlene Kosmetikerin, die es wahrscheinlich bei ihrem berühmten Gast besonders gut machen wollte, schälte nicht nur die Hühneraugen aus, sondern schnitt tiefer in die Zehe ein. Alles entzündete sich, schmerzte fürchterlich, mir gelang es zwar noch unter höllischen Qualen in den Eislaufstiefel hineinzukommen, auftreten, womöglich springen, konnte ich damit keinesfalls. Was tun? Mein Gastspiel beenden? Schließlich kam jemand auf die Idee, meinen Fuß vor jedem Auftritt teilweise zu vereisen. In vielen Sportarten, besonders beim Fußball, nutzt man dieses Eis-Spray zur medizinischen Erstversorgung während der Wettkämpfe. Also eiste ich mir vorm Auftritt meine Zehen ein, fühlte dann keinerlei Schmerz mehr. Präziser gesagt: Ich fühlte überhaupt nichts mehr, konnte also auch die Bewegungen meines Fußes nicht völlig kontrollieren, was ja nun beim Eiskunstlauf das Wichtigste ist. Ungeheure Konzentration war nötig, um beim Laufen und vor allem beim Absprung und Aufsetzen nicht ungeschickt zu wirken! Trotzdem absolvierte ich über vier Wochen hinweg in Moskau und anschließend noch eine Woche lang in Leningrad diszipliniert täglich einen, an den Wochenenden sogar zwei Auftritte; eine harte Probe für meine eisläuferische Erfahrung ebenso wie für meine Willenskraft. Ich bestand sie. Dabei kam mich manchmal doch tüchtiges Heimweh an. Sheila, die während meiner Abwesenheit zu Hause in
Karow von Oma und Opa »gehütet« wurde, schrieb mir ganz süße Briefe: *Berlin, den 29.4.1986. Liebe Mami! Der nächste kleine Brief von mir für Dich. Bei Annes Geburtstag war es doch noch schön, obwohl ich ja erst später kam. Frau Gulde hatte ein sehr schönes kal-*

tes Buffet gemacht, es gab Schaschlik und Torten. Omi holte mich heute von der Schule ab. Leider habe ich heute bei einer Mathekontrolle eine Vier geschrieben. Omi und ich waren nicht entzückt. Du bestimmt auch nicht. Von der Schule nach Hause erzählte mir Omi, was sie heute schon alles erlebt hatte. Sie hat die ganze Hand voll Stacheln. Wo sie heute die Wäsche draußen aufhängen wollte, sah sie vor sich ein zerrupftes Kaninchen, sie schrie. Herr Albrecht brachte es weg. Tschüß Deine Sheila. Meine Mutti fügte hinzu: *Ich Dumme wollte ein Stück Kaktus wegwerfen und hatte alles in der Hand – jetzt renne ich nur zur Pinzette – es sticht. Die Flächenberechnung scheint Sheila nicht gut zu können. Das Wetter war heute warm, ich könnte es hier noch aushalten.* So hielten mich Tochter und Mutter auf dem Laufenden. Die beiden kamen gut miteinander klar. Sheila verreiste auch gerne mit ihrer Omi. Für mich war es eine große Hilfe und Freude, daß sich meine Eltern so gerne und viel um Sheila kümmerten, sie zu sich holten. Mutti und Sheila flogen etliche Male zusammen zum Badeurlaub ans Schwarze Meer.

Jedenfalls konnte ich beruhigt mein Sowjetunion-Gastspiel über die Bühne bringen. Ein weiteres, schwer zu lösendes Moskauer Problem bestand in der richtigen Ernährung. Vor der Kalorienfrage stehen fast alle Frauen nun einmal lebenslänglich. Zu Hause brachte ich das mit viel Reis, Gemüse, magerem Fleisch in die Reihe. In Moskau gab es aber in jenen Jahren noch weniger Obst und Gemüse als in der DDR. Bestenfalls ein paar kubanische Apfelsinen konnte man im staatlichen Handel erstehen. Meine russischen Freunde führten mich auf Bauernmärkte, »Rynoks«, wo man alles kaufen konnte: Tomaten und Gurken waren da, eingelegte Pilze, Melonen, Mandarinen, Paradiesäpfel und Früchte, die ich nie zuvor gesehen hatte. In den südlichen Regionen des Riesenreiches Sowjetunion blühte und reifte es ja mehrmals pro Jahr. Auf den Moskauer Privat-Märkten hatte dann allerdings alles seinen saftigen Preis: ein Kilogramm Tomaten kostete zwölf Rubel, beinahe soviel, wie man für eine durchschnittliche Neubauwohnung an Miete zu bezahlen hatte. Für eine einzelne Birne nahm die Marktfrau zwei Rubel. Unter Moskauern erzählte man sich, daß die Händler aus dem Kaukasus oder aus Armenien mit einem Koffer voller Mandarinen in Moskau anreisten und mit dem gleichen Koffer voller Rubelscheine zurückflogen. Nun wollte ich nicht mein gesamtes Gastspiel-Honorar auf dem Rynok lassen. Mir war aufgefallen, daß es für das Publikum in der Eishalle während der Programmpausen, kleine, mit Wurst und Käse belegte, Weißbrotschnittchen zu kaufen gab. Jedes Schnittchen wurde mit einigen Kaviarkugeln garniert. Russischen Kaviar mochte ich natürlich sehr. Alexej und andere Freunde brachten Mutti oder mir gelegentlich eine Büchse davon mit. Kaviar ist ebenso kalorienarm wie wohlschmeckend. In den Moskauer Läden tauchte selten welcher auf, für Gaststätten wurde er in großen runden Zehn-Kilo-Dosen angeliefert. Also entschloß ich mich nach einigem Zögern, doch die Küchenfrauen zu bitten, mir ein wenig zu verkaufen. Alle liefen zusammen, als »nascha Gaby« bei ihnen in der Küche auftauchte, ein Trubel, ich gab Autogramme, unterhielt mich fröhlich, denn mein etwas angerostetes Universitäts-Russisch kam mir langsam schon wieder flüssiger über die Zunge. Für die Küchenfrauen schien es dann eine Selbstverständlichkeit zu sein, »nascha Gaby« mit Kaviar zu versorgen. Schnell häuften sie ein paar Kellen voll in ein Marmeladenglas und drückten es mir in die Hand. So konnte ich mich während des gesamten Gastspiels von Kaviar und Knäckebrot ernähren. Wie heißt dieser Simmel-Krimi, »Es muß nicht immer Kaviar sein«, naja, zuweilen doch.

Zu Hause erwartete mich nicht nur meine Sheila. Inzwischen lebte nämlich Stefan bei mir. Ein liebenswerter Chaot, etwas jünger als ich, Gebrauchsgrafiker. Wir kannten uns schon länger, er hatte seinerzeit gelegentlich in der »Yucca« verkehrt, sich mit mir in angenehme Gespräche verwickelt. Wir fanden jetzt, daß wir doch eigentlich ganz gut zueinander paßten. Stefan besaß zwar ein Atelier, aber er ging nicht allzu häufig dorthin, saß lieber bei mir zu Hause herum. Der Gute ließ die Dinge gerne laufen. Ich versuchte ständig, ihn zu motivieren, kümmerte mich um Aufträge, bahnte Kontakte für ihn. Aber mein Stefan war alles andere als geschäftstüchtig.

Sheila mochte Stefan sehr. Er fand überhaupt zu Kindern rasch einen Zugang, war ja selbst ganz lieb und weich, konnte wunderbar spielen. Er hatte aus erster Ehe zwei Töchter, die besuchten ihn gelegentlich in Karow, dann tobten die vier vergnügt durch Haus und Garten. Auch wenn Schulfreundinnen von Sheila auftauchten, beschäftigte sich Stefan gerne mit den Kindern, machte den phantasievollen Spielmeister. Er war sehr beliebt. Was haben wir für Kindergeburtstage gefeiert ... Meine Eltern mochten ihn auch. Ich weiß noch, wie fröhlich wir alle zusammen das Weihnachtsfest 1987 feierten. Muttis Hobby war es damals gerade, japanisch zu kochen. Da sie das Fest, wie immer, perfekt vorbereitete, wurde nicht nur von fernöstlichem Porzellan und mit Stäbchen gegessen, sondern wir alle trugen dazu einen Kimono.

Weihnachten 1987 mit Stefan in Karl-Marx-Stadt

Aber mich störte die vollkommene Unzuverlässigkeit dieses Mannes. Genau die brachte uns am Ende auseinander. Da mußte ich dann solche Episoden erleben, daß Stefan sich angeblich kurz mein Auto nehmen wollte, um etwas zu besorgen, und für eine Woche nicht wieder gesehen ward. Einfach so. Beim ersten Mal rief ich in Unfallkliniken und bei der Verkehrspolizei an, weil ich ein Unglück befürchtete, wollte ihn fast polizeilich suchen lassen, fragte bei seiner ehemalige Frau nach. Die erklärte mir kühl, damit sei beim lieben Stefan immer zu rechen, sie jedenfalls kenne jene Angewohnheit. Ich fand das ungeheuerlich: Da verschwand dieser Mann ohne ein Wort der Erklärung, nahm mein Auto mit, das ich täglich für die Arbeit brauchte. Einige Zeit später tauchte er dann reumütig und zerknirscht wieder auf. Ich solle ihm verzeihen, es käme nie wieder vor. Ich verzieh natürlich. Seine Erklärungen, was eigentlich passiert sei, blockte ich ab. Manchmal ist es in solchen Situationen hilfreicher, nicht unbedingt die ganze Wahrheit zu kennen. Wichtig schien mir nur, daß sich eine solche Episode nicht wiederholen sollte. Sie wiederholten sich. Da war ich nicht mehr bereit, großzügig alles hinzunehmen. Ich versuche, stets korrekt zu sein, ich kann Unzuverlässigkeiten von Menschen nicht vertragen. Im Herbst 1988 warf ich ihn nach einem ähnlichen Vorfall konsequent hinaus.

Am 18. Oktober 1986 trat unser Eisballett vom Friedrichstadtpalast und ich als Solistin in der Karl-Marx-Städter Revue »Takte, Tempo, Temperamente« auf. So etwas ging nun mit der größten Selbstverständlichkeit flott, rockig und nicht zuletzt auch mit einem zarten erotischen Flair selbst in der Küchwald-Halle über die Bühne. Der alte Hallenmeister, dem die Sache offenbar sehr gefiel, zwinkerte mir verschmitzt-anerkennend zu. Die Jüngeren dachten über die Show-Time in den Farben der DDR wahrscheinlich überhaupt nicht mehr nach. Ich wunderte mich im stillen schon ein bißchen über diese Wendungen und Wandlungen. Gemessen an dem, was uns nur wenige Jahre später durchschütteln sollte, wirken sie aus heutiger Sicht völlig harmlos. Damals empfand ich es als atemberaubend, daß 1987 wirklich und wahrhaftig »Holiday on Ice« in der DDR, bei uns im Friedrichstadtpalast gastierte. Möglich wurde das wohl überhaupt nur, weil Berlin/Ost und Berlin/West in diesem Jahr das 750jährige Stadtjubiläum begingen. Beide Seiten starteten einen unerklärten, aber desto heftigeren Wettbewerb um die prachtvollsten Feste, die prominentesten Star-Gäste ... So kamen wir in der Friedrichstraße 107 zu der ebenso teuren wie weltberühmten Eisrevue. Sie sprengte schon von der technischen Seite her alle Dimensionen. Unsere wirklich tiefe Bühne erwies sich für die Show-Fisfläche als zu klein, so daß die vorderen Sesselreihen im Zuschauerraum ausgebaut werden mußten. Das riesige Ice-Parkett, das glitzernde Bühnenbild, die perfekte Choreografie, die professionellen Tänze, alles zusammen schuf eine traumhafte Atmosphäre. Von den

Eiskunstläufern meinte ich niemanden mehr zu kennen. Sie waren allesamt erst nach meiner Zeit in internationalen Wettbewerben gelaufen. Einer ging allerdings zielstrebig auf mich zu, als ich bei den ersten Proben kiebitzte: Paul Huber aus der Schweiz erzählte mir, daß er mich eigentlich schon sehr lange kenne. Zu den Weltmeisterschaften in Davos im März 1966 durfte er als ganz junger Eiskunstläufer beim Schaulaufen mitwirken, seitdem verehrte er mich. Paul, seine Verlobte Judith und ich freundeten uns richtiggehend an, ich zeigte ihnen Berlin, erklärte ihnen ein wenig unsere östliche Welt.

Im Juli fuhren Sheila, Stefan und ich nach Karlshagen an die Ostsee zum Camping. Zelte waren ja nun nicht nach meinem Geschmack, aber Ecki hatte sich für diesen Sommer am Karlshagener FKK-Strand einen Dauerstellplatz für sein Zelt organisiert und bot es uns für ein paar Wochen an. Es sollte leider ein vollständig verregneter Urlaub daraus werden. Weil man am Strand nicht liegen konnte, suchten wir drei ständig nach Blaubeeren, die im Dünenwald reichlich wuchsen. Ich liebe Blaubeeren. Aber mehr als essen kann man nicht. Also kochte ich von unseren Pfunden etliche Gläser ein. Das muß man sich mal vorstellen, auf so einem kleinen provisorischen Kocher, in einem Zelt, auf das der Dauerregen trommelt. Blaubeer-Konserven konnte man seinerzeit zwar in den teuren »Delikat«-Läden kaufen, aber selbst gesammelt und eingeweckt kam mich die Delikatesse billiger. Also machte ich mir die Mühe. Es regnete ohnehin. Was blieb da, als Blaubeeren und Zeltkino.

Im Herbst 1987 dann wieder der übliche Varieté-Rhythmus: The Show must go on. Mitten im Premierentrubel fand ich zu Hause einen überraschenden Brief im Kasten, eine Einladung nach Garmisch-Partenkirchen. Das war erstaunlich! Es ging um einen Gala-Auftritt in einer Show. Das vom Sportclub Riessersee traditionell veranstaltete Silvester-Schaulaufen in Garmisch-Partenkirchen hatte sich im Laufe der Jahre gemausert. Es wurde nun regelmäßig vom ZDF aufgezeichnet und am 2. Januar als Neujahrs-Gala gesendet. Internationale Profis wurden eingeladen; zur

Gala '88 plötzlich auch Gaby Seyfert aus der DDR. Ein Novum, Gespräche hin und her, bis ich die offizielle Genehmigung bekam, mit den Profis zu starten. Daß ich tatsächlich nach Garmisch fahren durfte, verdanke ich sicher dem Verhandlungsgeschick von Gudrun Zeller. Die Gattin des Trainers von Kilius/Bäumler organisierte im Auftrag des SC Riessersee diese Gala. Hinzu kam noch etwas anderes: Der politische Wind drehte sich. Helmut Kohl und Erich Honecker dinierten mittlerweile zusammen in Bonn und befolgten in ihren politischen Tischreden auch ein bißchen Axel Springers Rat: Seid nett zueinander ...

Ich erhielt Paß und Visum. Jetzt wurde es ernst. Zwar verfügte ich mittlerweile über drei Jahre Show-Erfahrung, hatte bei meinem Auslandgastspiel in Moskau und Leningrad viel Beifall eingeheimst, sah aber trotzdem in dieser Silvester-Show eine neue Herausforderung. Ich würde gemeinsam mit Stars wie Scott Hamilton, Toller Cranston und John Curry im »Olympia-Eisstadion« von Garmisch-Partenkirchen laufen; vor dem dortigen, fachkundigen Publikum, vor den Fernsehkameras des ZDF. Welche Musik sollte ich auswählen? Ich entschied mich für »Cats«. Im Herbst hatte ich dieses wundervolle Musical als Gastspiel einer Compagnie aus Wien bei uns in der »Komischen Oper« gesehen und sofort große Lust verspürt, danach zu tanzen. Nun feilte ich an meiner Choreografie, an meinen Doppelsprüngen, intensivierte mein Konditions-Training. Und fuhr ungewöhnlich aufgekratzt los. Garmisch-Partenkirchen, ein Wort aus einer längst versunkenen Ära.

Da sahen sie mich nun also nach achtzehn Jahren im Westen wieder auf dem Eis. »Wiedersehen ist wunderschön« lauteten die ersten Wort eines ausnehmend freundlichen Artikels der Frankfurter Allgemeinen Zeitung vom 7. Januar 1988; »Die Eiskunstläuferin bleibt eine Attraktion« lautete seine Schlagzeile. Mein Silvester-Auftritt verschaffte mir ganz neue Aufmerksamkeit. Dabei ging es mir ja gar nicht darum, jetzt noch als Profi im Westen zu arbeiten, nein. Schließlich lebte ich in Berlin an meinem Friedrichstadtpalast sehr gut und unabhängig von irgendwelchen geschäftstüchtigen Managern. Ich verdiente mein Geld als Choreografin und Chefin einer Eistanzgruppe, fühlte mich wohl im

Ensemble des Palastes. Natürlich wäre es trotzdem schön, in der Profi-Szene weiter beachtet, gelegentlich zu einem Gastspiel eingeladen zu werden. Die Eislauf-Luft hatte mir gutgetan. Frech diktierte ich meinem freundlichen Interviewer von der FAZ in den Block: »Aber wenn ich wirklich hart trainiere, springe ich auch noch 'nen Dreifachen.«

Privat freute ich mich am meisten darüber, in Garmisch meinen Freund John Curry wiederzusehen. Er schien ganz der alte gute Kumpel und lief hervorragend. Niemand sah ihm die Krankheit, die ihn bereits von innen aushöhlte, an. Es sollte unsere letzte Begegnung werden, John Curry starb am 13. April 1994 an Aids.

Das Jahr verlief ganz normal, Urlaub in Ungarn, im August eine Show in Karl-Marx-Stadt, am 11. September 1988 wurde dort Kati Witt aus dem aktiven Sport verabschiedet; mit großer Eis-Show natürlich. Dafür stellte ich mir einen Tanz zu Günther Fischers Titelsong aus dem Konrad-Wolf-Film »Solo Sunny« zusammen. Am 13. Dezember 1988 feierte meine Mutti ihren 60. Geburtstag. Wir veranstalten für sie im Küchwald ein phantastisches Gratulations-Programm. Dieses Mal lief ich Muttis legendären »Tango-Max«.

Eigentlich erscheint es mir überflüssig zu erwähnen, daß meine Mutti von nun an zwar das in der DDR gültige Rentenalter erreicht hatte, aber nicht im entferntesten daran dachte, aufzuhören. Mit ungeheurer Energie und voller Arbeitslust ist sie bis auf den heutigen Tag Trainerin geblieben. Nun feiern wir bald ihren Siebzigsten. Ist sie nicht eine tolle Frau!

Sylvester 1988/89 stand ich dann wieder zur ZDF-Gala in Garmisch-Partenkirchen auf dem Eis. Hinter mir lag ein Jahr voller geglückter Arbeiten. Privat trug es eher einen wehmütigen Akzent. »Das Maß der Liebe ist das, was man bereit ist, für sie aufzugeben«, schrieb ich mir zum Geleit für das kommende Jahr in mein Kalenderbuch für 1989.

Glücklicherweise blieb mir wenig Gelegenheit für einsame Grübel-Abende. Kaum war ich aus Garmisch zurückgekehrt, da packte ich schon wieder meinen Koffer, dieses Mal für ein paar

Wochen Wien. Anfang Januar begleitete ich Katarina Witt zum Start ihrer Profi-Karriere bei »Holiday on Ice«. Mutter konnte und wollte ihre neuen Schützlinge auf dem Küchwald-Eis nicht für längere Zeit alleinlassen, da kam die Anfrage an mich, ob ich Kati bei ihrem Einstieg in die Revue-Welt betreuen wolle. Na sicher wollte ich. Die Show gastierte für einen Monat in Wien. Der neuen Top-Star wurde ins Programm integriert. Dabei ging ich zur Hand, half auch bei all dem organisatorischen Kram, kümmerte mich um Interviews, Fotografen. Trotzdem blieb Freizeit. Also traf ich meine alten Freunde, Emmy, Wolfgang Schwarz, ging mit Kati ins Theater und in die urigen Wiener Wein-Kneipen. Den Fotografen lächelten wir listig zu. Inzwischen kümmerte sich zu Hause kein Mensch mehr darum, wenn man eine Spalte in der Wiener Kronen-Zeitung einnahm, im Gegenteil.

Das Jahr blieb voller Termine: Am 22. März fuhr ich mit nach Saarbrücken. Da wehte auch wieder dieser neue Wind, von dem schon die Rede war: Auf Einladung vom saarländischen Ministerpräsidenten Oskar Lafontaine sollte sich die DDR-Eiskunstlauf-Prominenz bei einem Schaulaufen in Dillingen vorstellen. Eingeladen wurden sowohl die jungen DDR-Spitzenläufer aus der Nationalmannschaft als auch etliche von uns Älteren: Christine Errath, Anett Pötzsch, Katarina Witt. Die Regie führte Emil Neupauer vom Friedrichstadtpalast.

Ostern feierten wir mit den Großeltern und lieben Bekannten in Berlin Sheilas Jugendweihe. Natürlich bekam sie von allen Seiten Geschenke, ich verfaßte meiner Tochter einen Brief über das Erwachsenwerden: »Es war toll, Deine ersten Schritte zu überwachen – du bist nie auf allen Vieren gekrabbelt – gleich selbstbewußt auf zwei Beinen, wenn auch manchmal noch schwankend, Du hast gestanden. ... Mit Freude konnte ich zusehen, wie Du selbständig wurdest und Deine Welt erobertest. Und heute ist wieder so ein wichtiger Moment in Deinem Leben. Vielleicht glaubst, Du, daß Du jetzt zu den Erwachsenen gehörst, aber denke daran, so erstrebenswert ist das nicht immer. Als Erwachsener hat man manchmal den Wunsch, eine wärmende, schützende Hand zu spüren, einen Rat zu hören, dieses oder jenes zu tun.

Aber Erwachsene müssen selbst entscheiden. Was auch alles auf Dich zukommen wird, Du wirst immer mein Kind sein, für das ich das Beste will und für das ich immer da bin.«

Nach dem Festakt lud ich alle ins »Grand Hotel« ein. Abends feierten wir mit der ganzen Schulklasse in der Gaststätte »Parkblick« in Buch. Anschließend hatte unser Elternaktiv eine Jugendweihe-Fahrt ins tschechische Liberec organisiert.

Aber das Jahr 1989 brachte auch wehmütige Momente. Im Mai wurde Freund Eckis Ausreise-Antrag für ihn und seine Frau positiv beschieden. Er hatte Gründe, die ich nachvollziehen konnte, auch wenn ich selbst zu Hause bleiben wollte, wo mich meine Arbeit ausfüllte, wo ich mein Kind in sicheren Verhältnissen aufwachsen sah. Wir hatten es aufgegeben über die einen und die anderen Gründe zu debattieren, saßen an diesem Abschiedsabend am 11. Juni 1989 nur noch still und traurig beieinander: Da sollten Menschen, die ich mochte und brauchte, vielleicht für immer aus meinem Leben ziehen. Solche Abschiede mehrten sich in jenen Monaten. Wie schmerzte es mich, als sich Uwe und Ildiko plötzlich aus Hamburg meldeten. Sie waren über Ungarn weggegangen. Niemand konnte ja ahnen, daß kurz darauf die Mauer aufging und wir uns rasch wiedersehen konnten.

Mitte Juli 1989 heirateten Paul Huber und seine Judith im schweizerischen Solothurn. Judith, die mich unbedingt einladen wollte, ließ sich auf einen prachtvollen Behörden-Papierkrieg ein. Am Ende durfte ich mir auf der Schweizer Botschaft in Pankow mein Visum abholen und zum ersten Mal völlig privat in den Westen reisen. In der Rückschau erscheint mir das fast selbst schon unwichtig aufzuschreiben. Damals gestalteten sich solche Reisevorbereitungen im wahrsten Sinne des Wortes als eine Staatsaktion. In der Schweiz erlebte ich eine Traumhochzeit mit, bei der ich auch Norbert Schramm und etliche andere Eiskunstläufer wiedertraf. Natürlich nutzte ich die Reisegelegenheit aus, fuhr weiter nach Zürich, besuchte Wylers in Interlaken, unsere Freunde in Thun, Peter Brunner und seine Frau Doris – meine Bekannten aus IHZ-Tagen – in Luzern.

Mit Norbert Schramm und Paul Huber in Solothurn, 1989

Zurückgekehrt stürzte ich mich wieder in die Arbeit. Wenn ich mir meinen Kalender angucke, Kostümproben, Vorproben, Generalproben ... die Vorbereitungen für mehrere Premieren liefen parallel, die große Show, Kinder-Revue, dann die Gala des Friedrichstadtpalast am 7. Oktober 1989, zum 40. Jahrestag DDR. Sicher merkten wir unterdessen, das sich da politisch etwas zusammenbraute. In den Garderoben, auf den Gängen ging es um diese Ausreisewellen, redete man ziemlich offen darüber, daß Honecker sein Staatsruder nicht mehr richtig im Griff habe. Nachfolgernamen wie Modrow oder Krenz wurden »gehandelt« ... Die Jahrestags-Gala zogen wir trotzdem solide über die Bühne, es war unser Job.

Aber nun wurde es langsam heiß in Berlin. Auch wir im Friedrichstadtpalast beriefen eine große Versammlung ein, auf der es hoch her ging. Zum ersten Mal seit Jahren eine Parteiversammlung, in der richtig gestritten, konträre Meinungen geäußert wurden. Hier beschlossen wir, am 4. November 1989, zur großen Demo auf dem Alexanderplatz, die die Berliner Theaterschaffenden organisierten, allesamt mitzuziehen.

Auch das klingt heute so harmlos. Anfang November 1989

erforderte die Entscheidung, sich mit auf den Alex zu stellen, durchaus noch Zivilcourage.

Erst am 9. November änderte sich alles. In meinem Tagebuch steht tatsächlich nur ein Satz: »Die Grenze ist offen.« Ich hatte am 9. November. eine Abendvorstellung, kam spät nach Hause und schaltete, wie gewöhnlich, noch einmal den Fernseher ein. Und sah mir diese unglaublichen Bilder eine ganze Weile nur reglos an. Nein, ich bin nicht sofort zur Grenze geeilt, habe nicht sofort gefeiert. Natürlich empfand ich es als eine Erlösung, daß die Mauer fiel, daß man zukünftig würde reisen können, daß alle DDR-Bürger reisen konnten. Trotzdem war mir eher beklommen zumute: Was würde da auf uns zukommen? Ich saß die Nacht vor dem Fernsehgerät, telefonierte mit Freunden. Was würde die Zukunft bringen. Es ging mir so vieles durch den Kopf, ein wenig kannte ich ja diese andere Welt da drüben und ahnte, daß es nicht einfach sein würde. Für uns alle nicht.

Ein paar Tage später fuhr ich zum ersten Mal mit Sheila nach Westberlin hinüber. Bald saßen wir irgendwo im Wedding in einem Riesenstau fest, und genau in diesem Moment ging mein Auto kaputt. Es fing hervorragend an. Und wer hat mich abgeschleppt? Ein DDR-Bürger aus Rostock, die anderen sind alle vorbeigefahren.

Das nächste Mal präparierte ich mein Auto und mich besser. Neben mir lag ein Stadtplan, und ich fuhr staunend durch Straßen, die bisher ein Ende hatten. Nun erschienen sie mir teilweise endlos. Diese riesige Stadt würde zusammenwachsen, bereit sein für alle, die sie vollends ergründen wollten.

XIX. Abschied und Suche

Ein interessantes Intermezzo brachte mich in diesem Winter 1989/90 mit der Filmkunst in näheren Kontakt. In der Altstadt von Sevilla wurde der Film »Carmen on Ice« mit Katarina Witt in der Titelrolle gedreht. Die im Freien vonstatten gehenden Dreharbeiten mußten abgebrochen werden, denn über Andalusien gingen schwere Unwetter nieder. Die Schäden waren nicht so rasch zu beseitigen. Weil aber die für den Film verpflichteten Stars, Kati Witt, Brian Boitano, Brian Orser, nur begrenzte Zeit zur Verfügung standen, suchte Filmproduzent Thomas Bürger, übrigens ein Ex-Dresdener, dringend nach einem Ausweich-Drehort. Die Wahl fiel auf die Berliner Werner-Seelenbinder-Halle, wo nun die Kulissen des alten Sevilla aufgebaut wurden. Für einige Massenszenen verpflichtete Bürger unsere Friedrichstadtpalast-Eisgruppe als Chorus-Tänzer. So fand ich mich urplötzlich mitten in dieser spannenden Filmproduktion wieder. Bürger lud mich zur festlichen Filmpremiere am 8. Februar 1990 in den Westberliner »Gloria«-Palast ein, mit Sheila und Guldes fuhr ich hinüber. Natürlich fanden wir vier es herrlich, daß bei diesem Ost-West-Grenzübertritt das einzige Problem im Dauerstau bestand, der der Stadt in jenen Monaten zu schaffen machte.

Die nächste in jeder Hinsicht ungewöhnliche Konstellation ließ nicht auf sich warten: Der Amerikaner Dick Button lud mich nach Moskau ein. Er organisierte dort eine der ersten Profi-Weltmeisterschaften, bei der ich als Preisrichter fungierte. Da saß ich neben Beatrix Schuba und Irina Rodnina und verteilte zum ersten und letzten Mal im Leben selbst die Noten. Peggy Fleming begleitete das Geschehen als Reporterin fürs amerikanische ABC-TV, so sahen wir uns alle einmal wieder, eine schöne Episode.

Anfang 1990 besuchte ich Uwe und Ildiko in Hamburg. Zu Ecki nach Bielefeld bin ich erst 1991 gekommen, auch nur für kurze

Tage. Die Zeiten wurden hektischer. Im Februar 1990 fuhren Sheila und ich zum Skilaufen nach Davos. Das war traumhaft, diese Berge, unendlich viele Pisten am Parsenn oder dem Jakobshorn und Dutzende Lifts. Kein Schlangestehen (und Vor-Mogeln), wie bei unseren bisherigen Reisen in die ČSSR oder auf den heimatlichen Fichtelberg. Beat Häsler, der langjährige Generalsekretär der Internationalen Eislaufunion in Davos, bot uns für einen geringen Obulus ein Appartement der ISU an. Es war klein, aber gemütlich. Sheila und ich fegten sowieso den ganzen Tag lang die Hänge hoch und runter. Wir waren die ersten am Berg und fuhren mit der untergehenden Sonne spät am Nachmittag zurück. Erschöpft, aber glücklich fielen wir in unsere Betten.

Die neue Reisefreiheit nach dem Mauerfall bescherte uns im Sommer 1990 den nächsten großen Trip: Heinz Kühn hatte Wort gehalten, und wir flogen mit dem Jumbo über den großen Teich nach Kanada. Wir blieben vier Wochen lang bei Heinz und flogen anschließend, das hatte nun meine Mutti wunderschön organisiert, nach Sun Valley im US-Staat Idaho, wo Mutti mit Kati Witt zu einem Schaulaufen eingeladen war, bei dem dann auch Evelyn Großmann und ich mitlaufen konnten.

Am 30. April 1990 beerdigten wir Alfons Schumann in Leipzig. Momente, um inne zu halten.

Am 6. Mai produzierten wir im Friedrichstadtpalast »Guten Abend Deutschland«, eine riesige deutsch-deutsche Vereinigungs-Show, die das ZDF übertrug. Thomas Gottschalk moderierte und tanzte mit dem Friedrichstadtpalast-Ballett, Marika Kilius und Manfred Schnelldorfer waren meine Gäste auf dem Eis. Es sah gut aus: Ost und West Arm in Arm auf der Bühne, toll. Aber das war die Bühne. In der Alltagsrealität wurde es eben langsam nicht nur mir bewußt, daß unser Friedrichstadtpalast – ebenso wie alle anderen Kultureinrichtungen – nach der Vereinigung finanzielle Probleme bekam: Wir hatten 800 Angestellte. Alle munkelten: Wir müssen abspecken, das Haus wirtschaftlich flott machen. Gerüchte krochen über die Gänge: jeder zweite von uns, 400 Leute, werden hinausgeworfen. Wer soll gehen? Du oder du? Wen braucht die Show wirklich, wer ist verzichtbar? Solche Gerüchte wirkten wie Gift auf jede Kollegialität. Nach Lebensfreude wollen wir mal in jenen Monaten lieber nicht fragen. Gerade in dieser schwierigen Situation vermißte das Ensemble seinen, im Februar 1989 verstorbenen, legendären Palast-Direktor Wolfgang E. Struck. Dessen Nachfolger, Christian Stövesand, seit September 1988 im Amt, aber noch lange nicht mit unserem Haus, dem teilweise seit Jahrzehnten hier arbeitenden Ensemble und den Finessen unserer Kunst vertraut, mußte das Schiff unversehens durch heftige marktwirtschaftliche Stürme lenken. Bald wurde es mir deutlich, die Leitung beabsichtigte, die Eis-Show einzustellen. Angst stieg in mir hoch. Sollte die Arbeit, die mich in meinem Leben am meisten ausgefüllt hatte, so einfach zu Ende gehen? Im Juni lief schon das letzte Training meiner Läuferinnen. Die Synchron-Schwimmerinnen fanden noch in der nächsten Show ihren Platz, aber auf dem Eis war es vorbei. Meine Befürchtungen wurden zur bitterer Gewißheit. Natürlich rebellierte ich dagegen, nutzte Fernsehauftritte, die ich, beispielsweise im August bei Dieter Thomas Heck in der Ratesendung »Pyramide« und Anfang September, gemeinsam mit meiner Eis-Truppe, im »ZDF-Fernsehgarten« hatte. Wir machten auf unsere prekäre Lage, aber auch auf die Potenz, die in der Truppe steckte, aufmerksam. Die westdeutschen Interviewer gingen freundlich und sensibel auf unsere ostdeutschen Existenzängste ein. Letztlich blieb alle Mühe umsonst. Ende 1990 erklärte man mir, daß ich Ende Oktober 1991 zu gehen habe. Fristgerechte Kündigung, sicher, die neuen Arbeitgeber-Spielregeln wurden eingehalten. Ich wütete dagegen, fand aber nicht den Punkt, um diese unprofessionelle Entscheidung zu kippen. So voreilig wie sie durchgesetzt wurde, so falsch war sie. Davon bin ich heute, mit zeitlicher Distanz urteilend, mehr denn je überzeugt: Wirtschaftlich gesehen machten die Kosten der Eis-Show nur einen Bruchteil des Budgets vom Friedrichstadtpalast aus. Wie schon erläutert, standen die Eis-Tänzerinnen nebenberuflich auf der Bühne. Ihnen wurden Auftritte honoriert, für Probenstunden minimale Aufwandsentschädigungen gezahlt. Einzig ich als Trainerin/Choreografin/Leiterin gehörte zum festangestellten Ensemble. Diesen relativ geringen

Personalkosten stand aber ein sichtbarer künstlerischer Gewinn gegenüber. Unser blendend eingespieltes, mit den Möglichkeiten und Grenzen der Palast-Eisfläche bestens vertrautes und wohl einmaliges Team stellte in jedem Programm eine tragende Säule dar. Wenn heute im Friedrichstadtpalast überhaupt das Eis in die Show integriert wird, lädt man Einzelläufer oder bestenfalls ein Paar ein, die ihr Repertoire dann für die vorhandene Eisfläche modifizieren. Das ist nicht so interessant. Eine Gruppe, wie wir sie aufgebaut hatten, existiert nirgendwo, also kann man sie auch nicht verpflichten. Vielleicht habe ich damals zu schnell aufgesteckt. Was ich hätte unternehmen sollen, weiß ich allerdings auch nicht.

So sah ich einerseits das Gespenst der Arbeitslosigkeit auf mich zurennen, andererseits fuhr ich nach Frankfurt/Main, zur Herbstpremiere 1990 bei »Holiday on Ice«. Alexej Ulanov, der dort verpflichtet war, ließ mir eine Einladung zukommen. Zum Jahresende lud man mich zur Festveranstaltung »Sportler des Jahres 1990« ein, und ich fuhr mit Sheila hin, wir wohnten in einem Traumhotel in Baden Baden, machten am Abend Small-Talk. Alles ganz nett. Aber ich brauchte eine neue Aufgabe.

Noch wurde ich viel und zu den verschiedensten Gelegenheiten eingeladen, sprach Leute an. Anne Momper wollte mir helfen, Ted Lesley, ein Agent für Varieté-Künstler, den ich vor Jahren im Friedrichstadtpalast kennengelernt hatte, versprach, meine Eistanz-Gruppe und mich mit zu managen. Ich tat viel, um meine Kenntnisse und Fähigkeiten, die ja vor allem auf der Linie des Eiskunstlauf-Sport-Sportmanagements lagen, einzubringen. Beim ZDF fragte ich nach, ob sie mich in einem Sport-Korrespondenzbüro brauchen könnten. Nein. Bei der Deutschen Eislauf-Union fragte ich, ob sie eine Möglichkeit sähen, mich als Trainerin zu verpflichten. Natürlich nicht. 1992, als in Berlin dieses Olympia-2000-Komitee gegründet wurde, bewarb ich mich bei Herrn Nawrocki. Aber der hatte auch keine Verwendung für mich. Na, die Sache ging dann ohnehin in die Brüche. Ich nahm Kontakte zu österreichischen Freunden auf, eine Trainerposition in Salzburg kam in Sicht ... So viele Anläufe, so viele Versuche, am Ende blieb ich jedes Mal mit leeren Händen zurück.

XX. Ein neuer Anfang

Wo ich überall suchte, es war so frustrierend. Noch heute, Jahre später, fühle ich angesichts meiner damaligen Kalenderblätter einen Knoten im Magen. Manchmal genügte ein Name, die Erinnerung an eine kurze Begegnung, damit ich einen neuen Anlauf startete. Willy Bogner, einst ein Ski-As, heute Geschäftsführer einer florierenden Firma für Sport- und Freizeitmode, plante, einen Laden in der Friedrichstraße einzurichten. Ich bewarb mich als Geschäftsführerin. Mag sein, das war weit hergeholt, aber ich griff nach so vielen Strohhalmen. Den Ost-SPD Bürgermeister Schwierzina sprach ich bei Gelegenheit an. Wie sich herausstellte, war er sogar ein alter Fan von Gaby Seyfert. Für die er dann aber leider, leider auch nichts tun konnte. Traf man unterwegs Bekannte, alte Kollegen, dann gab es nur eine Frage: Hast du Arbeit? Weißt du, was die anderen machen? Trixi, eine ehemalige Eisläuferin, zuletzt für die Nachwuchsarbeit beim Eislaufverband zuständig und inzwischen auch »abgewickelt«, nahm mich dahin mit, wo alle ankamen, die nun gar nicht mehr wußten, wo sie hinsollten: Zu einer Versicherung. Ich traf dort etliche Sportler, Eisschnelläufer, Kunstläufer, einige Trainer. Das war aber auch das einzig Sympathische an der Geschichte.

Die Versicherungen mieteten für diese »Anlern-Kurse« Hotels in Kudamm-Nähe, mit deren Ambiente sie die »Dummen« aus dem Osten schwer beeindrucken wollten. Dort bauten sich dann in irgendwelchen sterilen Konferenzräumen die Herren Versicherungsvertreter (in ihren bordeauxroten Sakkos, die offenbar gerade »in« waren) vor uns auf und wollten uns unbedingt beibringen, wie und wo es nun generell in der Marktwirtschaft langgehe. Angesagt sei positives Denken und ein fröhliches »Guten Tag«, wenn man den Telefonhörer abnehme. Da saßen wir nun, hörten mit banger Hoffnung im Herzen zu. War das eine Chance, wieder im Berufsleben Fuß zu fassen? Ich kam mir wie in der ersten Klasse auf der Schulbank vor: Ein junger Bursche fragte mich dann von oben herab: Ja, was haben Sie denn eigentlich in ihrem Leben geleistet? Ich konnte nicht antworten, ein dicker Kloß steckte in meiner Kehle, das hielt ich nicht aus. Die Tränen unterdrückend sprang ich auf und rannte aus diesem Zimmer.

Zum nächsten Kurs-Termin war ich trotzdem wieder anwesend. Ich brachte es nicht fertig, zu Hause das Telefon anzustarren und nichts zu unternehmen. Und wenn es diese blöden Versicherungen waren, irgendwer mußte mich doch brauchen, verdammt!

Meine Sheila stand unterdessen im Frühjahr 1992 bereits in ihrem zehnten Schuljahr. Sie wollte das Abitur machen. Normalerweise gingen die Karower Abiturienten an die EOS von Weißensee. Aber was war schon noch normal. Sheila paßte in dieser Situation gut auf sich auf, sie hütete sich davor, einfach den vorgezeichneten Gang der Dinge mitzulaufen. Sehr selbständig erkundigte sie sich bei Freunden, Eltern von Mitschülern, Westberliner Bekannten und beschloß dann, fortan in eine Westberliner Schule zu gehen. Ihre Argumentation konnte ich völlig nachvollziehen: Sie würde in dem anderen Gesellschaftssystem leben, zurechtkommen müssen, also wollte sie es so früh wie möglich genau kennenlernen. Sie fand ein Charlottenburger Gymnasium, in dem künstlerische Fächer verstärkt angeboten wurden, und nahm es dafür auf sich, täglich mit der S-Bahn eine Stunde hin und eine Stunde zurück zu fahren. Das hielt sie auch bis zum Abitur durch. Ich bot ihr in dieser Zeit bestimmt keine große Hilfe. Jetzt wurden die Rollen getauscht, mein Kind wurde Freundin und Stütze für mich. Ich war stolz auf Sheilas Zielstrebigkeit und Selbstdisziplin. Freute mich über die Kraft meines Kindes! Und wenn es manchmal nur ein kleiner Zettel war, den ich auf meinem Schreibtisch fand: *Liebe Mami, komme ein bißchen später, habe doch nach der Schule noch Chor, erst singen und dann noch mal alles besprechen wegen morgen usw. – Mutti, Du meine Freundin, meine Mutti, mein Vati, mein Kumpel & mein Freund, ich bin so froh, daß ich Dich habe! Paß auf Dich auf! Deine Tochter.*

Ich selbst fühlte mich zunehmend verunsichert, unglücklich, wütend. Wütend, daß ich von dieser westlichen Welt nicht angenommen wurde, daß sie mir keine echte Chance ließ. Denn diese Versicherungskurse, das war doch keine Chance! Mein Körper wehrte sich. Die Nerven versagten, der Magen revoltierte, ich geriet in eine tiefe Krise und mußte im Mai 1992 ins Krankenhaus.

Mühevoll rappelte ich mich auf, weil ich der Einladung der Internationalen Eislauf-Union am 19. Juni 1992 zu ihrem 100. Gründungstag nach Davos folgen wollte. Es tat gut, für kurze Zeit nicht grübeln zu müssen und zu vergessen. Aber konnte ich vergessen? Nach so vielen Jahren trafen wir alten Sport-Kumpel uns wieder, ein herzliches Wiedersehen. Nach anfänglichen Erkennungsschwierigkeiten – wir waren alle älter geworden – plauderten wir, zeigten Fotos unserer Kinder und Familien herum. Manche Erinnerung wurde aufgefrischt und viel gelacht. Die Eis-Familie feierte schwungvoll Geburtstag.

Lebensläufe wurden erzählt. Alain Calmat, mein alter Schwarm, jetzt ein gestandener Arzt, war einige Zeit sogar Sportminister Frankreichs. Sjoukje Dijkstra, mein einstiges Vorbild, heiratete einen Artisten, den sie bei ihren Auftritten für »Holiday on Ice« kennenlernte und lebt nun als glückliche Mutter zweier Töchter wieder in Holland. Ab und zu arbeitet sie für den dortigen Eislaufclub. Eva Romanova lebt auf und für ihre Ranch in Mexiko. Alle hatten ihren Weg gefunden, wußten, wo sie standen. Was hatte ich aufzuweisen? Natürlich erzählte ich, daß ich als Choreografin am Friedrichstadtpalast gearbeitet und die Eis-Show geleitet hatte. Aber der Friedrichstadtpalast, das war Vergangenheit.

Zu Hause redete ich jetzt sehr viel mehr mit meiner Mutti. Überrascht, ja froh, spürte ich unser beider Nähe. Ganz ernst und intensiv befaßten wir uns mit meiner Situation, sprachen über den Gang der Dinge in unserem Land, über Mögliches, Unmögliches. Meine Mutti versuchte ganz stark, mir zu helfen. Eine praktikable Lösung fanden wir beide nicht. Wie auch. Immerhin ging bei Mutti der berufliche Alltag weiter. Auf die berühmteste Eiskunstlauf-Trainerin der Welt wollte der bundesdeutsche Sport nicht ganz verzichten, und schon gar nicht der neuformierte Eislaufklub in Chemnitz.

In dieser Situation bot mir das Arbeitsamt einen einjährigen

Kursus zur Ausbildung als Sport-Manager an. Zuerst hatte ich noch Zweifel, doch Anfang August 1992 stieg ich dort ein, fuhr nun wieder jeden Morgen pünktlich ins Stadtzentrum, zum Alexanderplatz, wo sich dieses Weiterbildungsinstitut SSI angesiedelt hatte. Recht breitgefächert wurden wir in Betriebswirtschaft, Marketing, auch in Sportwissenschaften und Englisch unterrichtet, lernten gründlich, mit Computern umzugehen. Die etwas vage Zielvorstellung lautete, anschließend bei einer Krankenkasse, in einem Klub oder Großbetrieb sportliche Angebote zu organisieren, zu verwalten. Im Grunde wußte ich ja, daß es auf dem Arbeitsmarkt schwerlich solche Sportmanager-Stellen geben würde, und schon gar nicht für frisch umgeschulte weibliche Ostdeutsche mittleren Alters. Und ich meine, das Arbeitsamt und die Politik wußten ebenso um die objektive Sinnlosigkeit jener Umschulungen, die damals im Osten mit Zehntausenden veranstaltet wurden. Sie waren eher Ausdruck der allgemeinen Hilflosigkeit. Trotzdem! Mir tat das Lernen gut, ebenso die Kontakte zu Menschen in der gleichen miesen Lebenssituation. Ich empfand es als wohltuend, nun endlich wieder feste Verpflichtungen, einen geregelten Tagesablauf zu haben. Trotzdem ließ ich keine Chance aus, von der nur ein Zipfelchen Hoffnungsschimmer ausging. Da suchte beispielsweise der Olympia-Stützpunkt in Potsdam per Zeitungsanzeige einen Geschäftsführer. Ich nahm Kontakt auf. Ich suchte, suchte. Während es relativ problemlos gelang, für meine verschiedenen Praktika während der SSI-Ausbildung bei Sport- und Kultureinrichtungen – beispielsweise im Berliner Varieté »Wintergarten« – eine Stelle zu finden, kam es eben nie zu einer Festanstellung.

Gleichfalls Anfang August 1992 luden mich L.'s, befreundete Karower Nachbarn zu ihrer Silberhochzeit ein. Dort kam ich mit einem jungen westdeutschen Paar, Oliver und Zonka, in ein angeregtes Gespräch. Beim Abschied lud ich die beiden ein, gelegentlich einmal bei mir hereinzuschauen. Oliver rief umgehend an, wollte mich allerdings allein besuchen. Ich bog das elegant ab: Was sollte mir ein zweifellos sympathischer, aber 15 Jahre jüngerer und verheirateter Mann. Oliver blieb hartnäckig. Es dauerte, weil ich abblockte, aber schließlich lernten wir uns näher kennen. Ich verliebte mich doch noch in den zielstrebigen Norddeutschen aus der anderen Welt. Ein cleverer Managertyp, der sich ernsthaft für mein berufliches Umfeld, meine Existenzsorgen engagierte. Oliver saß damals in einer mittleren Position bei einer seriösen, großen Versicherungsfirma und strebte auf dieser Karriereleiter weiter nach oben. Ich erzählte ihm von meinen diversen fehlgeschlagenen und noch laufenden Versuchen. Er beriet mich professionell, das sparte Zeit und Nerven. Beispielsweise griff er knallhart ein, als ich 1993, noch im SSI, mit einem türkischen Reisebüro ins Gespräch kam, das einen Kreativ-Trainer für die vielen Animateure in den Ferienanlagen entlang der türkischen Mittelmeerküste suchte. Oliver stellte Forderungen: Wer eine Weltmeisterin engagieren will, der muß entsprechend dafür zahlen. Damit erledigte sich das Interesse der Herren, und ich war vor einem weiteren Flop bewahrt.

Privat lebten wir zunächst das klassische Dreiecksverhältnis, ein Mann mit zwei Frauen. Doch Oliver ließ keinen Zweifel daran, daß er die Zukunft mit mir verbringen wollte. Er trennte sich von Zonka, zog im April 1993 bei mir ein, kümmerte sich um die Scheidung, die gut ein Jahr später, im März, dann auch vollzogen wurde. Ich stellte Oliver meinen Eltern vor. Mutter begeisterte sich richtiggehend für ihn, weil sie sah, daß er mir wirklich zur Seite stehen wollte.

Im Juli 1993 ging mein SSI-Kursus zu Ende. Nach vielen Überlegungen gelangten Oliver und ich zu dem Entschluß, uns selbständig zu machen. Es ergab sich nämlich, daß mein Nachbar L., bei dem Oliver und ich uns kennengelernt hatten, in Karow einiges Bauland besaß und daran ging, Eigentumswohnungen zu bauen. Er suchte nun jemanden, der diese Wohnungen verkaufte. Für uns ein scheinbar günstiger Einstieg in die damals boomende Immobilien-Branche. Oliver sagte: »Das packen wir. Du bist eine sehr bekannte Frau, ich kenne mich in der Marktwirtschaft, beim Vertrieb aus.« Also kündigte er seine Festanstellung bei der Versicherung. Wir richteten in meinem Haus ein Büro ein und suchten Mitarbeiter. Am 27. Juli 1993 gründeten wir die Firma »Gaby Seyfert & Partner GmbH«. Oliver nahm mich in ein hartes Verkaufstraining: Strategien, Telefonakquise und vieles mehr. Er erwies sich als Workoholiker, arbeitete bis nachts um drei und stellte sich mit vollem Elan dieser Herausforderung. Ich hatte viel Neues zu lernen, Zahlen schwirrten in meinem Kopf, ich versuchte, Oliver in nichts nachzustehen und gab mein Bestes. Doch oft war das für ihn nicht gut genug. Er wollte beruflichen Erfolg, der jedoch trotz harter Arbeit ausblieb. Ich meine heute, wir scheiterten nicht zuletzt an unserem Geschäftspartner, dem Bauherren L., der seine Wohnungen mit Billig-Firmen hochziehen wollte, wodurch es zu Pleiten und Verzögerungen kam. Potentielle Käufer sprangen uns wieder ab, weil sie nicht länger warten wollten.

Wir ackerten von früh bis spät und hockten dabei unablässig in der Wohnung oder im Büro aufeinander. »Das geht schief«, dachte ich. Mit der gleichen Leidenschaft, mit der wir uns liebten, genauso emotionsgeladen stritten wir immer öfter. Es war nicht möglich, einander liebevoll in die Arme zu nehmen, nachdem wir uns vorher »harte Brocken« an den Kopf geworfen hatten. Oliver war sehr dominant und gab mir zu verstehen, daß das, was ich bisher geleistet habe, heute bedeutungslos sei. Solche Bemerkungen kränkten und verletzten mich zutiefst, denn ich hatte ja nicht vor, mich auf meinen Lorbeeren auszuruhen. Ich glaube, der Erfolgsdruck bestimmte unsere Reaktionen.

Zehn Monate nach der Geschäftseröffnung verkauften wir unsere erste Wohnung. Es folgten noch andere, zu spät. Zu spät für die »Gaby Seyfert & Partner GmbH« und zu spät für unsere Liebe. Wir hatten das Private und das Berufliche nicht trennen können. Ich bin jedoch der Meinung, daß ich aus jeder Partnerbeziehung Erfahrungen für das weitere Leben mitgenommen habe. So war die Zeit mit Oliver eine gute Schule für meine heutige Arbeit.

Glücklicherweise erlebte ich über den Sommer 1994 wieder einige schöne Dinge. Das erste davon kostete meine Sheila viele Schweißtropfen: ihre Reifeprüfungen standen an. Am 22. Juni brachte sie den letzten Termin der mündlichen Abschlußprüfungen hinter sich und mir ihr gutes Abiturzeugnis nach Hause. Ich war so froh, so stolz auf meine schöne große Tochter, die übrigens sehr genau wußte, wo es jetzt für sie langgehen sollte, nämlich zuerst einmal für sechs Monate nach Amerika. Vor dem Studium wollte sie sich ein bißchen den Wind um die Nase wehen lassen, allein. Zuerst überlegten wir, daß sie als Au-pair-Mädchen in die USA fliegen sollte. Als das nicht so gut klappte, kümmerte sich meine Mutti und verschaffte ihrer Enkelin den Kontakt zu einer Familie von Eislauf-Fans in Cincinnati. Sheila durfte sich an der dortigen Universität als Gasthörerin einschreiben. Außerdem konnte sie dort in einer Ballettgruppe tanzen, eine lehrreiche Zeit. Ich freute mich für Sheila. Daß wenigstens sie alle diese freizügigen Möglichkeiten nach der Wende richtig nutzen konnte. Für die Generation unserer Töchter und Söhne fügte sich vieles besser als einst gedacht, vorausgesetzt, die Elternhäuser sind in der Lage, etwas Starthilfe leisten zu können.

Meine Mutti bekam unterdessen eine Ehren-Einladung nach Nizza, wo »Holiday on Ice« am 3. September 1994 den 50. Geburtstag der Show prachtvoll zelebrierte. Sie konnte eine Begleitperson mitnehmen. Da sie ihrer arg gebeutelten Tochter etwas Gutes tun wollte, flog ich mit. Alle kamen wieder zusammen: Button, Danzer, Schwarz, Dijkstra und und und. Toll! Eine kurze Atempause für mich.

Einsam ging das Jahr 1994 zu Ende. Ich vermißte meine Sheila sehr. »Magenbeschwerden«, steht im Kalender, was wenig über meine Situation sagt. Mir, die früher nie eine ernsthafte Krankheit erlebt hatte, ging es wieder einmal ziemlich schlecht. Die schlimmen Jahre seit 1989 schlugen mir auf den Magen! Was sollte nur werden? Unglücklich, aber beharrlich machte ich mich wieder auf die Suche nach einem Job.

Anfang März 1995 kehrte Tochter Sheila aus Cincinnati zurück. Endlich. Vorher hatte ich mir gar nicht so klargemacht, wie sich dieses halbe Jahr ohne mein Kind im Haus hinziehen würde: Keine Invasion von Schulfreundinnen mehr, keine Debatte darüber, welche Musik nun beim Frühstück wie laut gespielt werden dürfe, wer dran ist mit Wäscheaufhängen, wer den letzten Becher Joghurt gelöffelt habe und ob sie nun mit ihrem Naturblond oder mit lackschwarz gefärbtem Haar besser aussähe ... Erwachsen werdende Töchter können gelegentlich sehr anstrengend sein. Und sie können mächtig fehlen!

Nach Sheilas Rückkehr ging es in unseren Gesprächen vor allem darum, ihre zukünftige Studienrichtung zu bestimmen. Daß es in Richtung Kunst gehen sollte, war klar. Ausprobiert hatte sie sich als Schulmädchen in vielerlei Richtung: Bei Theater und Tanz verfügte sie über eine Reihe von Erfahrungen. Den beiden Grafikern in meinem Umfeld, meinem Stefan und unserem alten Freund Ecki, sah sie schon gerne beim Malen und Zeichnen über die Schulter. Als Praktikantin in einer Zeitung und einer Druckerei bekam sie etwas Einblick in die Medienwelt. Die gefiel ihr. Nun entschloß sie sich, daß Grafik und Design ihre zukünftige Profession sein sollten. So meldeten wir sie zur Aufnahmeprüfung an der »Design Academie« in Berlin-Kreuzberg an und fuhren anschließend beide für ein Wochenende nach Hamburg zu Uwe und Ildiko, ein wenig Freundlichkeit und Vertrauen »tanken«. Sheilas Aufnahmeprüfungen fanden im April statt, die Bewerberin Seyfert wurde akzeptiert. Seit September 1995 studiert sie an der »Design Academie« im Fach »Visuelle Kommunikation«.

Im Frühjahr 1995 war ich bei einer Einladung mit Jochen Kirey bekannt geworden, einem Geschäftsführer der Messe Berlin. Wieder einer, der lächelnd versprach, sich zu kümmern. Jochen Kirey und seine Frau Anne taten es wirklich. Sie vermittelten mir in der nächsten Zeit etliche berufliche Kontakte: Beim Senat war eine Stelle im Protokoll zu besetzen, ich stellte mich vor. Das wurde nichts. Das nächste Mal vermittelte mir Jochen Kirey ein Gespräch mit dem Bauunternehmer Axel Bangert, der die Eishockey-Mannschaft der »Preußen Devils« vermarktete. Ich sollte dort mitarbeiten. Zuerst sah die Angelegenheit sehr vertrauenerweckend aus, dann las ich in der Zeitung von einem mächtigen Skandal um die Geschäftsführung der »Devils« und hörte nie wieder etwas. Also weitersuchen.

Im Juni 1995 lernte ich Reinhold kennen, einen Sozialpädagogen aus Berlin-Reinickendorf. Wir freundeten uns an und verbrachten viel Zeit miteinander. Er ist mir in allen Lebenslagen ein guter Freund geworden. Wenn ich mal wieder nicht ein noch aus wußte, hörte er mir zu. Reinholds Stärken lagen nicht nur auf psychologischer Seite, er erwies sich auch als handwerklich sehr geschickt. Wo auch immer Not am Mann war – und das ist oft der Fall bei einer Weiberwirtschaft – Reinhold half und hilft bis heute, wo er nur kann. Durch Reinhold bekam ich im Herbst 1995 Kontakt zur Firma VS-Ruf, einem Reise-Service-Klub, bei dem man Mitglied wird und nach jeder Reise einen bestimmten Prozentsatz des Gesamtpreises zurückbekommt. Eine gute Sache. Der Vertrieb sollte im Berliner Gebiet neu aufgebaut werden. Am Anfang lief alles gut, doch später wurden Vertriebsstrategien erarbeitet, die für mich nicht akzeptabel waren. Da kannte ich mich nun schon recht gut aus. Also auch das wieder nichts. Aber wie ich schon sagte, es ist nichts umsonst, es bleibt immer etwas Gutes hängen. Vielleicht ist manches auch vom Schicksal so bestimmt.

Im Dezember 1995 kam ich noch einmal aufs Eis zurück. Für die Präsentation des neuen 5er BMW hatten sich die Werbestrategen eine Eis-Show vorgestellt. Ich machte mich also noch einmal richtig fit, holte meine Friedrichstadtpalast-Mädels heran, ein paar Eislauf-Kinder dazu und stellte eine ansprechende Präsentation auf die Eisfläche. Ich denke, dies wird mein letzter öffentlicher Auftritt als aktive Eiskunstläuferin gewesen sein. Aber man soll ja nie nie sagen ...

Es ging auf Weihnachten zu. Zu Hause in Chemnitz galt uns dieses Fest von jeher als unumstößlicher Familien-Termin, der mit allergrößtem Aufwand vorbereitet wurde. Von Omas Stollen- und Plätzchenbacken, Muttis Pute war schon die Rede. Selbst, wenn wir zu meinen Eis-Zeiten nur kurz feiern konnten, weil es gleich anschließend zum Schaulaufen ging, legte meine Mutti größten Wert auf festliche, besinnliche Stunden unterm geschmückten Baum. Zum Jahreswechsel 1995/96 hatte sich meine Mutti etwas ganz Neues ausgedacht: Sie lud die ganze Familie über Weihnachten und Neujahr zum Skiurlaub nach Sölden im Ötztal ein. Wir genossen es alle vier. Seither gehört diese Reise nach Sölden fest ins Familien-Repertoire.
Der Frühling 1996 brachte mir gleich zwei berufliche Chancen.

Die eine resultierte aus dem Verkauf einer Reisemitgliedschaft an
– wie sich im Gespräch dann herausgestellt hatte – die Personalchefin des Unternehmens Gegenbauer. Mein Auftreten und meine Art zu verkaufen imponierten ihr. Sie bot mir an, falls ich mich einmal neu orientieren wolle, sie anzurufen. Ich bewahrte die Visitenkarte sehr gut auf. – Auch Jochen Kirey, inzwischen waren wir gute Freunde, hatte was Neues für mich auf Lager. Es ging dabei um die Organisation von Veranstaltungen, also auch etwas, das mich interessierte. Nun stand ich zum ersten Mal vor zwei ernstzunehmenden Angeboten. Da galt es, gut abzuwägen. Ich nahm beide Vorstellungsgespräche wahr und informierte mich genauestens. Dabei erfuhr ich, daß Gegenbauer ein Dienstleistungsunternehmen ist, welches seit 70 Jahren auf dem Berliner Markt existiert, sich mit Dienstleistungen »rund um die Immobilie« beschäftigt, das heißt Gebäudemanagement, Sicherheitsdienst, Reinigung, Hausmeisterdienste, Catering. Mittlerweile hat sich das Unternehmen ausgedehnt und ist mit rund 10 000 Angestellten deutschlandweit vertreten. Für mich war es eine neue Branche, doch das Dienstleistungsgewerbe hat die höchsten Zuwachsraten. Ich entschied mich für Gegenbauer und bin seit dem 1. März 1996 dort festangestellt. Meine Aufgabe ist es vor allem, neue Kunden zu akquirieren. Ich treffe viele interessante Menschen, und jetzt, wo ich mein zeitweise abhanden gekommenes Selbstvertrauen wiedergewonnen habe, macht es mir Spaß, offen auf Menschen zuzugehen. So, wie es eigentlich immer meine Art war. Es ist kein leichtes Geschäft, und ich bin viel unterwegs. Unsere Tochtergesellschaften und Niederlassungen in Sachsen, Sachsen-Anhalt und Thüringen gehören mit zu meinem Gebiet. Durch den Sport habe ich gelernt, daß einem nichts geschenkt wird. Ich weiß, was es heißt, zu kämpfen und hartnäckig sein Ziel zu verfolgen. Und manchmal dauert es verdammt lange, bis so ein Vertrag zustande kommt. Aber es fordert mich, und ich habe eine Aufgabe gefunden, der ich mich mit meiner ganzen Persönlichkeit stelle.

Fazit

Nun wird in diesem Herbst wieder ein Buch auf den Markt kommen, wo es doch schon so viele gibt, nämlich mein Buch. Und wieder glaubt jemand, etwas sagen zu müssen, wo doch schon so vieles gesagt wurde, nämlich ich. Ich hatte eigentlich nie vor, ein Buch zu schreiben. Der Gedanke reifte erst langsam. Die vielfältigen Kontakte, die ich durch meine Arbeit habe, sowohl in den neuen, aber vor allem in den alten Bundesländern, das Interesse und die Fragen brachten mich drauf. Da hieß es: Sind Sie die Gaby Seyfert, die ehemalige Weltmeisterin im Eiskunstlaufen? Was machen Sie denn jetzt? Wie war das früher? Ach, interessant. Haben sie schon mal daran gedacht, ein Buch zu schreiben? Quatsch – nie ... Aber da blieb etwas hängen. So machte ich mich, nachdem ein Verlag gefunden war, doch kurzentschlossen ans Schreiben. Es war kein leichtes Unterfangen, sehr zeitaufwendig und sehr interessant. Erst beim Schreiben merkte ich, daß es auch für mich gut war, nochmals mein bisheriges Leben zu durchforschen. Manches hatte ich nicht aufgearbeitet und weiß es jetzt besser einzuordnen. Ich habe die vielen schönen Stunden in meinem Leben nochmals tief in meinem Herzen miterlebt, aber auch die verzweifelten Momente quälten und schmerzten mich nochmals.

Ich hoffe, daß ich nicht zu viele Menschen verletzt habe, aber es kann nur meine Sicht der Dinge sein, und die habe ich versucht ehrlich darzustellen. Es gibt immer verschiedene Betrachtungsweisen. Und ich hoffe, daß ich nicht zu vieles vergessen habe.

Ich wünsche mir für die Zukunft in unserem Land, daß immer mehr Menschen mit Verständnis aufeinander zugehen. Ich hoffe, daß Gewalt in diesem Land nicht immer mehr Boden gewinnt. Davor habe ich Angst.

Was mir am Herzen liegt, ist die Zukunft meiner Tochter, die für mich das Wichtigste in meinem Leben ist. Ich hoffe, daß meine Sheila ihren Weg finden wird. Einen Beruf ergreifen kann, der sie ausfüllt, eine Familie gründet, in der sie glücklich ist und mir später viele kleine Enkel schenkt.

Für mich habe ich auch einen Wunsch. Ich möchte weiterhin sportlich aktiv und gesund bleiben, damit ich die Aufgaben, die noch vor mir liegen, bewältigen kann.

Und ich möchte mir weiterhin die Neugier auf das Leben bewahren: »Da muß noch was sein!«

Stationen einer Eiskunstlauf-Karriere

1961

Europameisterschaften in West-Berlin, 26.-29.1.1961

1. Sjoukje Dijkstra (Niederlande)
2. Regine Heitzer (Österreich)
3. Jana Mrazkova (CSSR)
...
21. Gabriele Seyfert (DDR)

Die Weltmeisterschaften 1961 wurden wegen des Flugzeugabsturzes der USA-Nationalmannschaft abgesagt.

1962

Europameisterschaften in Genf, 27.2.-3.3.1962

1. Sjoukje Dijkstra (Niederlande)
2. Regine Heitzer (Österreich)
3. Karin Frohner (Österreich)
...
16. Gabriele Seyfert (DDR)

Weltmeisterschaften in Prag, 12.-16.3.1962

1. Sjoukje Dijkstra (Niederlande)
2. Wendy Griner (Kanada)
3. Regine Heitzer (Österreich)
...
21. Gabriele Seyfert (DDR)

1963

Europameisterschaften in Budapest, 5.-9.2.1963

1. Sjoukje Dijkstra (Niederlande)
2. Nicole Hassler (Frankreich)
3. Regine Heitzer (Österreich)
...
10. Gabriele Seyfert (DDR)

Zu den Europameisterschaften in Dortmund 1964 sowie den Weltmeisterschaften 1963 in Cortina d'Ampezzo und 1964 in Grenoble wurden DDR-Läufer aus politischen Gründen am Start gehindert.

1964

Olympische Winterspiele in Innsbruck, 29.1.-9.2.1964

1. Sjoukje Dijkstra (Niederlande)
2. Regine Heitzer (Österreich)
3. Petra Burka (Kananda)
...
8. Peggy Fleming (USA)
...
21. Gabriele Seyfert (DDR)

1965

Europameisterschaften in Moskau, 11.-15.2.1965

1. Regine Heitzer (Österreich)
2. Sally-Ann Stapleford (Großbritannien)
2. Nicole Hassler (Frankreich)
...
5. Gabriele Seyfert (DDR)

Weltmeisterschaften in Colorado Springs, 2.-6.3.1965

1. Petra Burka (Kanada)
2. Regine Heitzer (Österreich)
3. Peggy Fleming (USA)
...
5. Gabriele Seyfert (DDR)

1966

Europameisterschaften in Bratislava,
1.-6.2.1966

1. Regine Heitzer (Österreich)
2. Gabriele Seyfert (DDR)
3. Nicole Hassler (Frankreich)

Weltmeisterschaften in Davos,
2.-6.3.1966

1. Peggy Fleming (USA)
2. Gabriele Seyfert (DDR)
3. Petra Burka (Kanada)

1967

Europameisterschaften in Ljubljana,
31.1.-5.2.1967

1. Gabriele Seyfert (DDR)
2. Hana Maskova (CSSR)
3. Zsuzsa Almassy (Ungarn)

Weltmeisterschaften in Wien,
27.2.-5.3.1967

1. Peggy Fleming (USA)
2. Gabriele Seyfert (DDR)
3. Hana Maskova (CSSR)

1968

Europameisterschaften in Västeras,
23.-28.1.1968

1. Hana Maskova (CSSR)
2. Gabriele Seyfert (DDR)
3. Zsuzsa Almassy (Ungarn)

Olympische Winterspiele in Grenoble,
6.-18.2.1968

1. Peggy Fleming (USA)
2. Gabriele Seyfert (DDR)
3. Hana Maskova (CSSR)

Weltmeisterschaften in Genf,
27.2.-3.3.1968

1. Peggy Fleming (USA)
2. Gabriele Seyfert (DDR)
3. Hana Maskova (CSSR)

1969

Europameisterschaften in Garmisch-Partenkirchen, 4.-9.2.1969

1. Gabriele Seyfert (DDR)
2. Hana Maskova (CSSR)
3. Beatrix Schuba (Österreich)

Weltmeisterschaften in Colorado Springs, 25.2.-2.3.1969

1. Gabriele Seyfert (DDR)
2. Beatrix Schuba (Österreich)
3. Zsuzsa Almassy (Ungarn)

1970

Europameisterschaften in Leningrad,
4.-8.2.1970

1. Gabriele Seyfert (DDR)
2. Beatrix Schuba (Österreich)
3. Zsuzsa Almassy (Ungarn)

Weltmeisterschaften in Ljubljana,
3.-8.3.1970.

1. Gabriele Seyfert (DDR)
2. Beatrix Schuba (Österreich)
3. Julie Lynn Holmes (USA)

Inhaltsverzeichnis

Vorspruch 5

I. Eine echte sächsische Sippe 13
II. Karl-Marx-Städter Schlittschuh-Nachwuchs 27
III. Karrierestart – Europameisterschaften 1961 41
IV. Training, Meisterschaften, Schaulaufen 53
V. Olympiade 1964 – 60:40 73
VI. Durchbruch zur internationalen Spitzenklasse –
   Ehrenbürger von Colorado Springs 83
VII. Glückstränen und »Schnuffi« 100
VIII. »Natalie« und »Schwimm-WM« in Wien 109
IX. Liebe, »Preisis«, Olympische Spiele 128
X. Viermal 6,0 – das ist Amerika und »Silver-Pit« 156
XI. Wenn es am schönsten ist ... und adieu,
   Holiday on Ice 176
XII. Neue Aufgaben, »Adam und Eva« 184
XIII. Heirat und Ende meiner Eis-Zeit 216
XIV. Till Eulenspiegel? Geburt und »Gabys Gäste« 228
XV. Der gordische Knoten – Umzug nach Leipzig 240
XVI. »Leben ist Zeichnen ohne Radiergummi« 249
XVII. IHZ, Schloß Rammenau, Schneckenzucht 267
XVIII. Alte und neue Liebe, Friedrichstadtpalast und
   Wendezeit 291
XIX. Abschied und Suche 310
XX. Ein neuer Anfang 314

Fazit 324

Stationen einer Eiskunstlaufkarriere 326